北朝鮮 核の資金源
「国連捜査」秘録

国連安保理 北朝鮮制裁委員会
専門家パネル元委員
古川勝久
Katsuhisa
Furukawa

新潮社

はじめに　新橋にいたエージェント

見慣れた風景が特別に見えた経験はあるだろうか。

２０１４年2月、東京。私はＪＲ新橋駅前のＳＬ広場にいた。目の前には見慣れた雑居ビル。大学時代には、友人たちとの待ち合わせでよく使ったなじみの場所である。まさか国連の捜査でここに来ることになるとは思ってもみなかった。

ビルの中に足を踏み入れる。ジューススタンドで客を装い、10分ほど過ごした。誰にもつけられていないことを確かめてから、エレベーターへ。目当ては10階。階数表示を見つめ続ける。ドアが開く。目の前には、いたって普通のエレベーターホール。ホールの先の廊下はがらんとしていて、視野に入る者はない。自らの鼓動を感じる。廊下に誰もいないことを確認し、フロアを反時計回りに、部屋番号を一つずつチェックしていく。１００７号室——ここだ。

部屋のドアは黒塗りで、意外と小さめだった。住宅用マンションの玄関扉のように見える。表札はない。

（もういないのか）

不安と落胆が頭をかすめそうになる。

（近隣で尋ねてみようか）

すると、エレベーター近くの廊下にフロア全室の郵便受けがまとまってあるのに気づいた。１００７号室のボックスに記されているのは、「近洋海運」。間違いない。彼はまだここにいる。

郵便受けの中を確かめたい衝動に駆られたが、グッとこらえる。今回の目的は、あくまでも捜査対象企業の存在と動勢の確認だ。この企業はかつて北朝鮮船舶の日本における総代理店《エージェント》であった。代表者は、国連制裁決議違反事件の首謀者である北朝鮮の海運会社「オーシャン・マリタイム・マネジメント社（ＯＭＭ）」とつながっている。ドアベルを鳴らしてみたかったが、今はまだ早い。国連による捜査が始まっていることを相手に悟られてはならなかった。

とりあえず郵便受けの写真を撮る。そしてエレベーターホール近くまで戻り、１００７号室のドア付近も写真に収めておく。静かな廊下にシャッター音が響いてしまった。

（もう、今日のところはこれで切り上げよう。ここまでだ）

エレベーターに乗ろうと振り返ったそのとき、視界の端で何かが動いた。人の気配がまったくないホールの先の壁に、人の上半身のような影がサッと動いては消えたのである。一瞬にして背筋が凍りつき、数秒間、その場に立ち尽くしてしまった。

（目の錯覚か）

少し間を置いて、影の方へと歩を進める。廊下をうかがうが、誰もいなかった。

胸をなで下ろしてすぐ、廊下の少し先に貨物用エレベーターがあるのに気づいた。あわてて近寄ると、階数表示の数字が動いている。9階から8階、そしてさらに階下へ。

胸の奥がグッと重くなった。その胸苦しさに包まれ、階数表示が「1」を指すまで、じっと見入ったまま動けなかった。

後悔と不安に苛まれながら1階へ降り、ビルの出口へと向かう。正面玄関を入った横にあるテナント一覧になにげなく目をやり、ハッとする。

1007号室にはもう一社、テナントが入っていたのである。「株式会社オーシャン」（仮名）。制裁違反の北朝鮮企業OMMと酷似した名前の日本企業だ。つまり、非合法の北朝鮮企業と関係する人物がかかわる日本企業2社が、霞が関の目と鼻の先で、ひとつの部屋に同居していることになる。2006年以降、日本政府が北朝鮮に対して制裁を強化してきたにもかかわらず。

北朝鮮は、どこかの国が制裁を強化すれば、必ずそれを出し抜いてきた。今、私の眼前に、その実例がある。

「日本は、北朝鮮関係者の巣窟だ」

アメリカ中央情報局（CIA）の分析官だった同僚の言葉がよみがえる。ここは、言ってみれば「目の前にあって見えない場所」だったのだ。

事の発端は半年前にさかのぼる。

2013年7月、パナマ政府が、ある国から提供された情報をもとに、パナマ運河通過中の北朝鮮の貨物船「チョンチョンガン（清川江）号」を捜索した。容疑は、違法薬物の密輸。しかし、実際にこの船から見つかったのは、ソ連製のミグ21戦闘機や地対空ミサイルシステムなど、大量の兵器だった。これらはパーツに分解されて、計31のトレーラーとコンテナに隠されていた。コンテナは上に大量の砂糖の袋を載せられ、船底に置かれていた。積み荷はキューバの軍港・マリエル港で船に積まれ、北朝鮮に向かう途中だった。北朝鮮による史上最大規模の武器密輸事件であった。

私が所属する「国連安全保障理事会決議1874号に基づく専門家パネル」(北朝鮮制裁担当)の主な任務は、国連の制裁に違反した事件の捜査だ。この事件では、チョンチョンガン号から押収した大量の通信記録などをもとに捜査を進め、隠蔽工作を指揮していた主犯を、北朝鮮の海運会社OMMと断定した。多数の貨物船を所有し運航する、北朝鮮の最大手の海運会社である。事実上の前身である北朝鮮の「朝鮮東海海運会社(朝鮮東海海運)」は、1990年代に、日本から北朝鮮への化学兵器関連物資の不正輸入に関わった企業だ。

専門家パネルの捜査を通じて明らかになったOMMの活動実態は、実に驚くべきものであった。世界中にエージェントを配する、文字どおりのグローバル企業。ある者は外交官として北朝鮮大使館に赴任しながら、実際にはOMMの現地代表者として〝ビジネス〟を差配していた。また、ある者は地元の中小企業の従業員になりすまし、西洋風のニックネームを使うなどしてあたかも外国人であるかのように振る舞いながら、OMMの活動に従事していた。

捜査を進めるなかで、OMMの主要な海外フロント企業の一つとして浮上してきたのが、「ミラエ・シッピング香港(香港ミラエ社)」だ。同社は、貨物船の運航手配や海外送金などを通じて、OMMのグローバルな活動に携わっていた。この香港企業の登記簿に代表者として記載されていたのが、先の「近洋海運」の代表者だったのである。さらに、その連絡先として記載されていたのが、新橋の駅前ビルだった。

（完璧な証拠を揃えてから、絶対にここに戻る）

だが、新橋のビルを訪れた1カ月後——1007号室はもぬけの殻になっていた。


私は2011年10月から2016年4月までの4年半、国連安保理のもとで、様々な制裁違反事件の捜査に携わる機会を得た。それまで15年以上にわたり、北朝鮮の核・ミサイル問題の研究に携わってきた私にとって、制裁の現場で目の当たりにした数々のケースは、想像をはるかに超えるものだった。


頻繁に聞かれる質問がある。

「なぜ北朝鮮は、『最強の制裁』を何度も受けながら、強力な核兵器やアメリカにまで届く長距離弾道ミサイルを開発することができたのか？」

もっともな疑問である。国連安保理で北朝鮮に対する最初の制裁が決議されたのは2006年10月14日。それから2017年9月11日（日本は12日）に9回目の制裁決議がなされるまで、制裁の範囲は広がり、厳しさも増す一方だ。それなのになぜ、北朝鮮は6度も核実験を繰り返し、ミサイルの性能を向上させ続けることができたのか。

あるいはこうも聞かれる。

「なぜ中国とロシアをはじめ、多くの国々が制裁に違反したり、北朝鮮をかばったりするのか」

これらの質問に正確に答えようとしても、とても一言で言い表すことはできない。

また、ことの本質を正しく理解するためには、さらなる問いかけが必要だ。

国連加盟国は、どのように制裁を実行してきたのか。北朝鮮はいかにしてそれを逃れてきたのか。どのような国々が、なぜ、北朝鮮の非合法活動に積極的に加担してきたのか。そして、国連安保理の中で、どのような政治力学が働いてきたのか――。

監視する側の現場で私の得た「答え」を、本書につづりたいと思う。

敬称は略し、肩書や為替レートなどは当時のものとした。

北朝鮮　核の資金源

「国連捜査」秘録

――目次

カバー写真　Yonhap News Agency / Zeta Image
図版製作　アトリエ・プラン
装幀　新潮社装幀室

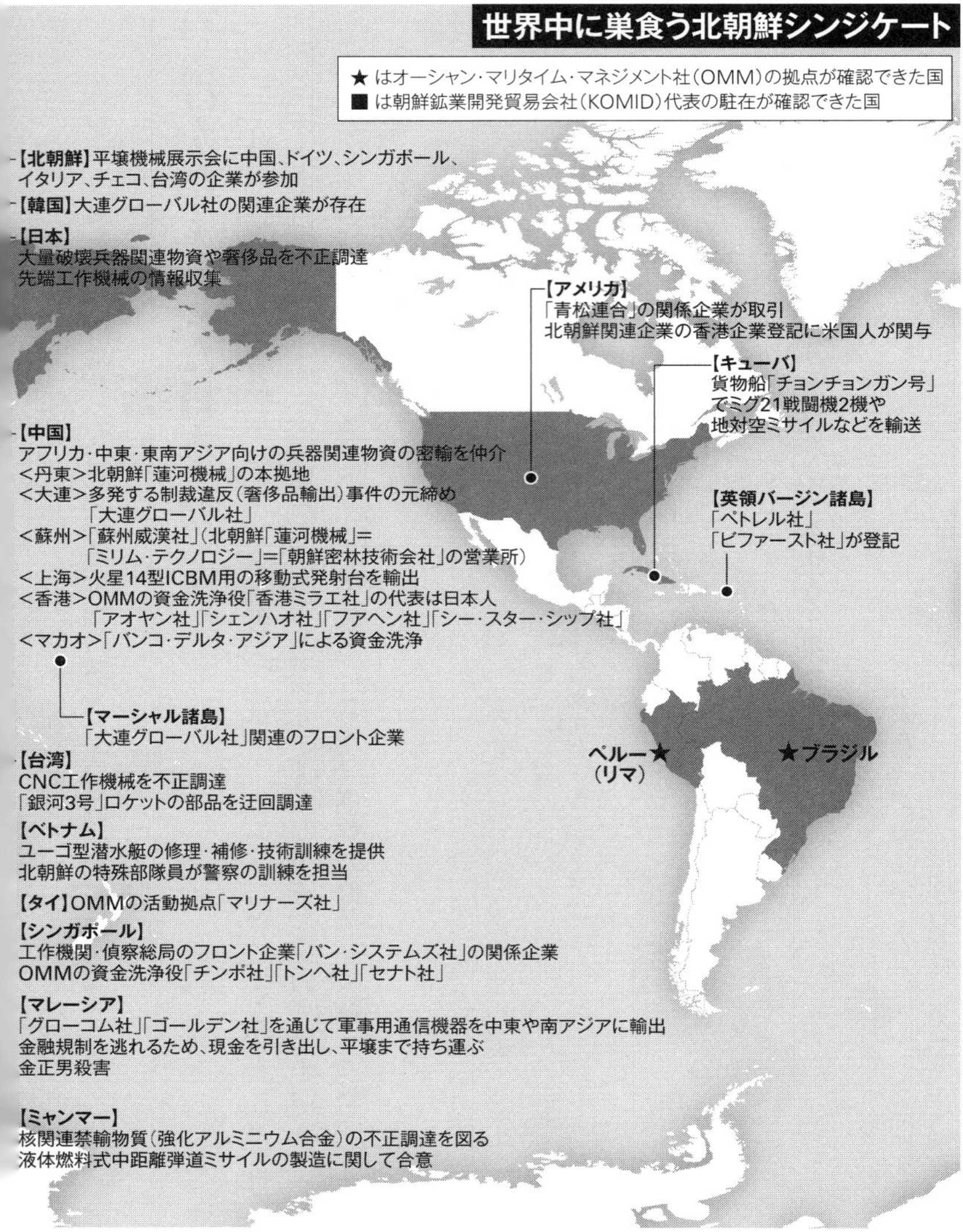
世界中に巣食う北朝鮮シンジケート
★ はオーシャン・マリタイム・マネジメント社（OMM）の拠点が確認できた国
■ は朝鮮鉱業開発貿易会社（KOMID）代表の駐在が確認できた国
【北朝鮮】平壌機械展示会に中国、ドイツ、シンガポール、イタリア、チェコ、台湾の企業が参加
【韓国】大連グローバル社の関連企業が存在
【日本】
大量破壊兵器関連物資や奢侈品を不正調達
先端工作機械の情報収集
【アメリカ】
「青松連合」の関係企業が取引
北朝鮮関連企業の香港企業登記に米国人が関与
【キューバ】
貨物船「チョンチョンガン号」でミグ21戦闘機2機や地対空ミサイルなどを輸送
【中国】
アフリカ・中東・東南アジア向けの兵器関連物資の密輸を仲介
<丹東>北朝鮮「蓮河機械」の本拠地
<大連>多発する制裁違反（奢侈品輸出）事件の元締め「大連グローバル社」
<蘇州>「蘇州威漢社」（北朝鮮「蓮河機械」＝「ミリム・テクノロジー」＝「朝鮮密林技術会社」の営業所）
<上海>火星14型ICBM用の移動式発射台を輸出
<香港>OMMの資金洗浄役「香港ミラエ社」の代表は日本人
「アオヤン社」「シェンハオ社」「フアヘン社」「シー・スター・シップ社」
<マカオ>「バンコ・デルタ・アジア」による資金洗浄
【英領バージン諸島】
「ベトレル社」
「ビファースト社」が登記
【マーシャル諸島】
「大連グローバル社」関連のフロント企業
ペルー★
（リマ）
★ブラジル
【台湾】
CNC工作機械を不正調達
「銀河3号」ロケットの部品を迂回調達
【ベトナム】
ユーゴ型潜水艇の修理・補修・技術訓練を提供
北朝鮮の特殊部隊員が警察の訓練を担当
【タイ】OMMの活動拠点「マリナーズ社」
【シンガポール】
工作機関・偵察総局のフロント企業「パン・システムズ社」の関係企業
OMMの資金洗浄役「チンポ社」「トンヘ社」「セナト社」
【マレーシア】
「グローコム社」「ゴールデン社」を通じて軍事用通信機器を中東や南アジアに輸出
金融規制を逃れるため、現金を引き出し、平壌まで持ち運ぶ
金正男殺害
【ミャンマー】
核関連禁輸物質（強化アルミニウム合金）の不正調達を図る
液体燃料式中距離弾道ミサイルの製造に関して合意

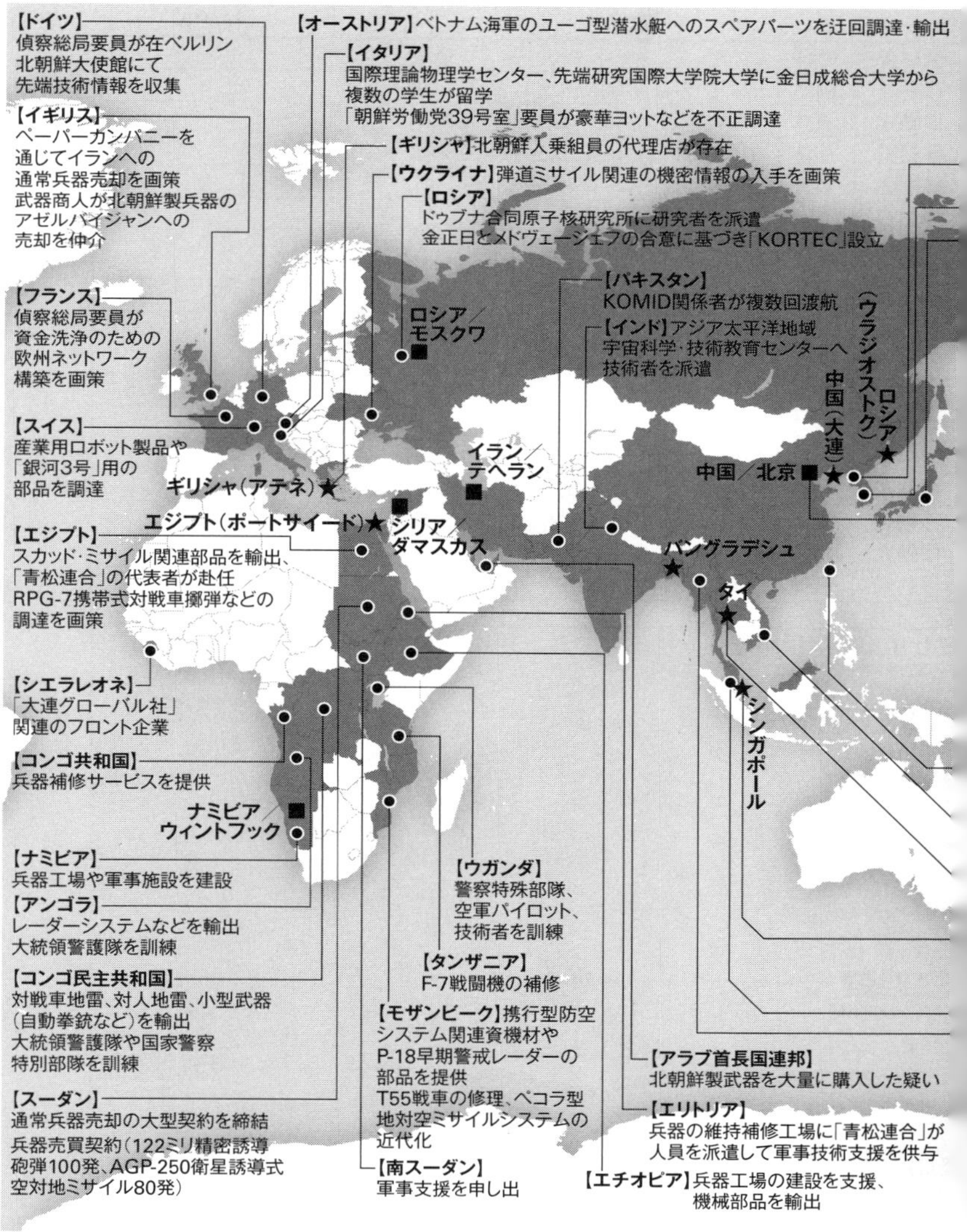
【ドイツ】
偵察総局要員が在ベルリン
北朝鮮大使館にて
先端技術情報を収集
【イギリス】
ペーパーカンパニーを
通じてイランへの
通常兵器売却を画策
武器商人が北朝鮮製兵器の
アゼルバイジャンへの
売却を仲介
【フランス】
偵察総局要員が
資金洗浄のための
欧州ネットワーク
構築を画策
【スイス】
産業用ロボット製品や
「銀河3号」用の
部品を調達
【エジプト】
スカッド・ミサイル関連部品を輸出、
「青松連合」の代表者が赴任
RPG-7携帯式対戦車擲弾などの
調達を画策
【シエラレオネ】
「大連グローバル社」
関連のフロント企業
【コンゴ共和国】
兵器補修サービスを提供
【ナミビア】
兵器工場や軍事施設を建設
【アンゴラ】
レーダーシステムなどを輸出
大統領警護隊を訓練
【コンゴ民主共和国】
対戦車地雷、対人地雷、小型武器
(自動拳銃など)を輸出
大統領警護隊や国家警察
特別部隊を訓練
【スーダン】
通常兵器売却の大型契約を締結
兵器売買契約(122ミリ精密誘導
砲弾100発、AGP-250衛星誘導式
空対地ミサイル80発)
【オーストリア】ベトナム海軍のユーゴ型潜水艇へのスペアパーツを迂回調達・輸出
【イタリア】
国際理論物理学センター、先端研究国際大学院大学に金日成総合大学から
複数の学生が留学
「朝鮮労働党39号室」要員が豪華ヨットなどを不正調達
【ギリシャ】北朝鮮人乗組員の代理店が存在
【ウクライナ】弾道ミサイル関連の機密情報の入手を画策
【ロシア】
ドゥブナ合同原子核研究所に研究者を派遣
金正日とメドヴェージェフの合意に基づき「KORTEC」設立
【パキスタン】
KOMID関係者が複数回渡航
【インド】アジア太平洋地域
宇宙科学・技術教育センターへ
技術者を派遣
ロシア/モスクワ
イラン/テヘラン
ギリシャ(アテネ)
エジプト(ポートサイード)
シリア/ダマスカス
ナミビア/ウィントフック
中国/北京
中国(大連)
ロシア(ウラジオストク)
バングラデシュ
タイ
シンガポール
【ウガンダ】
警察特殊部隊、
空軍パイロット、
技術者を訓練
【タンザニア】
F-7戦闘機の補修
【モザンビーク】携行型防空
システム関連資機材や
P-18早期警戒レーダーの
部品を提供
T55戦車の修理、ペコラ型
地対空ミサイルシステムの
近代化
【南スーダン】
軍事支援を申し出
【アラブ首長国連邦】
北朝鮮製武器を大量に購入した疑い
【エリトリア】
兵器の維持補修工場に「青松連合」が
人員を派遣して軍事技術支援を供与
【エチオピア】兵器工場の建設を支援、
機械部品を輸出

発射台	燃料	備考
移動式	固体	取扱いの容易な固体燃料を初めて採用
移動式	液体	中東・アフリカに完成品・技術を輸出
移動式	液体	中東・アフリカに完成品・技術を輸出
移動式	液体	2016年9月5日、17年3月6日に発射
移動式		2017年5月29日に発射
移動式	液体	スカッドの技術を基にしているとされる 中東・アジア・アフリカに完成品・技術を輸出
移動式	液体	2016年に複数回発射試験するも失敗
固定式	液体	2段式（1段目：ノドン、2段目：スカッド） 1998年8月に発射
固定式	液体	2段式 2006年7月、09年4月、12年4月に発射、失敗（※7）
固定式	液体	3段式 2012年12月と2016年2月に発射
移動式	液体	2012年4月の平壌軍事パレードで模型が初登場
潜水艦	液体	2016年4月、7月、8月に発射
移動式	固体	北極星1を地上配備型に改良、2017年2月、5月に発射
移動式	液体	KN08の改良型 2017年4月、5月、8月に発射
移動式		2017年7月に発射
移動式	液体	2017年11月に発射

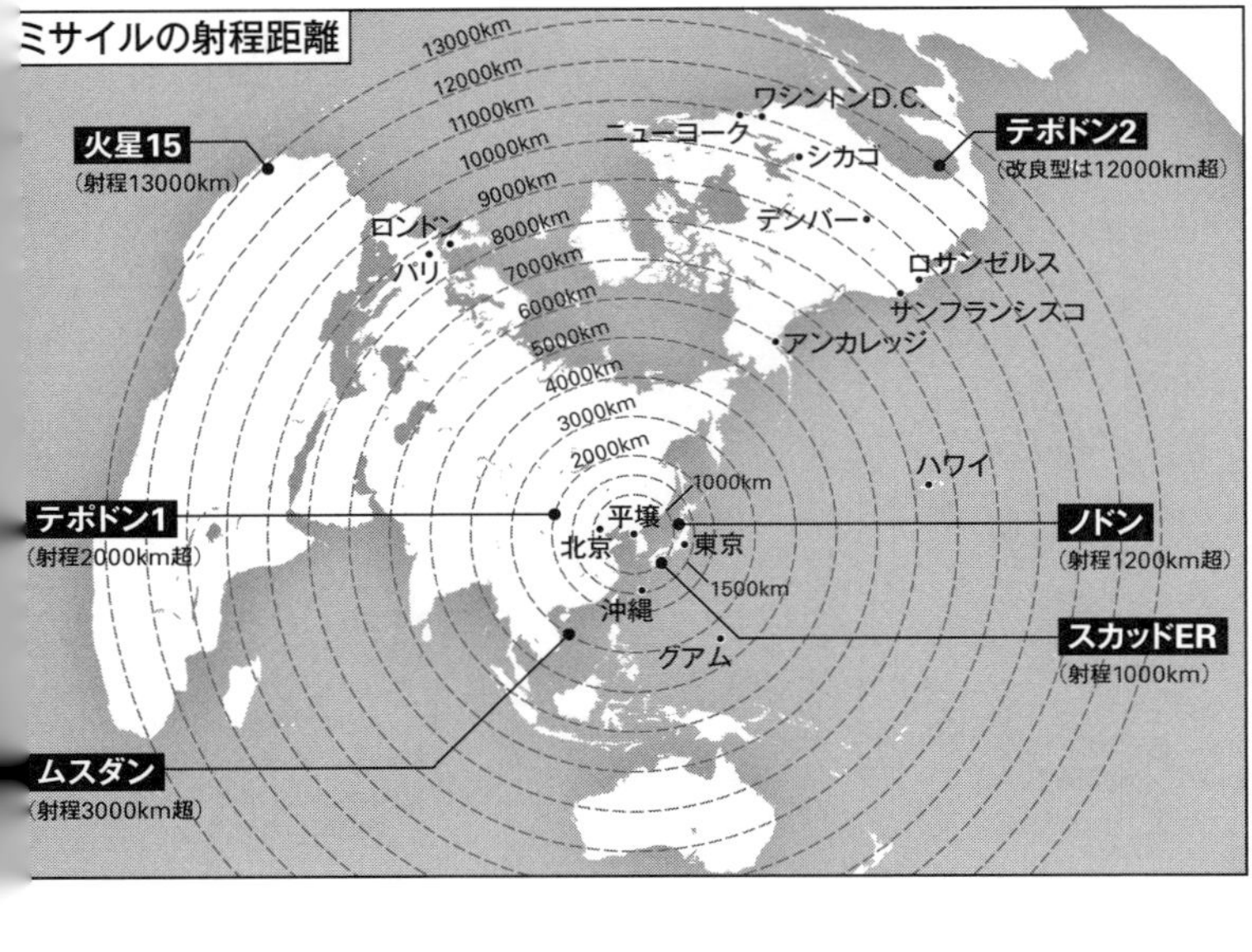

弾道ミサイルリスト

一般名[北朝鮮での呼称]	種別	推定射程距離	攻撃可能都市
トクサ	BSRBM(※1)	120km	
スカッドB改良型[火星5]	SRBM(※2)	300km	韓国中部以北
スカッドC改良型[火星6]	SRBM	500km	韓国全域
スカッドER	MRBM(※3)	1000km	韓国全域、佐世保、岩国
スカッド改良型			
ノドン[火星7]	MRBM	1200km超	日本のほぼ全域
ムスダン[火星10]	IRBM(※4)	3000km超	
テポドン1[銀河1(白頭山1)]	MRBM	2000km超	
テポドン2[銀河2]	ICBM(※5)		
テポドン2派生型[銀河3]	ICBM	12000km超	米国西部・中部
KN08[火星13]	ICBM	5500km超	
北極星1	SLBM(※6)	1000km超	
北極星2	MRBM	1000km超	
KN17[火星12]	IRBM	4500km超	グアム(米領)、日本全域
KN20[火星14]	ICBM	5500km超	
火星15	ICBM	13000km	米国東部、パリ、ロンドン

(※1) BSRBM	戦場短射程弾道ミサイル	150km未満
(※2) SRBM	短距離弾道ミサイル	150〜 800km
(※3) MRBM	準中距離弾道ミサイル	800〜2400km
(※4) IRBM	中距離弾道ミサイル	2400〜5500km
(※5) ICBM	大陸間弾道ミサイル	5500km超
(※6) SLBM	潜水艦発射弾道ミサイル	

移動式発射台を使うと事前の探知は格段に難しくなる

(※7) 2009年4月と2012年4月の発射は、テポドン2派生型の可能性も指摘されている

(米国防総省、防衛省の資料などをもとに作成)

国連組織略図

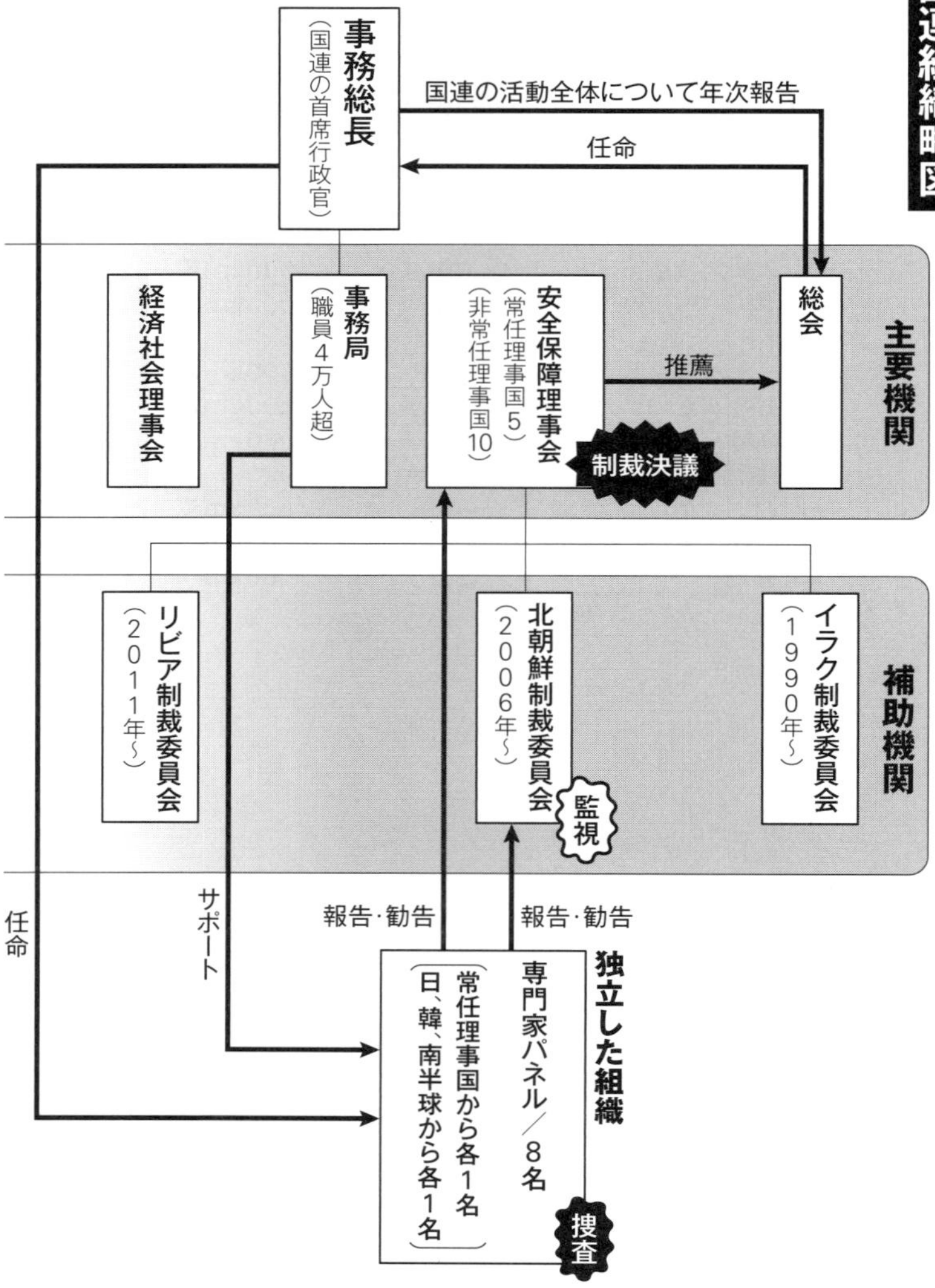
事務総長
(国連の首席行政官)
国連の活動全体について年次報告
任命
主要機関
経済社会理事会
事務局
(職員4万人超)
安全保障理事会
(常任理事国5)
(非常任理事国10)
推薦
総会
制裁決議
補助機関
リビア制裁委員会
(2011年〜)
北朝鮮制裁委員会
(2006年〜)
監視
イラク制裁委員会
(1990年〜)
任命
サポート
報告·勧告
報告·勧告
独立した組織
専門家パネル/8名
(常任理事国から各1名
日、韓、南半球から各1名)
捜査

北朝鮮　核の資金源

「国連捜査」秘録

1　北のフロント企業を炙り出せ

着任

２０１１年10月、ニューヨーク。雲ひとつない秋空の下、私は国連本部の前に立っていた。これから、国連安全保障理事会の決議に基づき北朝鮮制裁の履行を監視する専門家パネルの委員として働くのだ。

私が所属することになった「専門家パネル」とは何か。それを知ってもらうには、安保理の説明が欠かせない。

安保理の構成メンバーは、常任理事国5カ国（米英仏中ロ）と、任期2年の非常任理事国10カ国を含む、計15カ国。テレビなどでよく見かける安保理の会議風景は、これらの国々を代表する全権大使や閣僚などが出席する「本会議」である。

２００６年以降、北朝鮮が核実験をしたり、長距離弾道ミサイルを発射したりすると、安保理は本会議で制裁決議を採択してきた。採択の条件は、安保理を構成する15カ国のうち9カ国以上が賛成し、かつ常任理事国のいずれもが反対しないこと。私が着任するまでに、決議1718号（2006年10月）と決議1874号（2009年6月）が発効していたが、いずれもすべての安保理メンバー国（15カ国）が同意していた。

ただし、採択に至る道筋は決して平坦ではない。決議案を起案するのはアメリカ政府だ。アメリカは決議案に、日本や韓国、イギリス、フランスなど友好国の見解を可能な限り反映させる。そのうえで、まず中国に諮《はか》るのだが、なかなか賛成は得られない。北朝鮮が核実験をするか、長距離弾道ミサイルや「ロケット」と称する事実上の長距離弾道ミサイルを発射した時だけ、決議案に手心を加えさせたうえで、しぶしぶ採択に同意するのが常だ。

中国の同意を取りつけたアメリカは、今度はロシアに諮る。中国とロシアはともにアメリカを牽制する仲間だが、北朝鮮問題は中国が主導し、中東問題はロシアが主導するという役割分担ができていた。中国に続き、ロシアの同意を得たアメリカは、米中ロの合意案を全安保理メンバー国に回覧する。この案は通常、そのまま採択される。

採択された瞬間から、安保理決議は法的効力を持つ。新決議はすべての国連加盟国政府に、それぞれの国連代表部を通じて、正式に伝えられる。それを受けて、各国政府は国内法や行政手続きを定めるなど必要な措置をとることが義務づけられる。

加盟国が制裁決議をしっかり履行できているか。それを監視し、制裁措置の改善や強化のために必要な決定を行うのが「制裁委員会」だ。

私が着任した時点で、安保理には下部組織として、12の制裁委員会が設置されていた。制裁対象は、スーダン、イエメン、イラン、イラク、リビア、北朝鮮、アルカイダなどの国家やテロ組織だ。委員会も本会議同様、安保理15カ国から構成されており、公使や参事官などの実務責任者が各国を代表して参加している。委員会の会合はもっぱら非公開である。

北朝鮮への制裁の目的は、核兵器や弾道ミサイルなどの大量破壊兵器計画を断念させることだ。兵器関連のヒト・モノ・カネの動きを阻止する各種の制裁措置は、北朝鮮を対話の席につかせ、外交交渉によって問題を解決するための圧力であり、時間稼ぎでもある。主な制裁措置を知ると、より具体的にイメージできるだろう。

・制裁違反容疑の貨物および船舶の検査
・制裁対象の団体と個人に対する資産凍結、取引禁止、渡航禁止
・奢侈《しゃし》品の北朝鮮への輸出禁止
・核兵器、弾道ミサイル、生物・化学兵器、通常兵器および関連物資の禁輸

２０１６年と17年には、制裁が大幅に強化されて、以下の措置が導入された。

・石炭、鉄鉱石、海産物、衣料品等、北朝鮮の主要産品の禁輸
・石油製品などの北朝鮮への輸出一部禁止
・北朝鮮外交官による商業行為の禁止
・北朝鮮への船舶や飛行機のリースの禁止

・北朝鮮国内における金融業務支援の禁止
・北朝鮮の労働者の新規受け入れの原則禁止
・北朝鮮との合弁事業の禁止
・北朝鮮貿易に関連したあらゆる金融支援の禁止（例：輸出信用状や保険の供与）

核とミサイルの資金源を断つうえで最も大きいのは石炭や鉄鉱石などの北朝鮮からの輸出禁止措置だ。しかし、それだけでは充分ではない。世界中に巣食う犯罪ネットワークと、それを駆使して外貨をかき集める非合法ビジネスという「裏ルート《バック・チャンネル》」を摘発して、初めて制裁が意味をもつのだ。

私が所属することになった「専門家パネル」は、国連の中でどこにも属さない組織だ。専門家は事務総長から任命され、独立した立場から制裁違反事件の捜査を行う。そして、それに基づき、制裁対象に加えるべき団体や個人、並びにその他の制裁強化策について、安保理や北朝鮮制裁委員会、国連加盟国に対して勧告するのだ。

専門家パネルの活動を規定する安保理決議は、国連憲章第7章第41条に基づいている。これは、「平和に対する脅威、平和の破壊及び侵略行為に関する行動」としての非軍事的措置を定めたものだ。国連加盟国にはパネルの捜査活動への協力義務がある。

同パネルの当初のメンバーは7名。安保理常任理事国5カ国（米英仏中ロ）と日韓からそれぞれ1名ずつが選出されていた。2013年以降は、「南半球枠」として開発途上国を代表する1名の枠が追加された。

専門家パネルという組織も、そこで働く「専門家」も、任期は1年。任期の更新には、安保理での決議が必要だ。中国やロシアが決議の採択に反対すれば、パネルは解散、専門家は〝御役御免〟となる。そこには、国際政治が色濃く影を落としているのだ。

我々「専門家」は、コンサルタントとして雇用される。任期は最長で5年間だ。パネルには、実務を補佐してくれる国連事務局の職員が3名いる。彼らは終身雇用である。


私が専門家パネルについて知ったのは、外務省の友人から連絡を受けた時だった。

「国連で北朝鮮制裁を監視するポストに空きがでるので、北朝鮮の兵器拡散行為に通じた人材を探している。ぜひ応募してみないか」

もともと私は安全保障分野を専門とする研究者であった。1996年にアメリカに留学して以来、大量破壊兵器の拡散やテロ問題などを中心に研究をしてきた経緯がある。とりわけ、北朝鮮が核開発を続け、ミサイル能力を向上させていることには、強い問題意識を抱いていた。単なる研究や政策提言だけでなく、国際社会の現場に飛び込んで、深刻化する事態の解決に役立ちたい。そう考えていた私にとって、専門家パネルの求人は非常に魅力的だった。日本国内でも北朝鮮の非合法活動に関わる数々の事件が摘発されていたが、北朝鮮のネットワークは世界各地に存在している。これを取り締まることができるのは国連だけだ。

私が応募したのは2011年7月のこと。外務省の推薦もあり、1カ月ほどで採用が決まり、その約2カ月後にニューヨークへ赴任することとなった。

なぜ核とミサイルの開発を続けるのか

北朝鮮は、なぜ核とミサイルの開発を続けるのだろうか。骨董品のような状態で据え置かれた通常兵器や国民の窮乏生活と比べると、両者への投資は突出している。こうした姿勢は国際的な孤立を深め、ますます自分を追い込むだけではないのか。

核とミサイルにこだわる理由はいくつか考えられるが、当初の最も強い動機は、皮肉なようだが「国際的な孤立への対抗策」だった。

核計画自体の歴史は古い。知られている限り、1956年にソ連国内で国際組織「ドゥブナ合同原子核研究所（JINR）」の創設メンバーに加わったことが始まりとみられる。その後、北朝鮮はソ連の支援のもと、寧辺《ヨンビョン》に原子力関連施設を集中的に建設・運営するようになり、80年代には実験用の5メガワット原子炉の稼働に成功する。

平和利用にとどまらず、核兵器を志向するようになって初めて、アメリカは北朝鮮を外交交渉の相手としてみなすようになった。

北朝鮮にとって、朝鮮半島の統一を目指す韓国と、その同盟国であるアメリカは、自国の存在をおびやかす脅威である。ゆえに北朝鮮はアメリカとの平和協定の締結を目指してきた。

1974年以降、金日成政権は、休戦状態のままになっている朝鮮戦争の平和協定に向けた協議開催についてアメリカに何度か働きかけた。背景には70年代の米ソデタント（緊張緩和）や米中接近といった国際情勢の変化があったが、北朝鮮の働きかけはいずれもアメリカに拒否された。韓国が国際社会での地歩を固める一方で、朝鮮戦争以来の特別な関係だった北朝鮮と中国との絆は、指導者の交替に伴い徐々に薄れていく。90年代に入ってソ連の後ろ盾を失った北朝鮮は、国際社会で孤立するなかで、韓国やアメリカに対する危機感を強め、金日成政権の存続のためにも核兵器保有が必要との判断に至ったものと考えられている。

長期的な費用対効果を考えれば、通常兵器を整備するより、核兵器を開発した方が理にかなうとの見方もある。ただし、核兵器を持っているだけでは効果は薄い。だから北朝鮮は、その実使用に不可欠な弾道ミサイルの製造や開発も同時に進めているのだ。ミサイルの技術や完成品は輸出して外貨を稼ぐこともできる。

１９９２年には、寧辺の実験用原子炉から抽出していた核兵器の原料となるプルトニウムについて、国際原子力機関（ＩＡＥＡ）に未申告のものがあるとの疑惑が持ち上がった。しかし、真相究明のためのＩＡＥＡの査察を北朝鮮は拒否した。そして１９９３年に北朝鮮が核拡散防止条約（ＮＰＴ）脱退を宣言し、１９９４年5月にプルトニウムの抽出につながる燃料棒の原子炉からの取り出しを強行すると、アメリカのクリントン政権が武力行使を検討するに至り、第一次朝鮮半島核危機が勃発する。

ジミー・カーター元大統領が訪朝し、金日成国家主席から譲歩を引き出すことで、危機はいったん収束する。米朝両国は10月にジュネーブで「米朝枠組み合意」に署名。米側による重油供給や軽水炉建設などと引き換えに、北朝鮮はプルトニウム生産用の黒鉛炉開発を凍結した。その後、日米韓が中心となって、軽水炉建設のために「朝鮮半島エネルギー開発機構（ＫＥＤＯ）」が設立され、欧州連合（ＥＵ）も参加する。

だが、枠組み合意以後のアメリカでは、合意に批判的な共和党が連邦議会の多数派であり、民主党のクリントン政権は重油供給や軽水炉建設を合意どおりに進めることができなかった。２０

０１年に就任したブッシュ大統領は、翌年1月に北朝鮮をイラン、イラクとともに「悪の枢軸」と非難した。そこへ、２００２年には、北朝鮮が密かに核兵器として使うためにウランを濃縮する計画を進めていたことが発覚したのである。

　枠組み合意は崩壊し、北朝鮮は２００３年1月にＮＰＴ脱退を再び通告した。さらに4月には、その前月にイラク戦争を始めたアメリカに対して核兵器保有を非公式に通告する。第二次核危機である。

　危機が深まるなか、中国が仲介役となり、米朝間の協議が進められた。やがて協議が拡大深化していき、２００３年8月には、米中朝に日本、韓国、ロシアを加える「六カ国協議」が開催される運びとなった。２００４年には2回目の日朝首脳会談が平壌で開催され、金正日《キムジョンイル》総書記は朝鮮半島の非核化を確約する。六カ国協議では、２００５年9月に初の共同声明が発表され、その中で、北朝鮮は核放棄に合意した。

　ところが同時期、米財務省がマカオの銀行「バンコ・デルタ・アジア」に対して金融制裁を科すことが明らかになると、北朝鮮は猛反発し始める。マネー・ロンダリング（資金洗浄）の拠点としていたこの銀行に、金正日が自由に使用できる資金を集めていたためだ。

　米朝間の協議が膠着状態に陥るなか、北朝鮮は２００６年10月に初めての核実験を強行した。すると、意外にもアメリカのブッシュ政権は、北朝鮮に対して柔軟な姿勢を示し始める。当時、アメリカは、イラクとアフガニスタンにおける対テロ戦争で手いっぱいだったからである。

　こうして米朝間では、核危機が深刻化してから、北朝鮮の核問題の解決に向けた外交的取り組みがようやく進展するという奇妙なパターンが定着した。北朝鮮の「瀬戸際戦略」に、核問題という交渉カードがうまく利用されている構図だ。

「もし北朝鮮が、アメリカに対抗して核戦力を持つようになれば、アメリカの軍事攻撃を受けることになりかねない。金正日にとって、自らの政権の存続こそが最重要課題である以上、そんな自殺行為を目指すはずがない。そもそも北朝鮮には、それほどの技術力もない。北朝鮮にとって核兵器とは交渉次第で放棄も可能なもので、締め上げれば核計画を断念するに違いない」

当時は、このような期待が一般的にあった。2009年1月に発足したオバマ政権は、北朝鮮の瀬戸際戦略に対して「戦略的忍耐」で対抗する。挑発行為に対して「報酬」は与えない、との方針だ。2009年5月に北朝鮮が2度目の核実験に踏み切った際にも、アメリカは、国連による制裁を強化する方針で臨んだ。

私が専門家パネルに着任した頃、アメリカは制裁を自らの「戦略的忍耐」に不可欠な外交的ツールとして重視し始めていた。私の新しい任務は、制裁の強化を通じて、北朝鮮に核を放棄させるための国際的な環境をつくり出すことだったのだ。

パワーゲームの最前線へ

だが、制裁の現場で目の当たりにした現実は、アメリカの思惑とはかなり違うものだった。

安保理で北朝鮮への制裁をリードしているのは、アメリカだ。イギリスやフランスなど、西側陣営の安保理メンバー国は、アメリカを常に支持する。他方、北朝鮮の長年の同盟国である中国とロシアは制裁を牽制し、両国に近いアフリカや南米などの国々もそれを支持する。「アメリカ陣営vs.中国・ロシア陣営」という構図ははっきりしており、15カ国の安保理メンバー国はほぼ半々に分かれている。

事情は安保理の下部機関である制裁委員会でも同じだった。委員会では、すべての安保理メンバー国の同意がないと、何も決定できない。キャスティングボートを握っているのは中国だ。中国が賛成すれば、他の国々も賛成に回る。すべては、アメリカと中国の折衝次第である。

この頃、中国とロシアは、徹底して北朝鮮をかばっていた。国連加盟国が制裁違反事件の摘発について委員会に報告してきても、両国は屁理屈をこねまわし、それらを違反事件であると認めない。アメリカが、新たな制裁対象（企業や個人）の指定について提案しても、「朝鮮半島の平和と安定にそぐわない」として賛成しない。

象徴的なケースがあった。２０１０年３月26日、北朝鮮が韓国海軍の哨戒艦「天安《チョナン》」を魚雷で攻撃、黄海で沈没させ、乗組員46名が犠牲となる事件が発生した。韓国政府は、安保理が追加制裁を採択するよう必死に働きかけたが、中国とロシアは最後までこれを北朝鮮の犯行とは認めなかった。韓国政府の担当者は強い憤りを表明していたが、当然だろう。

金正日政権と緊密な関係を維持していた中ロ両国は、北朝鮮をコントロール可能な同盟国とみなしている感が強かった。中ロはともに、北朝鮮を「アメリカを牽制するカード」として考えている。ただし、中国には固有の事情もある。たとえば、北朝鮮が不安定化して、国境から大量の難民が流入すれば、国境付近の東北３省の社会や経済は混乱するだろう。さらに、朝鮮半島が韓国主導で統一されたら、国境付近の自治州に住む中国の少数民族（朝鮮族）への影響も考えられる。そのうえ、喉元ともいうべき半島北部に米軍基地が設置されるかもしれない――。

いずれにしろ、「制裁をいかに骨抜きにするか」ばかりに注力する中ロ両国の横暴な姿勢を、アメリカは効果的に抑え込めていなかった。オバマ政権はイラン核開発問題やアルカイダをはじめとするテロ対策を優先課題としていた。しかし、安保理内ではアメリカと中ロの間で中東の諸問題をめぐって対立が続いており、安保理は頻繁に機能停止に陥った。アメリカには、北朝鮮問題のために政治的な駆け引きをする余裕はなかったのだ。

ただし、安保理の機能停止は、中ロにとっても問題である。両国は国連の主要な創設メンバーであり、国際法の後ろ盾として安保理を重視している。その権威が失墜することは避けたいのだ。北朝鮮が核・ミサイル実験を行った時だけ、中ロが最低限の制裁強化に賛成するのは、自分たちのためなのである。

そうした安保理内の力学は、委員会だけでなく、専門家パネル内部にもそのまま反映されていた。

パネル内には、制裁強化を妨害するための「サボタージュ工作要員」がいる。着任前に、私は複数の方面からアドバイスを受けていた。

「中国人の同僚には気をつけろ」

パネルの同僚の中国人は、人民解放軍からの出向者で、30歳代前半だ。性格は温和だが、忠告どおりの人物であることはすぐにわかった。パネルの捜査に、何かにつけストップをかける。中国企業が制裁違反を犯したら、その事実を徹底的に隠蔽しようとする。明白な制裁違反があっても、「違反とは言い切れない」と言い続ける。国連の公式文書に、決して中国企業による違反行為について記述されないよう、あらゆる屁理屈をもって妨害する。他の同僚の動向を監視して、中国政府に報告する――。加えて、彼は国際会議への参加を名目に、世界中を旅行し続けている。この頃は、9時間以上のフライトであればビジネスクラスの使用が認められており、乗りたい放題だった。

我々「専門家」は活動の独立性が保証され、よそから仕事の指示を受けることはほとんどない。それぞれに個人オフィスが割り当てられていて、何時に出勤しようが、日中どこにいようが、基本的には個人の裁量に委ねられている。あまりの自由さに、当初は戸惑いを感じてしまった。裏を返せば、ここは仕事をする意思がない人物にとって、最高の職場なのである。

ロシア人の同僚は、外務省から出向してきた定年間際の人物だった。仕事をまったくしないうえ、彼も〝海外旅行〟が大好きだ。ニューヨークにいても、オフィスにはほとんどいない。日中の大半を自宅で過ごしているらしい。たまにオフィスにいるときは、かなりの時間を電話に費やしていた。ロシアにいる家族に国際電話をしているようだ。さすがに見かねて、私は同僚に聞いてしまった。

「こんなこと、許されるのかい？　彼、何も仕事してないじゃないか」

ところが、同僚は平然としたものだった。

「彼にはモスクワもまったく期待していない。これでちょうどいいんだ。優秀なロシア人が来ると、捜査妨害されかねないから、かえって始末が悪い」

日本の事件を検証する

着任早々、私が向き合ったのは、日本を舞台とした数多くの奢侈品（ぜいたく品）制裁違反である。

２００６年に初めて北朝鮮制裁のための安保理決議が採択された際、アメリカ・ブッシュ政権のジョン・ボルトン国連大使の強硬な主張のもと、この制裁措置が導入された。金正日が配下を服従させるための手段として使っていた奢侈品の禁輸措置で、金政権になにがしかの影響を与えることを狙ったようだ。

しかし、「奢侈品」の定義について、当時、安保理は国連加盟国に個別に判断を任せるだけだった。このため、奢侈品制裁の履行状況には加盟国間で大きな差が生じていた。例えば中国では、そもそも禁輸対象の品目を定めているのかさえ不明だった。他方、日本政府は、酒類、タバコ、腕時計等、宝石、携帯型情報機器、映像オーディオ機器・ソフト、乗用車、香水、革製バッグ・衣類等、牛肉など24品目を指定し、違反を積極的に摘発していた。

実際のところ奢侈品違反を徹底して取り締まっていたのは日本ぐらいだ。アメリカのオバマ政権や欧州諸国はいちおう取り締まりはしていたものの、奢侈品制裁に対する熱意は急速に冷めてしまったようである。この雰囲気は専門家パネル内にも投影されていた。

パネルには、対外関係の窓口を務める「調整役」というポストがある。私たちのパネルでは、イギリス人が就くことになっている。北朝鮮制裁委員会の非公式会合で、パネルの優先捜査事項について質問を受けた際、調整役の勝手な発言に驚かされた。

「パネルの優先事項は核・ミサイル関連事件です。奢侈品制裁違反は重要ではありません」

さらに驚いたのはどの安保理メンバー国も反論しなかったことだ。パネルの中国人の同僚が、「日本の奢侈品制裁は行き過ぎだ」と非難していたが、ほかの同僚たちも多かれ少なかれ同様に感じていたようだった。

それでも、違反は違反である。そうである以上、捜査しなければならない。日本の案件なので、日本語の資料を読みこなせる私が担当することになった。

大連ルートを追え

北朝鮮制裁の専門家パネルは、私が着任する2年前（２００９年）に新設されたばかりである。最初の制裁決議が採択されたのは２００６年だが、制裁の実施状況を監視するパネルの設立は中国とロシアの抵抗により、遅れてしまった。私の着任当時、パネル内ではまだ、捜査の手順やルールの整備などを模索している最中であった。

安保理決議は、国連加盟国に専門家パネルの捜査活動への協力を義務づけている。パネル自体に強制捜査の権限はないものの、加盟国による協力のもと、世界中から情報を収集し、北朝鮮の制裁違反事件を捜査することができる。とはいえ、じっと待っているだけで情報が入ってくるわけではない。いかに関係国の政府を動かすか。これが捜査のカギとなる。

加盟国は、制裁違反の貨物を見つけた場合、それを制裁委員会に報告する義務がある。報告を受け、我々は世界各地の貨物検査の現場を訪ねて、現場でしかわからない新たな情報を収集する。貨物の中には「宝の山」が隠れていることが多い。

「専門家」の人脈を通じてもたらされる情報機関による情報や内部情報は、捜査の起点として重要な意味を持つが、情報量としては実際の捜査で収集する全情報量の１割にも満たない。あとの９割以上を占める公開情報および現場で収集した情報の分析こそが捜査のカギを握る。

それらをもとに追跡捜査を行い、その過程で新たに浮上してきた関係国や企業などにも公式に照会していく。公式照会により事実を確認するとともに、その国の警察などと連携してさらに捜査を進めるのだ。もちろん我々自身も捜査対象の政府や企業などを訪問して、情報収集を行う。このプロセスを繰り返し、個別の分析結果をパズルのピースのように組み合わせていくことで、制裁違反事件の全体像と制裁違反者のネットワークを浮き彫りにしていくのだ。

この頃、日本国内の事件については、専門家パネル内に捜査資料はあまり蓄積されていなかった。新聞報道の方がよほど詳しい。記事などで私が着任する以前の、２００８年から２０１０年の間に、日本から中国や韓国を経由して、中古高級自動車、中古ピアノ、化粧品、タバコ、酒、ノート型パソコンなどが北朝鮮に次々と不正輸出されていたことは把握できた。しかし、事件の詳細については、日本国内の当局者や関係者から情報を集める必要があった。

着任早々、私は調査を開始した。日本への出張で一時帰国する機会をとらえ、伝手《つて》を頼って関係者や当局者との人脈を構築した。その結果、数カ月かけて、ようやく詳細な情報が入手できるようになった。

捜査が進むにつれ、日本で摘発された奢侈品の不正輸出事件は14件にものぼることがわかった。次頁の一覧表でもわかるようにそれらのほとんどは、中国の大連を経由して北朝鮮に不正輸出されていた。一連の事件の裏で不正輸出の指揮を執っていたのは、大連を拠点とする「大連グローバル・ユニティ・シッピング社（大連グローバル社）」という企業だ。不正輸出のなかには、韓国企業も仲介に加わり、まず日本から韓国へ、そこから大連を経由して北朝鮮へ輸出された事件もある。

7	ピアノ3台（約60万円／2009年2月）
輸入者	平壌テドンガン・ジャパニーズ・ハイ・テクノロジー社（北朝鮮）
仲介者	大連グローバル社
備　考	韓国・釜山港と大連を経由して北朝鮮へ輸出。

8	ノート型パソコン1台（約10万円／2009年3月）
備　考	中国経由で北朝鮮へ航空機で手荷物として輸出。

9	化粧品673点を含む貨物7500点（約270万円／2009年5月）
輸入者	朝鮮新興貿易会社（シンフン社／北朝鮮）
仲介者	大連グローバル社
備　考	ニュー・オント社が運送業者として指名される。

10	中古普通乗用車5台（約610万円／2009年5月、6月）
輸入者	竜興貿易（北朝鮮）
仲介者	大連グローバル社
備　考	大連経由で北朝鮮へ。

11	ベンツ2台など（約269万円／2009年8月、10月）
輸入者	朝鮮サンミョン貿易会社（北朝鮮）
仲介者	ドクター・ロジスティクス社（韓国）
備　考	韓国の釜山港・仁川港を経由して北朝鮮へ輸出。

12	化粧品を含む貨物（約2億4700万円／2009年12月〜2010年5月）
輸入者	朝鮮綾羅888貿易会社、朝鮮高麗シムチョン会社、朝鮮ムグァンセ会社（北朝鮮）
仲介者	Complant International Transportation (Dalian) Co., Ltd.（コンプラント社）
備　考	大連経由で北朝鮮へ輸出。

13	中古乗用車2台（約70万円／2010年5月）
備　考	釜山港と大連港を経由して輸出。

14	中古ノートパソコン10台を含む貨物（約820万円／2010年7月、12月）
輸入者	朝鮮コンピューター・センター（北朝鮮）
仲介者	ヨンスン・ロジスティクス社（韓国）
備　考	2010年7月には大連経由で、12月には釜山港・大連港を経由して北朝鮮へ輸出。

日本国内で摘発された奢侈品不正輸出事件(2008年9月〜10年12月)

1　中古ベンツ3台(約723万円／2008年9月〜12月)

輸入者　**朝鮮サンミョン貿易会社(北朝鮮)**

仲介者　**東南海運有限会社(香港)**

備　考　仲介者が、韓国・ソウル市の「ドクター・ロジスティクス社」を荷受人として日本の税関に申告するよう日本企業に指示。その後、貨物は釜山港及び仁川港を経由して輸出された。

2　化粧品(約16万円／2008年10月)

輸入者　**朝鮮新興貿易会社(シンフン社／北朝鮮)**

仲介者　**大連グローバル・ユニティ・シッピング社(大連グローバル社／中国)**

備　考　北朝鮮側は運送業者として香港企業「新安通国際航運有限公司(New Onto Shipping International Limited／ニュー・オント社)」を指名。この香港企業の責任者「Yuan Wen Tao」と「Yuan Ging De」はともに中国人。日本企業は2009年8月にも衣服や日用雑貨など約500万円相当を北朝鮮へ輸出していた。

3　ピアノ22台(約210万円／2008年11月)

輸入者　**高麗金融貿易(北朝鮮)**

仲介者　**大連グローバル社**

(Dalian Shunde Trading Co., Ltd.というペーパー企業を通じて)

備　考　ニュー・オント社が運送業者として指名される。

4　煙草と清酒(約18万円／2008年12月)

輸入者　**朝鮮キョンフン貿易会社**

仲介者　**大連グローバル社**

5　ピアノ34台とベンツ4台(約670万円／2008年10月、12月)

輸入者　**朝鮮綾羅島貿易総会社(ルンラド貿易会社／北朝鮮)**

仲介者　**大連グローバル社**

備　考　この件でもニュー・オント社が運送業者として指名された。なお、輸出者は、2008年1月、輸出管理規制対象の中古タンクローリー2台を北朝鮮に、韓国経由で迂回輸出した。北朝鮮側の注文企業は朝鮮人民軍の傘下企業「朝鮮白虎7貿易会社」。北朝鮮側の指名で、大連グローバル社が不正輸出計画を立案、指導した。

6　中古ノート型パソコンなど7196台(2008年11月、09年2月、3月、6月)

輸入者　**平壌インフォメーションセンター(北朝鮮)**

仲介者　**大連グローバル社**

備　考　平壌インフォメーションセンターは2004年に日本から核関連物資として輸出規制対象の周波数変換器1台を不正調達した。

大連グローバル社が扱う禁輸物資は、奢侈品だけではない。同社は２００９年2月から4月にかけて、中古パワーショベルを日本から大連経由で北朝鮮に不正輸出している。パワーショベルは、核・ミサイル関連施設の建設などに用いられるため、大量破壊兵器関連物資として輸出規制の対象となっているのだ。

フロント企業ネットワーク

中国・日本・香港・韓国・北朝鮮を結ぶネットワークを駆使して数々の不正輸出を指揮していた大連グローバル社は、自社のホームページによれば、主に中国と北朝鮮の間の海上輸送を主業務とする海運会社で、従業員数は２４２名。１９９５年の会社設立以来、北朝鮮当局と「緊密な協力関係」を有する、と胸を張っていた。社長は、「金光日（ジン・グアンリー）」という人物だ。

この会社の情報を中国語サイトで検索していると、朝鮮語の記事が見つかった。２００９年11月に書かれたそれでは、社長は「キム・グァンイル（金光日）」という名前で紹介されている。記事によると、彼は朝鮮系中国人のようだ。

ホームページによると、同社はかつて新潟県の直江津市と韓国にも支店を有していたと記載されている。ただ、日本の支店は２００６年に「閉業」と記されていた。２００６年と言えば、国連安保理の北朝鮮に対する最初の制裁決議を受けて、日本政府が制裁を強化した年だ。

一方の韓国では、黄海に面した大港湾都市である仁川《インチョン》市に、日本国内で摘発された複数の不正輸出事件に関わった企業があるという。いずれの事件も大連グローバル社が指揮していて、不正輸出された貨物には奢侈品のみならず、ミサイル移動式発射台への転用が可能な中古タンクローリー車も含まれていた。日本から輸出される際、税関にはこの韓国企業が「荷受人《にうけにん》」として申告され、その後、韓国から大連経由で北朝鮮へ輸出されていたのだ。

大連グローバル社は15隻の自社船のほか、「北朝鮮の船員を用いた20隻の船舶」の運航も管理していた。専門家パネルでは、「ロイズリスト・インテリジェンス」という船舶データベースにアクセスできる。フランス人の同僚エリックに教えてもらいながら、これらの船舶について調べてみると、その「運航業者」及び「船主」として、中国本土やマーシャル諸島、英領バージン諸島、シエラレオネなどの企業12社が登録されていることがわかった。「タックス・ヘイブン」や「便宜船籍国（外国の船主に税金や船員の労働条件などで便宜をはかり自国での船籍登録を促す国）」として知られる地域ばかりだ。そして、12社は「連絡先」として、次のいずれかの企業を指定していたのである。

①大連市内の企業「Royal Armadas International Company Limited（ロイヤル・アルマダス国際有限会社）」
②香港の企業「Royal Armadas International Co., Limited（ロイヤル・アルマダス国際有限会社）」
③香港の企業「Hunchun Sino Unity Shipping（Hong Kong）Co., Ltd.（琿春中聯海運（香港）有限公司）」

①の住所は、大連グローバル社と同じで、どうやら実態は同一と見てよさそうだ。

さらに調べていくうちに、香港企業の登記情報をインターネット上で購入できることがわかった。②と③の登記簿を入手すると、奇しくも「責任者」として、同じ中国人が登録されていた。

「金光日（Jin Guangri）」

「崔文女（Cui Wennu）」

金光日は大連グローバル社の社長だ。登録された住所も同じである。崔については情報がないが、香港での登記を遡っても名前があるため、金の長年のパートナーであることは間違いない。
③が香港で登記されたのは、２０１１年4月11日。ほんの少し前のことだ。ちなみに、前記3社が大連グローバル社の「運航業者」や「船主」として登記されるようになったのは、ここ数年のことだ。日本国内で大連グローバル社の関与した事件が摘発された時期と前後している。
（これがいわゆる「フロント企業ネットワーク」というやつか）

どうやら構図が見えてきた。

大連グローバル社は、自社の犯罪行為が明るみに出ると、大連と香港に立ちあげたフロント企業3社を通して活動するようになった。さらに、3社を連絡先として、タックス・ヘイブンや便宜船籍国に次々とフロント企業を立ち上げた。これらの企業群を通じて、中国と北朝鮮を往来する多数の船舶を所有または運航し、北朝鮮と緊密な商取引を行っていたわけである。

要は、外国船に偽装した北朝鮮船舶のネットワークのようだ。これこそ、制裁逃れの手口なのではないか。

日本の当局から入手した情報によれば、日本国内で奢侈品の不正輸出に加担した企業の中には、かつて北朝鮮との交易を主なビジネスとしていた、零細な〝北方業者〟が多いという。日本政府が対北朝鮮制裁を強化して以降、大連グローバル社はそれら業者の弱みにつけこんで不正輸出に

大連グローバル社のネットワーク（2014年6月時点）

関連企業（緊密な取引相手企業を含む）	
Centrans Shipping Co., Ltd.	（天津）
Guangzhou Henghua Trading	（香港）
Hong Kong Super Gold Co., Ltd.	（香港）
Hunchun Sino Unity Shipping	（香港）
Jin & Liu Company	（香港、マーシャル諸島）
Korea 56 Trading Company	（北朝鮮）
Korea Daehung Transportation Trading Company	（北朝鮮）
Korea Miyang Shipping Company Limited	（北朝鮮）
Maanshan City Yuhuan Lunchuan Co.,Ltd.	（香港）
New East-Light Limited	（香港、英領バージン諸島）
Royal Apex International Corporation	（香港、シエラレオネ）
Royal Armadas	（大連、香港）
Sun Angel Company Limited	（香港、マーシャル諸島）
Sun Everbright Company Limited	（香港、マーシャル諸島）
Sun Fleet International Co., Ltd.	（香港）
Sun Shipping Company Limited	（香港）
Tian Da Co., Ltd.	（香港）
Tian Xiu Company Limited	（キリバス）
Tian Zhu Co., Ltd.	（香港、天津）
Uryo Transit Trading Co., Ltd.	（北朝鮮）

所有または運航に関わったことのある貨物船

Eleanor Sun	（IMO 8909915）
Global Nampo	（IMO 9000766）
Jin Ming 1	（IMO 8303290）
Mi Yang 5	（IMO 8620454）
Mi Yang 6	（IMO 8828927）
Mi Yang 8	（IMO 8863733）
New Global	（IMO 8660521）
New Hunchun	（IMO 9536272）
Sun Crystal	（IMO 8304127）
Sun Orion	（IMO 9024889）
Sun Unity	（IMO 8736382）
Tian Da	（IMO 9338979）
Tian Ren	（IMO 9340271）
Tian Xiu	（IMO 9340269）
Tian Zhi	（IMO 9340257）

加担させていたのだ。

もちろん、一連の事件に関与していた北朝鮮企業も問題だ。７０００台以上ものコンピューターを不正調達した企業や、大量破壊兵器関連で輸出規制の対象となっている物資を不正調達した企業、朝鮮人民軍の傘下企業など、警戒すべき企業が複数含まれている。37ページの表でも散見される「朝鮮綾羅島貿易総会社（ルンラド貿易会社）」「朝鮮白虎7貿易会社」「朝鮮コンピューター・センター」「朝鮮新興貿易会社（シンフン社）」「朝鮮サンミョン貿易会社」といった企業群は、北朝鮮が禁輸物資を海外から調達する際に重要な役割を果たしているに違いない。

これらの会社を野放しにしておくわけにはいかない。まずは具体的な制裁違反行為について、しっかりと裏付けを取って国連の公式文書である専門家パネルの年次報告書に載せ、悪質な企業を制裁対象に指定するよう、安保理に勧告する必要がある。

もっとも、そうした勧告が安保理にいっても、拒否権を持つ中国が自国企業を制裁対象に指定することに同意するとは思えない。それでも、専門家パネルが国連の公式文書で悪質な企業を名指しして制裁の対象にするよう勧告することには、それなりに意味がある。たとえ安保理が制裁を決議できなくとも、良識ある国々は、そのような企業との商取引を規制することになるからだ。いわば安保理の「頭越し」に、国連加盟国に直接訴えることができるのである。国連の公式文書には、それだけの重みがある。

ただし、「奢侈品」の定義を巡る安保理の曖昧な姿勢ゆえに、中国政府は自国企業による奢侈品制裁違反の幇助を「国連制裁決議違反ではない」と正当化しているようだ。

年次報告書に制裁違反の事実を記載するまで、険しい道のりが予想された。

日本の情報公開制度の壁

専門家パネルに課された重要な任務の一つは、国連加盟国からもたらされる情報を、証拠となる文書などと照らし合わせて、国連の立場から検証することだ。一連の事件捜査を進めるにあたり、大連グローバル社の事件への関与を示す証拠書類が必要となる。日本政府に奢侈品制裁違反事件の裁判資料を要請したところ、担当者と面会する運びとなった。

２０１１年12月、私が東京で日本政府の担当者から受け取ったのは、裁判資料ではなく、「刑事確定訴訟記録法」についての説明だった。

「裁判記録は、第一審を担当した地方検察庁の担当検察官が保管しておりますので、そちらに直接請求してください」

14件の事件の第一審は日本各地で開かれていた。私は東京、関西、山陰、九州などを飛び回って、担当検察官に依頼して交渉しなければならないらしい。

「担当検察官にお願いすれば、見せていただけるんですね？」

「どのような記録をどのように閲覧できるかは、担当検察官の判断によります。閲覧できる場合でも、文書には黒塗りになっている箇所があります」

「……では、黒塗りになっていても、コピーは取らせてもらえるんですね？」

「それはできません。あくまでも筆記で書き写すことしか認められていません」

資料を筆写しても、国連では「証拠」として受け入れてはもらえない。

「……では、せめて判決文だけでも写しをもらえませんか？」

「それも検察官の判断になります。一般的には、裁判で判決が下されたときに、その場に来ていた報道関係者のみに判決文を渡しております」

日本政府の情報を裏付ける資料も判決文も得られない。これでは、日本の警察がいかに制裁違反を国内で摘発しようとも、国連としての具体的な制裁措置につなげようがない。

日本の司法分野の情報公開制度がここまで異質とは思ってもみなかった。他の国連加盟国であれば、こういう資料は各国の国連代表部が取りまとめ、国連に提出してくれる。米国やシンガポールのように、裁判所から裁判記録を直接購入できる国もある。

日本は「国連重視」を謳《うた》っているが、国内法や行政手続きは謳い文句に追いついていなかった。

中国に続き韓国も

捜査を進めるうちに、他にも厄介な問題が出てきた。中国人に続き、韓国人の同僚も捜査を妨害し始めたのである。彼は私にとって二人目の韓国人の同僚だが、前任者と同じく、韓国外務省のキャリア外交官だ。

彼は、日本の奢侈品制裁違反事件に韓国企業や在日の韓国籍保有者が加担していたことを知ると、私にかみついてきた。

「日本政府の輸出管理体制に欠陥があるから、韓国企業が巻き込まれたのだ」「日本政府は証拠を提出しておらず、韓国人が加担していたというのはいいがかりだ」

中国人の同僚と同じ論理である。国連の公式文書に、韓国人や韓国企業による制裁違反事件への関与が記述されるのは絶対に受け入れられないという。

しまいには、週末、誰もいないオフィスから捜査対象の韓国企業に電話を入れ、「日本政府はあなた方が制裁違反をしたと言っているが、事実でなければ反論してほしい」などと、捜査情報の漏洩まででした。

自国の利益が絡んでくると、違反の摘発よりも隠蔽を優先させる。韓国人の同僚の動きは、中国やロシアとまったく同じだった。

結局、大連グローバル社については、専門家パネルの年次報告書に「日本政府によると」という形でしか記述できず、国連として証拠をもって「制裁違反に加担した企業」との結論を示すことはできなかった。残念ながら、国連加盟国への訴求力はかなり削がれてしまったといわざるを得ない。

大連グローバル社は、多数のフロント企業を前面に押し立てながら、北朝鮮との密な関係を続けている。同社の貨物船団の活動に目に見える変化はない。私は忸怩《じくじ》たる思いで、その船団の動きを日々、パソコンの画面上で見つめ続けるしかなかった。

登記簿を重ね合わせる

そのうち私は複数の事件の捜査を担当するようになり、不本意ながら、大連グローバル社にかかわる一連の捜査を中止せざるを得なくなった。だが、運送業者としてたびたび登場する香港企業「ニュー・オント社」には、気がかりな点が残っている。

同社の香港での登記を調べてみると、代表者（2名）のうちの一人に「Yuan Wen Tao（原文濤）」という人物が載っている。彼は少なくとも6社の香港企業の所有または経営に関わっていた。うち5社はすでに解散しているが、残りの1社（A社とする）はまだ生きている。この会社の代表者として、原文濤と並び、2名の日本人が名前を連ねていた。また、同社の株主として、北九州市の企業1社（B社）と神戸市の企業2社が登記されている。中国の商業情報を調べていくと、香港のA社の代表として名を連ねる日本人のうちの1名は、北九州市のB社の大連支社の代表者であることもわかった。

このB社が気にかかる。大連グローバル社が関与した不正輸出事件のうち3件（2008年12月の酒・たばこ不正輸出事件、2009年4月の中古パワーショベル不正輸出事件、5月の化粧品不正輸出事件）で、日本から大連港までの貨物輸送にB社の貨物船が使用されていたのだ。さらにそのうちの少なくとも1件については、ニュー・オント社も関与していたことが日本の警察の調べで明らかとなっている。

つまり、北九州市のB社は大連グローバル社の不正輸出に巻き込まれたようにもみえるが、B社の大連支社の代表を務める日本人は、香港のA社代表でもあって、A社とニュー・オント社の代表である原文濤とつながっている。原文濤と北朝鮮との間に密な取引関係があることは疑いない。北朝鮮側は、複数の不正輸出事件に際して、ニュー・オント社を運送業者として指定するよう、日本国内の輸出者に指示を出していたのだ。

B社はこのことをどこまで認識しているのだろうか。

韓国国内にも拠点が

日本国内の奢侈品制裁違反事件リスト（37ページ）の筆頭にあった香港企業「東南海運有限会

社」は、２００３年に行われた金正日総書記の61歳の誕生日祝賀パーティに祝賀メッセージを送るなど、長年にわたって北朝鮮と親密な関係にあることがすでにわかっている。

同社は、韓国の海運会社（C社）の代理店を務めており、２０１３年時点では別の韓国の海運会社（D社）の住所を連絡先としている。また、韓国船籍の化学タンカーの所有・運航会社でもあったが、同年以降、船の所有・運航会社は、D社に移されている。

北朝鮮と親密な関係にある香港企業は、韓国にも拠点を持っている。韓国人の同僚が、この事実に耳を傾けようともしなかったのは、残念である。

それから2年後、「週刊文春」（２０１５年3月26日号）に一本の記事が掲載された。タイトルは、「総連転売で10億円提供した中国人女性の正体」。

２０１４年11月、不良債権の回収を業務とする「整理回収機構」の手にわたっていた朝鮮総連の本部ビルを、香川県高松市の会社が購入する。ところが翌年1月、同社は山形県酒田市の倉庫会社にこのビルを転売してしまう。記事には、転売額44億円のうち10億円を提供したのは中国人女性で、彼女は香港の物流企業「東南物流」の関連会社に籍を置いている、と書かれていた。

記事の存在を教えてくれたのは、「アジア調査機構」の加藤健代表だ。彼のメールには、東南物流の関連会社とされる「東南シッピング・エージェンシー社」の登記情報も添付されている。株主兼代表者として、「金容成」という名前があった。ベンツ不正輸出事件を指揮した「東南海運」の代表者と同一人物だ。もしこの記事が事実ならば、朝鮮総連の本部ビルを買い取った会社に出資したとされる企業と、大連グローバル社に指図していた企業は同根ということになる。金容成は注目すべき人物である。

北朝鮮の海運ネットワークは、中国本土と香港のみならず、日本と韓国にも確実に根を張っているようだ。

2　懲りない中国

新型ミサイル登場

２０１２年4月15日、私は国連のオフィスで、平壌《ピョンヤン》で開催された軍事パレードの映像を見ていた。新型戦車のほか、無人機、多連装ロケット砲、ＳＡ－２地対空ミサイルなど、北朝鮮の通常兵器を載せた車両が次々と画面上を流れていく。続いて中距離弾道ミサイルの「ムスダン」や「ノドン」を搭載した移動式発射台がゆっくりと走っている。

突如、場面が切り替わって、迷彩模様を施されたミサイルが現れた。８軸16輪の大型車両に搭載されている。見たこともない。新型の弾道ミサイルか。射程は中距離か長距離のようだ。

国連の制裁を何度も受けているにもかかわらず、北朝鮮は新型ミサイル開発の意思を誇示し続けている。２日前の13日には、人工衛星を搭載したとされるロケット「銀河３号」を打ち上げようとして失敗したばかりだ。

安保理は2009年に採択した決議1874号の第2項で、北朝鮮による「弾道ミサイル技術を使用した発射」を明確に禁止しており、ロケットもその対象である。それに対して北朝鮮は、ロケットによる衛星の打ち上げは「宇宙条約」で認められた「宇宙の平和利用」の一貫であり、弾道ミサイルとは違うと主張する。安保理内でも、中国やロシアは、原則として北朝鮮の「宇宙の平和利用」の権利を擁護する姿勢を示してきた。

実際、銀河3号ロケット発射の直後、中国人の同僚は、安保理が禁止する「弾道ミサイル技術」の定義が不明確であるとして、今回の発射に禁止技術が用いられていたのかの検討が必要との立場だった。国連による制裁の抜け穴を看過するどころか正当化する擁護者がいたからこそ、北朝鮮は弾道ミサイル計画を着実に進められたのだ。

軍事パレードにお目見えした新型ミサイル（火星13型）は、アメリカによって「KN－08」と命名された。専門家の分析によると、このミサイルが完成すればアラスカやハワイまでを射程におさめるのではないかという。銀河3号に続き、新たな長距離弾道ミサイルが披露されたわけだ。

だが、多くの欧米の専門家は酷評している。

「これは単なる模型で、本物ではない」「北朝鮮は何も技術がわかってない」「張り子の虎だ」

彼らは北朝鮮の技術能力を過小評価する傾向がある。たとえ模型でも威信をかけた軍事パレードで示したということは、真剣に開発中と考えるべきだろう。そもそも、軍事パレードで実物のミサイルが登場すると信じる方が世間知らずだ。模型を見せつけるのは、ソ連以来の共産主義国家の伝統的手法である。

それにしても、この新型ミサイルの移動式発射台は大きい。しかも、北朝鮮ではこれまでに見たこともない精巧な車両のようだ。いつの間に北朝鮮は、こんな車両を製造できるようになったのだろうか。

テイラーメイドの移動式発射台

それから2日後の4月17日。同日付の毎日新聞の記事に目がくぎ付けとなった。

「中国輸出の車両改造か　新型ミサイルの発射台」という見出しのもと、情報関係筋の話として、具体的な内容が記されている。

・新型移動式発射台（KN－08）は、２０１１年夏に中国から輸出された特殊車両を改造したもの。
・中国国防省系列の国有企業「中国航天科工集団」の子会社、「湖北三江航天万山特殊車両（ワンシャン社）」が、特殊車両「ＷＳ５１２００」を開発した。
・２０１１年8月ごろ、「中国航天」の別の子会社が、カンボジア船籍の船に「ＷＳ５１２００」4台を積載して北朝鮮の南浦《ナムポ》港に発送した。これが北朝鮮で移動式発射台に改造されたとみられる。

記事が正しければ、明らかな制裁違反だ。

さっそく、インターネットで特殊車両の情報を探す。中国国務院国有資産監督管理委員会のホームページに、中国航天の発表記事（２０１１年5月26日付）が転載されていた。

「中国航天科工集団公司が国内最大のオフロード車両開発に成功」

ＷＳ５１２００はオフロード用に開発された特殊車両で、全長21メートル、最大積載量１２２トン。中国国内で最大の貨物積載能力を誇るというが、文中に気になる表現がある。

「ワンシャン社は、顧客のニーズに沿ってこの特殊車両を開発し……」「この特殊車両は……最近、成功裏に顧客に引き渡され……」「この製品はデモンストレーション中、高いパフォーマンスを示し、……顧客はこの製品を高く評価して、さらなる協力の意を示した」

「顧客」が誰なのか、記述はない。さらに探すと、中国航天が２０１０年10月19日付で発表した記事も見つかった。

「大型オフロード車両、初の一括輸出注文」

記事によると、ＷＳ５１２００は、軍事技術を民間産業目的に応用して製造されたものだという。いわゆる軍事技術の民生転用（スピンオフ）だ。さらに次のようにある。

「最近、中国航天科工集団公司第９院は、ある国の顧客とＷＳ５１２００大型オフロード車両の輸出につき合意に達した。契約金額は３０００万元（約３億９０００万円＝当時）で、前払い金として１２００万元を受け取った」

第９院は「顧客」と２００８年以来、協議を継続し、選任の技師を充てていたという。

ＷＳ５１２００の画像を見ると、北朝鮮の新型車両に酷似している。ＷＳ５１２００に迷彩色を施して、牽引車両部分の上に移動式発射台を据えつけたにちがいない。そうだとすると、北朝鮮は中国の軍事企業に対して、テイラーメイド（注文に応じて生産する商品）の最新型移動式発射台の基盤となる特殊車両を発注していたことになる。

移動式発射台があれば、北朝鮮が新型長距離弾道ミサイルを完成させた暁には、奇襲攻撃能力が格段に高まるだろう。国内を縦横無尽に移動し、アメリカの軍事衛星による監視の目からミサイルを隠蔽できる。移動式発射台が北朝鮮軍にもたらす戦略的メリットは計り知れない。

中国航天は弾道ミサイルシステムを開発・製造・販売する企業だ。こんな特殊車両を北朝鮮に輸出すれば、弾道ミサイル用に改造されることぐらい、わからないはずはないのだが……。

軍事パレードの衛星画像を解析した結果、新型移動式発射台は計6台、確認できた。ある政府の機密情報へのアクセス権を有する同僚によると、「中国航天は特殊車両をさらに輸出しようとしていたけれど、アメリカの圧力を受けて、中国政府が介入して中止させた」という。

6台のWS51200がいかにして北朝鮮へ輸出されたのか。鍵となるのは、毎日新聞の記事。「2011年8月ごろに『WS51200』4台を北朝鮮の南浦港に発送した」

まずはこの4台の情報について、ウラをとる必要がある。

全否定する中国

WS51200に関する報道があったのは、専門家パネルが安保理への年次報告書を作成している最中だった。報告書の提出期限の5月11日は間近だ。捜査にかける時間はあまりない。だが、これは事件として、何としても報告書に盛り込まねばならない。

中国政府はかなり神経質になっているようだ。我々の捜査には絶対に協力しないし、特殊車両の「顧客」が北朝鮮とも認めないだろう。

中国は外交的メンツを異様なほど気にする。国連の公式文書の中に、自国の企業や国民による制裁違反が記載されそうになれば、たとえ疑いとしてであろうとも、断固として阻止しようとする。

安保理の関係者によると、リビアがらみでこんなエピソードがあったそうだ。安保理決議に基づいてリビアも制裁対象とされており、同国への武器輸出も禁止されている。しかし、中国企業がこれを無視して大量の小型武器を輸出していたという。指摘を受けた中国政府は、この情報を全否定するのみだった。そこで、中国政府との協議の際、リビア制裁委員会の専門家パネル委員(ドイツ人の小型武器の専門家)が、現地で収集した中国製武器を机に置いて、「これでも否定するのか」と問い詰めた。その後、中国政府の反対により、彼だけがパネル委員としての任期更新が許されず、国連を追い出された——。

我々の報告書についても、中国はすでに過敏になっている。私が大連グローバル社の事件について詳細に記述しようとしていることも問題視されているようだ。

今回のWS51200問題に関わっているのは、中国最大手の国営軍事企業の一社だ。中国政府の過剰反応ぶりは、中国人の同僚の様子にも表れていた。

「メディアの情報など信用できるわけがない。こんな根拠のない情報を公式文書に盛り込むのはおかしい」

そう強く主張する。彼は、前年にも同様の言い草で、安保理に提出するパネルの年次報告書への署名を拒否した過去がある。だが、このときの真の理由は別にあった。提出前の報告書の中で、複数の中国企業による制裁違反事件への関与が言及されており、これが中国政府の怒りを買ったと、同僚から聞いた。パネルの報告書の文案は中国政府に随時報告されているらしい。そんな報告書に彼が署名するわけにはいかなかったようだ。

パネル委員全員の署名が揃わなかったことを理由に、中国政府は報告書を国連の正式な文書として採択することに反対し、結局「幻の報告書」となってしまった。後に、この「幻の報告書」はオンライン上にリークされたが、これでは意味がない。専門家パネルの年次報告書は、国連加盟国政府の法執行活動で「根拠文書」として用いられることがある。それは国連という権威が承認した公式文書だからだ。非公式では、法執行上の根拠にはならないのである。

かくして、中国人の同僚は、国連安保理の歴史上、年次報告書への署名を拒否した初のパネル委員となった。中国政府としても、国連の公式文書採択に反対を表明せざるを得ない立場に追い込まれたことは、外交上、大きな失点となった。彼は、各国ばかりか、中国政府からも不手際を厳しく叱責されたようである。

加勢するロシア

国連には画像分析を専門とする組織がある。画像データから、対象物のサイズを割り出す専門家のチームだ。本件捜査に関わる同僚が、この組織にＷＳ５１２００と新型ミサイルの移動式発射台のそれぞれの画像を渡して、同一車両か否か専門的な判断を仰いだ。車両の各部の仕様やサイズを厳密に比較検討した結果、彼らは次のとおりに結論づけた。

「両車両は相互に同一（identical）の特徴を有している」

ビンゴだ。我々はこの判断をもとに、中国の大手国営軍事企業による制裁違反に切り込んだ。中国人の同僚は強く反発した。

「中国航天が制裁に違反した証拠はない。この会社に言及すべきではない」

ロシア人の同僚も加勢する。

「ロシア語では、外見などの同一性を示す『identical』と、同一物であることを示す『same』は一つの単語だ。誤解を招きかねないので、『identical』という英単語を用いるべきじゃない」

勢いを得た中国人の同僚が続く。

「たしかに。『同一（identical）』ではなく、『似ている（similar）』というのが正しい。WS51200に似ているというだけで、報告書に書くのは早計にすぎる」

世界中のメディアが本事件と中国航天との関係について報道するなか、国連安保理では、このような議論が延々と続いていたのである。中国から北朝鮮へ車両が移転されたことを示す証拠があれば、議論に決着をつけることもできたはずだが、それはどこからも得られなかった。

我々の文案は、あくまでも客観的な資料に基づいて、WS51200と新型移動式発射台の関係について記述したうえで、こう指摘するものとなった。

「中国航天は『適切な注意（due diligence）』を払うべきであった」

それでも中国人の同僚は強く反対する。埒が明かないので、採決で決めることにした。

結果は、反対2票、賛成5票。これで確定だ。

中国人の同僚が報告書の作成作業から身を引いたのは、その翌日のことである。彼はその理由についてこう説明した。

「個人的なアドバイザーの助言に基づいて、これ以上、この作業に関わるべきではないと判断した」

ミッション・インポッシブル

北朝鮮の軍事パレードから約1カ月後の2012年5月11日、まもなく土曜日になりそうな深夜零時。我々はさんざん議論を尽くし、年次報告書を安保理の事務を担当する国連事務局に提出した。報告書には、1年間の捜査結果がまとめてある。

だが、中国人の同僚の署名はない。

今年もあまりにも多くの中国企業が制裁違反に加担しており、捜査結果を忠実に安保理へ報告するという職務上、我々には中国に都合のよい表現など書きようがなかった。他方、彼は事実上、中国政府から政治任用されているという立場上、そのような報告書への署名は許されなかったのである。

中国政府の意を受けた中国人の同僚が最も懸念していたのは、KN－08の移動式発射台と、大連グローバル社による一連の不正輸出に関する詳細な記述だった。私が中国企業の関与を記述すると、彼がすべて消去する。互いに激しく非難しあうようになり、敵対的な関係にすらなっていた。

今年の年次報告書も、国連の公式文書として認められることはないだろう。

2年連続で活動報告を出せなかったうえに、自分たちに恥をかかせた専門家パネルの存続に中国政府が同意するとは、とても思えなかった。パネルの存続は、毎年の安保理決議で認められる。安保理で拒否権を持つ中国が反対すれば、決議は通らない。

「残念だけど、我々のパネルはこれで終わりだな」

欧米の同僚たちはつぶやきあっていた。

中国人の同僚も動揺していた。彼は人民解放軍の大佐だ。若手エリートだが、キャリアの上でかなりの減点になるだろう。今後の出世に響くかもしれない。ある意味、かわいそうな立場ではある。制裁違反事件を捜査する任務を負いながらも、中国企業の違反について指摘してはならない――それは誰にとっても不可能な任務《ミッション・インポッシブル》である。


報告書を提出してから蹌踉《そうろう》と家路を辿り、ベッドに倒れこんだ。ほぼ1カ月の間、不眠不休で報告書の作成に没頭していたのだ。眠り続ける私に、例の大佐から電話がかかってきたのは日曜日の朝のことである。

「一緒に昼飯でも食べないか」

午後1時、ニューヨークのミッドタウンにある四川料理の店で、私たちは向き合った。

「短い間だったけど、ありがとう」

彼も、かなりうちひしがれている。

「本当は、自分も署名したかったんだ。皆には悪いが、あれはどうしてもできなかった」

これで専門家パネルはもう終わりになる。だが、後味が悪すぎた。あれだけ調べ尽くした制裁違反の実態が「なかったこと」になるのは我慢がならない。

会話の弾まない食事を終えた後、何気なしに言ってみた。

「セントラルパークを歩かないか」

国連を離れる前に一度行ってみたかった。

5番街をゆっくり歩いて、公園の敷地に入った。特に話をするわけでもなく、ただただ、歩いた。歩きながら、私は自身に何度も問い返していた。そして、夜の帳《とばり》が下りようとする頃、切り出した。

「もう一回だけ、トライしてみるか」

「え?」

「例の個所、書き直してみるか?」

「……それは……いい考えだな……」

せっかくの捜査結果がすべてお蔵入りするのは、やはり避けたかった。

「どんな形であっても、捜査結果は年次報告に記したい。俺たちでぎりぎりの代案を作ってみて、他の連中にも相談してみよう。どうせ、もう失うものもないし。最後にやれるだけやってみよう」

ただし、報告書は提出済みだ。提出後に内容を変更した前例はない。しかも、今はもう日曜日の夜。明日の朝までに修正版を作成して、さらに全員の合意をとれるか。成算はまったくない。それでもやってみるしかない。

さっそくパネルの調整役に電話をして、3人で会うことにした。かつて英国の外交官として駐北朝鮮大使だった人物だ。

「ダメだ。変更はありえない」

彼は頑なだった。

「北京には二つの選択肢しかない。この報告書をそのまま受け入れるか、さもなくば安保理の本会議で、つまり、公衆の面前で報告書公表に反対票を投じるか、だ。その場合、外交的にはかなりメンツを失うことになるだろうが」

中国のメンツがどうなろうが、もとより知ったことではない。この報告書を何とか国連の公式文書として世に出したい。そうしなければ、加盟国の法執行機関が取り締まりの際に、これらの情報を生かすことができなくなってしまう。

だが、自分だけで突破するのは無理だ。ここはエリックを巻き込もう。フランス国防省出身で、若手ながらも合理的な男。私が着任した頃は、専門家パネルの主要な事件捜査は、彼がほぼ一人で取り仕切っていた。今回の報告書の主要な書き手でもある。激しくやりあった我々３人で何とか合意することができれば、他の同僚も説得できるかもしれない。

エリックをミッドタウンの日本居酒屋「りき」に呼び出した時には、すでに午後10時を過ぎていた。しかし、彼も報告書の変更に前向きだった。こういう時こそ、「りき」が誇る数々の日本酒と焼酎は絶大な力を発揮する。

アルコールとつまみ、そして時間の制約が、見栄や建前を取り払い、本音のやり取りを可能にした。エリックは中国人の同僚への聴取を進め、席に持ち込んだノートパソコンで文案を作成。「これでどうだ?」と一つひとつ確認していく。数時間前までしおれていた中国人の同僚は目を輝かせながら、「これならいける!」と返す。熱に浮かされたように作業に勤《いそ》しむこと、およそ３時間半。報告書の変更文案がまとまった。

「これならオーケー」

最後にエリックは断言した。中国企業に関する断定的な記述を大幅に変更して、事実上、捜査の結論を次の年に先送りした形になってしまったが、我々の捜査はまだ継続中であるとした。特殊車両の輸出に関わる証拠など、具体的な情報が入手できていなかったのは事実なので、ある程度の妥協はやむを得なかった。

いま大切なのは、事件の概要と捜査の事実を公式な記録として残しておくことだ。それは、「国連は違反行為を見逃さないぞ」というメッセージである。不充分ではあっても、「幻の報告書」よりはるかにましだ。来年までにきっちり証拠をそろえて、もう一度やりあうしかない。

気難しい調整役の説得は、エリックにお願いした。日付は月曜日、午前2時を過ぎていた。

中国の敵

7時間後。出勤すると、英国人の調整役がやってきた。

「話は聞いたよ。よくやったな」

言葉も表情も一変している。もしかして、昨晩の強硬姿勢は、報告書を変更しすぎないようにとの牽制だったのかもしれない。ともあれエリックよ、ありがとう。

「ほかのメンバーは私から説得する」

調整役は確約した。国連事務局も協力的だった。再提出を認めたうえ、締め切りを少しだけ延ばしてくれた。全員の署名がある報告書のほうが、安保理は喜ぶに決まっている。午前中に全員が署名して、無事、変更版の報告書を事務局へ提出し直すことができた。

ついさっきまでしおれていた中国人の同僚は実に嬉しそうで、興奮した面持ちで話しかけてきた。

「本当にありがとう！」

そして、邪気のない口調でこう続けた。

「君は、本当は中国の敵じゃなかったんだね！」

（まったく大げさな……）

「君は『敵じゃなかった』って、本国に報告し直しておくよ！　本当にありがとう！」

彼は興奮した口調でまくしたてると、自分の部屋に戻っていった。

私の笑顔は凍りついたままだったのだろう。事務局のメラニー政務官から「大丈夫？」と言われて、ようやく我に返った。メラニーは弁護士出身で5カ国語を操る優秀なカナダ人だ。若いながらも我々の心強い味方である。

その後、中国政府が私を「過激分子」として専門家パネルから追い出そうとしていたことを、別の同僚が教えてくれた。

機密情報入手

2012年6月、休暇で日本に一時帰国したときのことである。赤坂で知人と夕食を共にしていた席で、1通の封筒を手渡された。

「捜査の役に立ててくれ」

自宅に戻って中身をあらためると、数枚の書類が入っていた。

一番上にあったのは、「SHIPPING ORDER（船積み指示書）」だ。発行者は「上海安順船務物流有限公司」。おそらく上海の港で荷役などを行う企業だろう。発行日は2011年8月1日。

「荷送人《におくりにん》」の欄を見た時に、ハッとした。

「WUHAN SANJIANG IMP. & EXP. CO., LTD.（武漢三江輸出入公司）」

北朝鮮の移動式発射台に転用された大型特殊車両WS51200を開発したワンシャン社（湖北三江航天万山特殊車両有限公司）の系列の貿易会社だ。船名欄には、「ハーモニー・ウィッシュ号」とある。荷揚げ港は「南浦港」。どうやらワンシャン社の系列会社が上海の物流会社に対して、貨物船ハーモニー・ウィッシュ号に荷積みするよう指示した際の文書らしい。ハーモニー・ウィッシュ号はカンボジア船籍の貨物船だ。「貨物名」欄には次の記述があった。

「4 SET　WS51200 OFF-ROAD TRUCK」

なんと貨物は、「WS51200」4台ということか。これこそ探し求めていた証拠ではないか。

2枚目は中国語の書類で、「SHIPPING INSTRUCTION（運航指示書）」とある。ハーモニー・ウィッシュ号の運航事業者「大連青松船務代理有限公司」が、船長に対して出していた運航指示書だ。国連による制裁の対象企業に北朝鮮の武器密輸企業「青松連合」があるが、何か関係があるのだろうか。運航指示書には次の記述があった。

「ハーモニー・ウィッシュの船長と船員の皆様、こんにちは！　お疲れ様でした。引き続き次の貨物輸送計画につき、以下に通知します。

数量：約168トン、893・2立法メートル

4台　平板台　車両（尺寸：20・2メートル×3・35メートル×3・5メートル）

WS51200
港代理人：上海安順船務物流有限公司」

この大連の船舶代理店もWS51200の輸出に絡んでいたということか。

もう一枚の英文書類は、上海安順船務物流有限公司が上海税関に提出した「輸出貨物・積み荷目録」の写しだ。WS51200計4台の輸出申請書類である。そこに「荷受人」の名前がある。

「RIM MOK GENERAL TRADING CO., LTD.（DPR KOREA）」

北朝鮮の「林木貿易総会社」。ここがWS51200を輸入していたのか。

一連の書類から、ようやく今回の不正輸出の全貌が見えてきた。

2011年8月1日に、ワンシャン社の系列の貿易会社「武漢三江」は、カンボジア船籍の貨物船「ハーモニー・ウィッシュ号」で、南浦港に向けて、WS51200計4台を輸出していた。北朝鮮側の荷受人は「林木貿易総会社」。また、ハーモニー・ウィッシュ号の運航事業者は「大連青松船務代理有限公司」。主な捜査対象は、この3社となるだろう。上海の荷役会社は、おそらく単なる下請けと思われる。

これで捜査の突破口が開けそうだ。当然、中国側は徹底的に隠蔽を図るだろう。深く静かに潜行しなければならない。

2012年6月10日、急いでニューヨークに戻った。捜査方針について至急、同僚たちと協議を行うためだ。日本で情報をつかんだことを中国側に悟られてはならない。声をかけたのは、信頼のおける同僚3名だけ。国連のオフィスは盗聴されているようなので、さりげなくビルの屋上に出て、話し合った。その結果、中国政府に気づかれないよう、関係国や船舶会社などに非公式に協力を要請して、大連青松船務代理有限公司と上海安順船務物流有限公司について情報収集を開始することにした。

失　望

翌日の昼過ぎのことだった。オフィスのパソコンで朝日新聞のニュースをチェックしていると、驚くような記事が、2本掲載されていた。

「中国、北朝鮮に軍用車両　昨年8月　安保理決議に違反」「日米韓、背信の黙認　疑惑の船、日本が物証」

記事は、中国が昨年8月、弾道ミサイルの運搬・発射用の大型特殊車両4両を北朝鮮に輸出していたことがわかったというもの。日本政府が昨年10月、車両を運んだ貨物船で輸出目録を発見し入手した、とある。私が入手したばかりの情報がそっくりそのまま報じられている。いずれも書き手は、牧野愛博記者だ。

あまりの偶然に、私はパソコンの前で固まってしまった。昨日、同僚たちに説明したばかりの内容だ。だが牧野記者は、明らかに一定期間取材をしていたようだ。彼の情報源は私の同僚ではありえない。

さらに、この記事には、私が知らないことも書いてある。

日本が情報を共有したアメリカと韓国は、北朝鮮が3回目の核実験に踏み切る可能性があるなか、北朝鮮に強い影響力を持つ中国との関係を良好に保つ必要があると判断し、アメリカの主導で公表を控えた。そして、中国による特殊車両輸出疑惑は外交ゲームと引き換えに幕が引かれた。日米韓は、車両輸出に関する情報の公表を断念した──。

「日米韓は国連安保理で追及を続けることを断念した」とも書いてある。

頭が混乱してしまった。

先月には、本件を巡って、専門家パネルは存亡の危機に立たされていた。我々は、どの政府からも支援を得られないなか、公開情報だけを頼りに中国側と渡り合っていたのだ。それなのに、日米韓政府は我々が探していた証拠を持っていながら事件の追及をあきらめていたとは。専門家パネルはどの加盟国も気にさえしない事件を巡って、自滅寸前にまで追い込まれていたことになる。

それにしても、これほど深刻な事件の追及を早々に幕引きするとはどういうことか。記事の内容が事実ならば、アメリカの方針には強い違和感を覚える。

ここまで報じられてしまった以上、中国企業に対する内偵はもはや無意味だ。

朝日新聞の記事について、さっそく同僚に報告すると、すでに彼らは英文で読んでいた。同僚の一人に話しかけてみる。

「まったく驚いたよ。こんな偶然のタイミングなんてあるかな」

「そうだね。まあ、よくあることだよ」

彼は、あっさり言うと立ち去って行った。態度が心なしかよそよそしい。私が牧野記者の情報源と疑われているのだろうか。

14日付の「ジェーンズ・ディフェンス・ウィークリー」の記事には、例の「輸出目録」の写しがそのまま掲載されていた。

懲りない中国

２０１２年10月、北朝鮮制裁委員会の非公式会合の席で、国連中国政府代表部の外交官は北京から指示された声明を読み上げた。

「専門家パネルの年次報告書で言及されている、中国からの車両輸出疑惑の件についてブリーフします。中国政府当局が捜査を行った結果、ワンシャン社は２０１１年に６台の車両を北朝鮮へ輸出しました。しかし、これらの車両は、北朝鮮の移動式発射台とは大きく異なるものであり、ミサイルを牽引したり発射したりできるものではありません。

また、ワンシャン社は北朝鮮側から、『車両は林業のみに使用する』と確約した最終用途証明書を受領しております。さらに、北朝鮮は中国当局に対して、これらの特殊車両を林業以外では使用していないと明言しています。

従いまして、中国としては、国連安保理決議及び中国の輸出管理法制に違反する行為はなかったものと結論づけました」

それに対して、ある安保理常任理事国の外交官が質問した。

「今、あなたが説明した『車両』というのは、軍事パレードで出てきたものとは別の車両のことを指しているのですか？　実際に、現在、北朝鮮が林業で使用しているという車両は、どのような車両ですか？　明確な説明をお願いしたい」

「私は北京から送られてきた声明を読み上げただけです」

「今のあなたの声明のコピーを北朝鮮制裁委員会で配布していただけますか？」

「いいえ、配布する予定はありません」

制裁委員会でこの件についての中国に対する質問は、これだけだった。

中国政府があらゆる協力を拒否したため、問題の車両を開発したワンシャン社などに対する事情聴取はできなかった。本件に関しては、結局、どの政府も専門家パネルに情報提供はしなかった。協力してくれたのは、私の「知人」ぐらいだ。

我々は捜査結果を「軍事パレードに登場した移動式発射台に関する事件報告書」にとりまとめて、北朝鮮制裁委員会に報告した。

「決議1874号第10項では、『すべての武器及び関連物資』の北朝鮮への移転を禁止しています。また、決議1718号第8項（a）の（ii）では、弾道ミサイルの移動や発射などのためにデザインまたは改良された車両や関連技術の北朝鮮への移転を禁止しています」

「中国からの特殊車両の輸出については、不明な点ばかりが残っています。（軍事パレードに登場した）6台のWS51200はどのようにして北朝鮮へ輸出されたのか？　いかにして北朝鮮は代金を支払ったのか？　大連青松船務代理有限公司などの役割も不明なままです。彼らが他に制裁違反事案に関与していないか、パネルは捜査を続けます。（中略）国連安保理決議では、材木運搬車の対北朝鮮輸出は禁止されていません。ですが、ワンシャン社ほどの企業であれば、北朝鮮が弾道ミサイル計画目的でそのような特殊車両に関心を抱いていたことぐらいは、理解できていたはずです」

軍事大国の大手軍事企業が、自社製品の軍事転用のリスクを本当に理解していなかったとしたら、よほどおめでたい連中なのだろう。あるいは、「リスクに対して積極的に無知であろうとした」という言い方もできる。

大連青松船務代理有限公司の関係者は、少なくとも9社のフロント企業を大連や香港に構えて、貨物船6隻を所有し、運航している。これらの貨物船は北朝鮮と中国の間をしばしば往復しており、日本に頻繁に寄港し、日本の当局も監視している貨物船もある。だが、この船舶会社と北朝鮮の武器密輸企業「青松連合（Green Pine Associated Corporation/GPA）」との関係は不明なうえ、このネットワークが制裁違反行為に関与していることを示す情報は得られなかった。

ワンシャン社の親会社である中国航天に、反省の色はみじんもない。それどころか、北朝鮮が軍事パレードで堂々たる制裁違反を見せつけて、ワンシャン社の特殊車両が世界中の注目を浴びた直後、英語版ホームページを大幅にリニューアルし、自社製のミサイルや移動式発射台などを大々的に宣伝するようになった。

２０１３年1月29日、私がニューヨークの自宅でＮＨＫの国際ニュースを見ていた時のことである。特集コーナーの中で、最近、中国で開催されたばかりの北朝鮮への投資セミナーの様子が映し出された。

会場を映すカメラが横に移動した際、ほんの一瞬だが、見慣れた漢字が見えたような気がした。録画映像を戻してみると、そこには3名の中国人らしき人物が座る長机が映っていた。机上の社名入りネームプレートを拡大してみると、漢字が読めた。

「中国航天科工集団公司」

懲りない連中である。

ICBMを運ぶ「林業用トラック」

2015年10月10日、平壌の軍事パレードで、新型の多連装ロケット砲を搭載した車両が登場した。これは300ミリ誘導式ロケット弾で、2014年と2015年に発射実験されたばかりだ。最大射程は200キロと考えられている。

ロケット砲システムを搭載しているのは、迷彩色を施された3軸6輪の車両だ。初めて登場する車両である。同僚が調査した結果、中国の大手国営自動車メーカー「中国重汽」が北朝鮮に大量に輸出していたトラックであることが判明した。

専門家パネルの公式照会に対して、中国政府は以下の通り回答した。

・北朝鮮は中国企業との契約書の中で、車両を民生目的の活動にのみ使用することを確約していた。

・北朝鮮とは車両を林業目的にのみ使用することで合意していた。

中国政府は北朝鮮の「林業」に、ことのほか理解があるらしい。このトラックは、中国国内で、122ミリ多連装ロケット砲搭載車両としても使われているのだが。

かくして今や、林業用トラックが、ソウルを射程におさめる新たな脅威を運んでいるのだ。

2015年10月10日の軍事パレードには、もう一つ注目すべき車両が登場していた。地対空ミ

サイル「KN－06」の車両だ。この車両のフロント部分には「태백산 96」（太白山96）というロゴマークが読める。

専門家パネルで3人目の韓国人の同僚ヤンワンが捜査した結果、これはロシアの大手車両メーカー「カマズ」の車両をモデルとしており、北朝鮮との合弁企業を通じて、北朝鮮国内でライセンス生産されていたものと判明した。カマズ社はロシア最大手の軍用車両メーカーであり、民生用車両も製造している。ロシア政府は説明する。

「契約書と最終用途確約書に基づいて、北朝鮮が車両を軍事目的で使用することは許されていない」

だが、中国とロシアが決して説明しないことがある。北朝鮮が契約を破った場合、どうするのか。この点に関して彼らは不思議なほど寛大なようである。

2017年7月28日、北朝鮮は、内陸部の舞坪里《ムピョンリ》付近から、新型ミサイル「火星14型」の2度目となる発射実験を行った。高度は3500キロを大きく超え、およそ47分間、距離にして約1000キロを飛翔し、北海道奥尻島の北西約150キロの海上に落下した。日本の排他的経済水域（EEZ）内である。米国防総省の報道部長は同日、発射されたのは「大陸間弾道ミサイル（ICBM）だった」との分析を発表した。

北朝鮮の国営メディアは、火星14型の発射時の映像を公開した。山間部の平地にミサイルが運び込まれるシーン。移動に使用されているのは、中国製特殊車両WS51200をもとにした、あの車両だった。

２０１１年8月の不正調達事件から6年。この車両は、北朝鮮にとってＩＣＢＭを運用するために不可欠のものとなっている。林業用トラックは、今や、アメリカ本土を脅《おびや》かすようになっているのだ。

映像を見ていて、ふと気になることが頭をかすめる。

火星14型は精緻な部品の集積といえる。それは、積載するＷＳ５１２００でも同様である。発射台は、どんな悪路でも、ミサイルを水平に保てるようコンピューターで姿勢制御されているはずだ。加えて、悪路を走り続けるわけだから、タイヤやサスペンションなどは消耗していることだろう。交換部品《スペアパーツ》は不可欠のはずだ。

北朝鮮は、果たしてそれらをどこから調達しているのだろうか。これらのスペアは、安保理の対北朝鮮禁輸リストには明記されていない。

２０１７年11月29日、北朝鮮はアメリカ本土を射程に収める新型ＩＣＢＭ「火星15型」を発射した。その翌日、北朝鮮の「労働新聞」が公開した写真には、ミサイルを搭載した新型の移動式発射台が写っていた。ＷＳ５１２００より大型の9軸18輪の車両、見たこともない代物だった。

3　台湾というブラックホール

「銀河3号」発射

　2012年12月12日、ロンドン。私は英国の財団が主催する国際会議に参加していた。欧米を中心に世界各国から政府当局者や学者が集まって、核兵器不拡散条約の2015年再検討会議に向けて、激しい議論が闘わされていた。

　それにしても……言わずにはいられないことがある。たまらず挙手をして、発言を求めた。

「皆さんが議論されているとおり、米ロの核兵器保有やイランの潜在的な核保有能力は確かに重要です。しかし、皆さん、お忘れではありませんか？　数時間前に、北朝鮮は、人工衛星を搭載したとされる事実上の長距離弾道ミサイルの発射に成功したばかりですよ。しかも、核実験はすでに2度も成功しています。なのに、皆さんはイランの潜在的核保有能力ばかり議論して、北朝鮮がすでに保有している核兵器やミサイル技術について、どなたも言及すらされないのはどういうわけなんでしょうか？」

会場が一瞬、静かになってから、パネリストの一人がいう。

「それはもっともな意見だ。北朝鮮についても議論しないといけない」

すると、別の参加者が割って入った。

「たしかに。だけど、ちょっとイランの核問題に話を戻したい。イランが核保有にかられる理由は……」

この発言の後、またイランの未来に話が集中し、北朝鮮の現実が俎上にのることはなかった。

ほんの数時間前、北朝鮮は「銀河3号」ロケットの発射を成功させたにもかかわらず。

その翌日。英国王立防衛安全保障研究所のアンドレア・バーガー研究員からメールが来た。彼女はカナダ外務省を辞めたばかりの、優秀な北朝鮮専門家だ。北朝鮮の銀河3号ロケット発射成功を受けて、英国メディアからひっきりなしにインタビューを受けていた。ロンドンで会おうとしたが、忙しすぎるため、今回はアポをとらずにいた。その彼女が、「会えるようになった」という。

「リトビネンコ殺害事件で、メディアはもう北朝鮮には関心がなくなったの。インタビューも全部キャンセルになったわ」

元ロシア情報機関職員のアレクサンドル・リトビネンコは、２００６年11月に亡命先のロンドン市内で放射性物質ポロニウム２１０を飲まされて殺害されていた。その事件へのロシア政府の関与を示す証拠が出た、と報道されたばかりだ。英国メディアは、もうこの事件の報道でもちきりになっている。

北朝鮮が核実験やロケットを発射しても、世界が彼らを注視するのは、ほんの数日だけ。他方、イランは核兵器をまだ持っていないのに、欧米や中東は高い関心を継続的に持ち続けている。

国際社会の関心が低いのをいいことに、北朝鮮は国連の制裁網を巧みにかいくぐりながら、粛々と核・ミサイル開発を進めてきた。発射されたばかりの銀河3号ロケットには、様々な外国製品が使用されていた。その中には、ここイギリスから台湾経由で大量に仕入れた重要部品も含まれていたのである。

台湾はアンタッチャブル

北朝鮮にとって台湾は重要な物資調達ルートである。「一つの中国」との原則を掲げる中国の強硬な反対により国連の加盟を認められていない台湾は、制裁網の大きな抜け穴になっているのだ。中国の強い圧力により、国連は台湾との接触を禁じられているため、台湾当局から情報をとることができない。しかも台湾は北朝鮮との間に緊密な経済関係を有しており、毎年、平壌の国際商品展覧会には、企業団が参加している。

台湾当局は欧米の支援のもと、国連安保理決議を履行するための輸出管理制度を自発的に整備してきた。しかし、いかに当局が制裁履行に努めようとも、国連や様々な国際的取り決めと切り離されている以上、限界がある。国際協力の輪の中に入っていなければ、必要な法整備に関する助言や、懸念される企業や貨物に関する微妙な情報をタイムリーに得ることは難しい。

２００６年10月に国連安保理が初めて対北朝鮮制裁決議を採択した後、台湾では北朝鮮への不正輸出にからんで摘発が相次いだ。特に目をひいたのは、複数の台湾企業が、核やミサイル計画にも転用可能なコンピューター数値制御（CNC）工作機械などを含むハイテク製品を、何度も不正に輸出していたことだ。

・正輝国際貿易股份有限公司
2006年6月、CNC工作機械を北朝鮮の軍事関連企業「朝鮮蓮河《リョンハ》機械合営会社」に不正輸出していた。

・華悦国際企業股份有限公司（ロイヤル・チーム・コーポレーション）
2006年から2007年にかけて、産業用コンピューターなどの不正輸出を繰り返していた。

・蓮笙興業有限公司（トランスメリット社）
2008年、不正輸出及び関連書類偽造で有罪判決を受けた。

・怡正実業企業有限公司
2010年6月、CNC工作機械を中国経由で不正輸出していた。

中でも、「トランスメリット社」の代表である台湾の実業家・蔡顕泰（アレックス・ツァイ）は、北朝鮮との大量破壊兵器関連の不正取引事件で大きな役割を果たしていた人物である。2009年1月には、彼と彼の妻、並びに彼が代表を務める企業2社に対して、米財務省が商取引を禁ずる制裁を科していた。国連の制裁対象に指定されている北朝鮮の「朝鮮鉱業開発貿易会社（KOMID）」との不正取引に従事していたとの理由だ。ところが蔡の会社は、アメリカの単独制裁の対象とされた後も北朝鮮のために兵器関連の密輸を続け、2013年5月、エストニアを旅行中、蔡は地元当局に拘束される。アメリカ政府の要請に基づいて身柄が引き渡された後、アメリカの裁判で有罪判決を下され、収監された。取引相手の朝鮮鉱業開発は、弾道ミサイルや通常兵器の密輸にかかわる数々のフロント企業を有している。

さらに蔡の率いるトランスメリット社は、日本からの不正輸出事件にもかかわっていた。

例えば、国際原子力機関（ＩＡＥＡ）が２００７年に北朝鮮・寧辺のプルトニウム再処理施設を査察した際、日本製真空ポンプと、真空ポンプが組み込まれた日本製の真空排気装置本体が見つかっている（「読売新聞」２００８年７月３日付）。これらは、１９８９年から１９９２年にかけて、神奈川県相模原市のポンプメーカーから日本国内の北朝鮮系商社を通じて北朝鮮に輸出されたもので、その後、交換部品はトランスメリット社が型番指定でメーカーに発注していたという。トランスメリット社は、北朝鮮の貿易会社「南川江貿易《ナムチョンカン》」への輸出も仲介していたとされる。南川江貿易は、北朝鮮の核関連物資の調達に従事していた企業で、２００９年に国連安保理が制裁対象に指定していた。

蔡は、２０１１年頃、北朝鮮からシリア向けの化学兵器関連物資の不正輸出にもかかわっていたとされ、この非合法貨物は日本の貨物船に積載されシリアに向けて輸送されていたところを摘発されている。

蔡が関与した事件の捜査および彼の活動の現状把握は、専門家パネルとしても最優先事項の一つだった。彼が取引していた北朝鮮企業はどこか。担当者はだれか。どのようなルートで、いかなる商品を取引していたのか。どの国から調達していたのか。どこの銀行口座が決済に使われたのか――。

様々な公開情報はあるものの、彼が関わった事件に関する詳細情報を専門家パネルに提供してくれる政府は皆無だった。しかも、「一つの中国」を標榜する中国政府や、その影響を受けざるを得ない国連事務局は、専門家パネルと台湾当局との公的接触を決して認めない。こういった次第で、パネルでは台湾がらみの捜査は「アンタッチャブル」とされていたので、何とか突破口を開く必要があった。

２０１２年のある日、台湾で輸出管理に関する国際会議が開催されるとの情報を得た。台湾当局者と、非公式ではあっても関係を築くには絶好の機会である。何とか参加できないものか。しかし、国連事務局の反応は頑なだった。

「台湾とは公式に接触しないよう勧告する」

では、非公式な接触だったら問題ないのか。

「台湾には、たとえ民間主催の会議であっても渡航しないよう勧告する」

それでは、制裁網の大きなブラックホールを黙って見過ごすことになってしまう……。結局、私は休暇を取り、身銭を切って、個人としてこの会議に参加することに決めた。念には念を入れ、国連の名刺を持たず、国連とのかかわりを秘匿して渡航する。台湾にいた痕跡を一切、残してはならない。

「青松連合」のシッポをつかむ

そう決めてから2カ月後。私は、台北市中心部のホテルにいた。国際会議の会場だ。主催者に事情を率直に説明して相談したところ、参加直前まで細部にわたって、実によく配慮してもらった。出席者リストから私の名前を削除してもらい、机上に置くネームプレートも取りやめてもらった。つまり、私はこの会議には出席していないのだ。

そのためにかえって一部の参加者の興味をひいてしまったようである。とりわけ一人のロシア人が、しつこくアプローチしてきた。

「いやあ、君のプレゼンはよかったよ。隣の席、空いてるかね？」

夕食会ではさりげなく隣に座って、様々な角度から私の写真を撮っていた。何度も、「名刺をくれ」「君は何をしている」と話しかけてくる。会議終了後も主催者に、私の素性について尋ねていたとのことである。まったく気を抜けない。

台湾訪問の最終日、台湾政府の経済部国際貿易局を非公式に訪問することができた。彼らは実に効率的かつ優秀で、しっかりと安保理決議を履行しようとしている。このような政府を国連から排除している現状は、実に不条理と言わざるを得ない。北京はむしろ見習うべきである。

今回の台湾訪問は、そのリスクに見合うだけの成果があった。関係の構築に加え、北朝鮮による、台湾からのCNC工作機械不正調達事件の全貌がようやく明らかとなったのである。台湾当局から入手した情報をもとに、台湾での裁判資料を探し出すこともできた。これがあれば安保理に報告できる。

中国人の同僚は、あらゆる国連の文書に「台湾」という文字が入るのを徹底的に忌避する。オンライン上で入手できる台湾の裁判資料を出典として引用しようとすると、「このリンク先には『中華民国』と書いてあり、受け入れられない」といった具合だ。だが、台湾が重要な捜査対象である以上、すべてを受け入れてもらうしかない。国連での台湾の正式表記は「中国台湾省」だ。

この表記を用いる限り、中国側も反対のしようがない。さまざまな紆余曲折があったが、安保理に提出する年次報告書に台湾での事件の全貌を記載することについて、パネル内部の最終合意をとりつけた。

北朝鮮は核・ミサイル計画における戦略的重要物資を製造するためにＣＮＣ工作機械の重要性を国家的に宣伝しており、取り締まり強化は急務だ。すでに安保理は、核・ミサイル関連の禁輸物資として一部の高機能のＣＮＣ工作機械を指定していたが、実際に北朝鮮が台湾などで不正調達していたのは、汎用的なものばかりだった。そのことを具体例とともに説明した我々の報告書は、安保理が禁輸対象とすべきＣＮＣ工作機械の範囲を広げていく根拠の一つとなったのである。

また、それ以降は、台湾関連の事件について、堂々と安保理に報告できるようにもなった。中国は「前例」に弱い。台湾当局との接触はできないが、台湾企業への照会は可能になった。

さらに今回の台湾訪問で、それまで国連が把握していなかった、北朝鮮による兵器関連物資密輸事件も発覚した。朝鮮鉱業開発貿易会社（ＫＯＭＩＤ）から武器密輸業務の一部を引き継いだ北朝鮮の企業「青松連合」による事件が、台湾で摘発されていたのである。青松連合は最重要捜査対象の一つである。そのネットワーク解明の端緒が、台湾でようやく見つかったのだ。

密輸の典型的な特徴は

２０１１年2月25日、台湾税関当局は他国からの通報をもとに、桃園国際空港でコンテナ２個分の貨物を摘発した。オーストリアからの貨物で、北京―台湾を経由してベトナムに向けての途上だった。荷受人は「ＧＡＥＴ（General Army of Economic and Technology）」という、ベトナムの軍事企業である。

台湾当局が得た情報によると、貨物の中身は潜水艇のスペアパーツで、北朝鮮の「チョンソン・ヨンハプ・カンパニー」という会社が、ＧＡＥＴとの契約に基づいて調達、輸送していたとされる。アメリカ政府や国連安保理によると、この北朝鮮企業は、「青松連合」の別名である。

ベトナム海軍はソ連製のユーゴ型潜水艇を保有しており、その修理・補修業務を請け負う北朝鮮から技術訓練も受けていた。おそらく１９９０年代にベトナムが北朝鮮から輸入した潜水艇ではないかと思われる。２００４年にＧＡＥＴが青松連合から様々な装備を購入して以来、両者は取引関係を維持してきたという。

青松連合は２０１０年８月に米財務省から単独制裁を科されており、この台湾での摘発の翌年（２０１２年）５月、国連安保理からも制裁対象に指定された。アメリカ政府によると、青松連合は２００９年以降、北朝鮮の工作機関「偵察総局」の傘下にあり、北朝鮮による兵器関連取引の全輸出額のおよそ半分を担っていた。主に海軍関連の船舶や兵器の輸出に携わり、イランの防衛産業に対して、魚雷やその関連技術の支援もしていたとされる。

この２０１１年の摘発には、北朝鮮の密輸の典型的な特徴が見られた。

ベトナム海軍が保有していたのは、ソ連製の古い潜水艇であり、そのような兵器の補修・修理を行える国は、北朝鮮以外にない。メンテナンスやそのために必要な部品、資機材の調達および輸送業務は、北朝鮮にとって重要な資金源となっている。ニッチだが、独占的な商売だ。

摘発貨物の写真を見た関係国の当局者によると、潜水艇のスペアパーツは、一見しただけではそれとわからない代物であったという。事実、貨物の仕出地《しだしち》（出発点）であるオーストリアの政府は、今回の密輸事件が自国の法律に抵触するというには「証拠不充分」として、押収貨物の受け取りを拒否している。台湾に貨物の摘発を要請したある国も同様に、自国は押収貨物を回収する立場にないとしている。台湾にとっても、仕向地《しむけち》（最終目的地）であるベトナムは戦略物資の輸出管理規制対象国には含まれておらず、抵触する国内法がないとの結論に至った。結局、台湾当局は摘発から2カ月後の4月19日に、ベトナムへ貨物を釈放《リリース》せざるを得なかった。

押収貨物を受け入れる際、ベトナム国防省は台湾政府に対して、①今回の事件を通じて国連安保理決議の意味をよく理解できたこと②今後は二度と北朝鮮とは（兵器関連の）貿易はしないこと――を確約したという。ベトナムのGAETは、すでに前年（2010年）12月末に青松連合との契約を解消することで合意しており、既存の契約に基づく最後の貨物がたまたま摘発されたのだそうだ。もしこの説明が本当だとしても、これらの貨物がベトナムの軍事企業に届けられてからどうなったかは不明である。

また、ベトナム政府によると、青松連合側の契約責任者は「キム・インチョル副社長」だったというが、この人物を含む青松連合に関する情報は公表していない。

なお、専門家パネルによる度重なる公式照会に、ベトナム政府がようやく回答し始めたのは2015年1月以降であり、ベトナムの軍関係者は捜査への協力に非常に消極的であった。

オーストリアの協力者

捜査過程で、オーストリア国内に北朝鮮にとって重要なビジネスパートナーが存在していたことが判明した。ジョセフ・シュワルツ。「シュワルツ・モーターボート・サービス貿易会社」の

北朝鮮組織略図

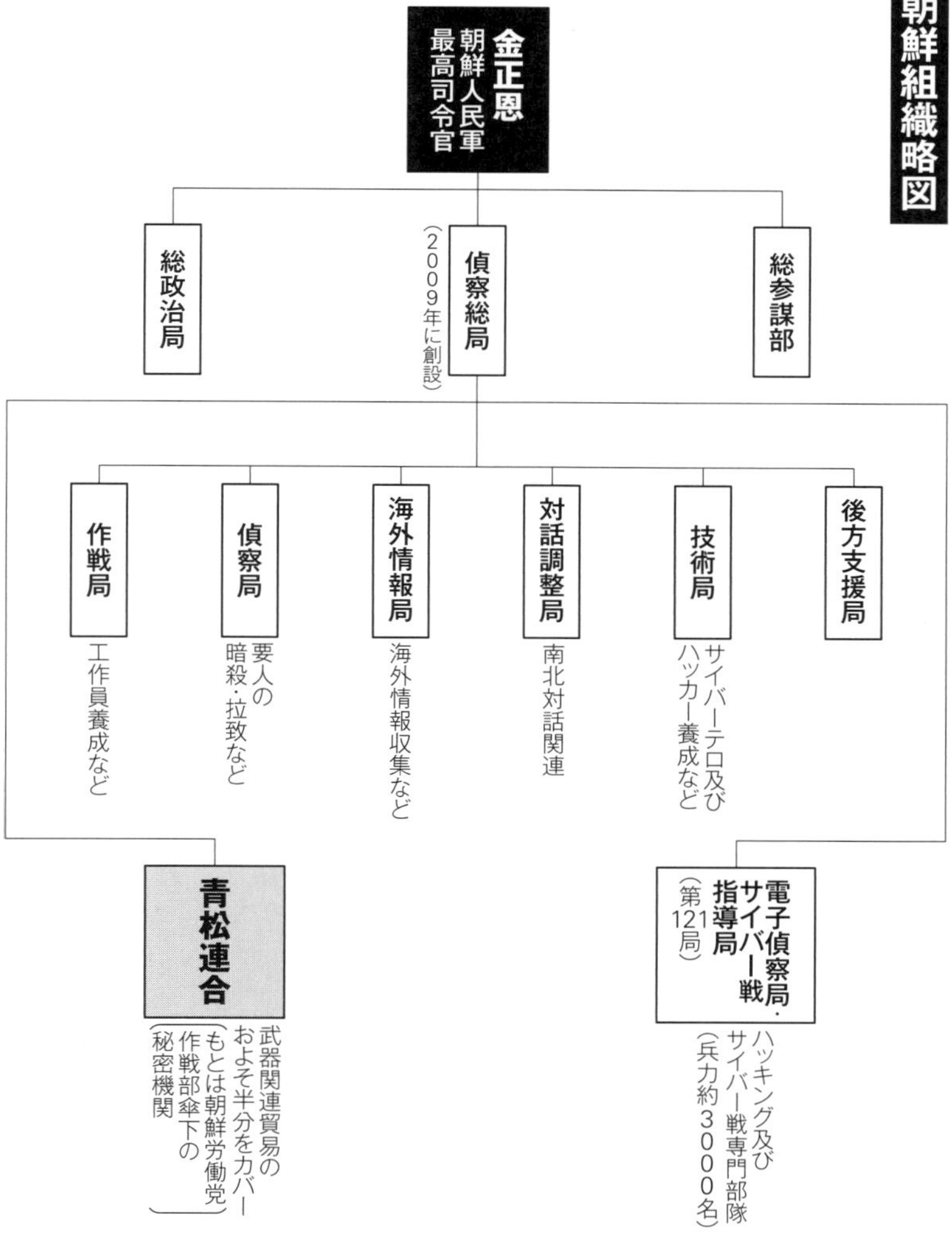
金正恩
朝鮮人民軍最高司令官
総政治局
偵察総局
（2009年に創設）
総参謀部
作戦局
工作員養成など
偵察局
要人の暗殺・拉致など
海外情報局
海外情報収集など
対話調整局
南北対話関連
技術局
サイバーテロ及びハッカー養成など
後方支援局
青松連合
武器関連貿易のおよそ半分をカバー
（もとは朝鮮労働党作戦部傘下の秘密機関）
電子偵察局・サイバー戦指導局
（第121局）
ハッキング及びサイバー戦専門部隊
（兵力約3000名）

経営者である。彼は同社を拠点に、北朝鮮の複数の国連制裁違反事件に加担していた。

例えば、青松連合は、ベトナム海軍以外に、アンゴラ海軍とも哨戒艇のメンテナンス契約を結んでいた。

２０１１年、シュワルツは、青松連合の委託を受けて、製品や資機材をアメリカや欧州などから調達したうえで、オーストリアからわざわざ中国経由でベトナムとアンゴラに輸送していた。経済合理性を無視した迂回ルートは、制裁網をかいくぐるためと思われる。

アンゴラには、青松連合の代表者「キム・ヒョンチャン」が外交官として赴任し、大使館の住所や電話とファクス番号を使いながら、ここをビジネスの拠点としていた。これはそもそも、外交官による商業活動を禁じたウィーン条約違反だが、外交特権に保護された立場を非合法活動に利用するのは、北朝鮮のよく使う手口である。

シュワルツがアンゴラへ輸出していたのは、同海軍の哨戒艇に使用するためのジャイロコンパスや自動操縦装置、電源や警告灯、モーターなどである。個々の製品はあくまでも市販品であり、兵器関連の禁輸品目リストに該当するものではない。とはいえ、中には、アメリカの大手軍事企業の民生用製品も含まれていた。本来なら、最も輸出規制が厳しいはずの貨物である。しかし、シュワルツはこのアメリカ企業の欧州支社から当該製品を調達しており、その際に提出した文書でアンゴラの軍事企業「シンポルテックス社」が最終需要者となることを保証していたが、青松連合が介在していることは一切秘匿していたのだ。

また、シンポルテックス社は青松連合への支払いを外貨で海外送金している。送金先は中国の大手銀行の北京支店で、「キム・クァンホ」という個人名義の口座だった。この送金のコルレス銀行（海外送金の決済を代行する銀行）は、ニューヨークにある。つまり青松連合は、アメリカの単独制裁の対象となっているにもかかわらず、中国の大手銀行に個人口座を設けて、アメリカ経由で堂々と金を動かしていたわけだ。

この密輸の構図を、関係国の取締当局の視点から眺めてみると、摘発の困難さがわかるだろう。貨物は、オーストリア→中国→アンゴラと動き、金はアンゴラ→アメリカ→中国である。モノとカネの流れが分断されているうえに、いずれの段階でも、取締当局が接した文書などに北朝鮮の関与を示す情報は記載されていなかった。「キム・クァンホ」という名前だけでは国籍も特定できず、絞り込みは困難だ。個人名義の口座を使う手法は、北朝鮮のマネー・ロンダリング（資金洗浄）の典型だ。

いかにアメリカが厳しい輸出管理や金融規制を敷いても、欧州や中国に「協力者」がいれば、北朝鮮は規制物資を調達できてしまうのである。

リピート・オフェンダー

実は、シュワルツが北朝鮮関連の非合法取引にかかわったのは、これが初めてではない。彼は2007年12月と2008年4月にオーストリアから中国経由で北朝鮮に高級乗用車8台を不正に輸出し、また2008年1月と4月に豪華ヨット2隻の不正輸出を図ったため、2010年12月にオーストリア国内で有罪判決を受けていた。国連安保理決議に基づく奢侈品制裁に関する違反行為である。

常識的には、一度でも有罪判決を受けた人間は同様の犯罪を繰り返さないものと思われがちだ。

しかし、北朝鮮はひとたび信頼関係を構築した海外のパートナーをなかなか手放さない。国連専門家パネルの捜査を通じて、同一人物が異なる制裁違反事件の捜査線上に浮かび上がってくることはしばしばある。シュワルツも、そうした再犯者《リピート・オフェンダー》の一人であった。彼自身のみならず家族の動向も継続的に監視し続ける必要があるだろう。

この時の北朝鮮側のパートナーは、「朝鮮労働党39号室」だった。39号室は、非合法ビジネスにより外貨を獲得するなど、北朝鮮指導部の資金源として不可欠の組織である。さらに、マカオの「バンコ・デルタ・アジア」に有していた銀行口座を通じて、大規模なマネー・ロンダリングを行っていたことでも知られる。

39号室はEU（欧州連合）から単独制裁されており、その制裁指定に関する公式文書にはこう説明されている。

「いくつかの情報源によれば、39号室はローマ、北京、バンコク、シンガポール、香港、ドバイに代表事務所を有している」

ところが、EUの構成国にこれら代表事務所について聞いてみると、どこも「情報は持ち合わせていない」との返答だった。公式文書に事実として記載されているのだが、と食い下がると、「その文書を起草した政府に聞いてくれ」――。EUの公式文書にかかわる質問なのに、いったいどこの政府に聞けというのだろうか。我々の捜査協力要請は、欧州の官僚機構の深い闇の中に消えてしまった。ありがちなことではあるが。

安保理決議の「穴」を埋める

一連の制裁違反事件にかかわったアンゴラとベトナムは、もとより北朝鮮と深いつながりを持つ国である。両国はともに、前述の取引は制裁違反ではないと主張している。

一連の事件において北朝鮮が仲介した貨物は、出発点が欧州であり、最終目的地はアンゴラとベトナムだった。貨物は北朝鮮を経由していない。両国政府は、国連安保理決議が禁止しているのは、あくまでも北朝鮮を「仕出地」または「仕向地」とする貨物のみである、と主張するのだ。決議の解釈に関する説明はここでは省略するが、これはよく言って「誤り」であり、有り体に言うならば、「悪意ある解釈」である。しかし、安保理決議をこのように解釈する国は意外に多い。

このような誤解または曲解の余地を残してはいけない。私は2012年にワシントンDCを訪問した際、アメリカ政府当局者に、「北朝鮮が仲介した兵器取引などの貨物は、北朝鮮を地理的に経由するか否かを問わず、すべて制裁違反である旨を、次の安保理決議で明記すべき」と進言したことがある。その後、2013年3月に安保理が採択した決議2094号では、一連の決議における制裁措置の適用範囲を明確化するための説明が第7項に盛り込まれた。一連の決議では、北朝鮮による兵器関連物資の「あっせん」などの「仲介活動又はその他の仲介サービス」（ブローカー行為）も禁止されていることが明記されたのだ。

それでもこの点を見落として、決議を誤解している国は依然として多い。

その一つが日本である。日本に寄港する懸念貨物を検査・押収する根拠となる国内法は貨物検査特別措置法である。が、同法ではあくまでも取り締まる対象を「北朝鮮を仕出地とする」貨物または「北朝鮮を仕向地とする」貨物に限定しているのだ。

日本政府に対して何度も指摘してきたが、2017年11月時点でも、この法律は変わっていない。安倍首相や歴代の外務大臣が、「安保理決議の完全履行を」と国連加盟国にたびたび呼び掛けてはいるが、法整備が遅れている国の一つは日本なのである。

国連による制裁が力を発揮できないのは、加盟国が制裁を正確に履行していないからだ。そうした実情を横目に見ながら、北朝鮮はさらなる制裁逃れを画策しているのである。

パスポート・ロンダリング

ベトナムの地では、2012年以降、北朝鮮の特殊部隊員が小型武器を用いて、ベトナム警察を訓練していた。その事実はベトナムの警察学校のホームページに堂々と記されていたのだ。我々の指摘に対して、ベトナム政府は、制裁違反には当たらないと主張していたが、北朝鮮による小型武器を用いた訓練の供与も明白に違反である。

また、アンゴラと北朝鮮との間の取引も継続されていたようである。オーストリアルートが使えなくなったアンゴラは、中国からボートのエンジンやモーター、レーダーシステムなどを輸入するようになった。

これら貨物の輸出者は、中国に拠点を置く北朝鮮人の金成日（キム・ソンイル）が経営する会社である。彼は、「青松連合」の関係者ではないかと考えられている。2008年にカンボジア国籍を取得した後、中国に住み、少なくとも四つの貿易会社を起業していた。香港で登記された「香港青松国際有限公司」、その北京支社である「香港青松国際有限公司北京代表処」、そして、北京で登記された「北京鼎元大松貿易有限公司」と「鼎元貞盛（北京）貿易有限公司」の計4社である。

金成日はカンボジア人として活動していた。例えば、香港で登記をする際に使用した身分証は、カンボジアの旅券《パスポート》だった。

２０１５年、カンボジア人になりすましたこの男は、アメリカから軍用暗視ゴーグルを不正に調達しようとして、米連邦捜査局（ＦＢＩ）のおとり捜査に引っかかり、ハワイで逮捕された。その後、裁判で有罪判決を受け、アメリカで収監されている。

カンボジア政府は、これまでにどれだけの数の北朝鮮人に国籍や旅券を与えてきたのか。これは制裁の実効性を考えるうえで、非常に重要な問題であった。外国企業が、相手が北朝鮮の人間とは知らずに、禁輸物資を取引してしまう可能性があるからだ。

国連専門家パネルとしてカンボジア政府に照会したところ、２０１５年12月になって、国連カンボジア政府代表部から連絡が入った。「大使が面会したい」とのこと。カンボジア政府にはいくつか照会した事案があったので、その返事をもらえるものと期待に胸を膨らませて国連大使との面会に臨んだのだが……。

「このカンボジア旅券保有者の件は、すでにアメリカ政府が捜査しているのに、なぜ国連が捜査する必要があるのか」

これは、「どうせ国連＝アメリカ政府なんだろう」「パネルに何ができるんだ」という皮肉なのか。だが、大使は真顔である。国連の捜査とＦＢＩの捜査の違いが、本当に理解できていない様子だった。

私と同僚は大使に向かって、まず国連専門家パネルとアメリカ政府の違いについて丁寧に説明したうえで、我々は安保理決議に基づき国連として独立した立場から捜査していることを重ねて説明し、協力を要請した。ひととおりの説明を聞き終えると、大使は、「本国に伝達する」と約束してくれたが、私が国連を離れるまでの間に、返事がくることはなかった。

果たして、どれほどの北朝鮮人が外国政府発行の旅券を有しているのか。このような基本的な情報すら公開しようとしない国は少なくない。国際ビジネスにおいて、取引相手が北朝鮮関係者でないことを確認するのは、意外に難しいのである。

市販品で弾道ミサイルを

ここで、この章の冒頭に記した「銀河3号」ロケットに話を戻そう。

２０１２年12月12日（平壌時間）、この３段ロケットの１段目が黄海上に落下する。韓国海軍はそのほとんどを迅速に回収した。

落下の衝撃で変形はしていたものの、そこから温度・圧力変換器やラジアル玉軸受（ボールベアリング）など、14種類、60点以上の外国製部品が見つかった。それらの大半が、当時は規制対象外とされていた市販品である。ソ連製のボールベアリング、中国製の電磁干渉フィルタやＣＣＤカメラ、英国製の圧力変換器や温度変換器、電気抵抗器、スイス製の直流電圧変換器、アメリカ製の演算増幅器や集積回路、画像復号器、そして韓国製の同期型ＤＲＡＭ……。中国製品はもとより、アメリカ、韓国、英国、スイスなど輸出管理が厳しい国々の製品さえ、多数見つかった。

例えば、打ち上げ直後、ロケットが地上から急上昇する過程をモニター画像としてリアルタイムで撮影するのに使われていたのは、中国製のＣＣＤカメラ。ネット上で20米ドルで販売されている代物である。

こんなやり方では、ロケット発射の精度に信頼性は確保できないだろうに……。西側の技術水準で考えれば、そういうことになるだろう。しかも、部品をハンダづけで電子回路基板につなげるなど、見た目も美しくない。

しかし、北朝鮮を侮るべきではない。彼らは、世界中から市販品を買い集め、国際社会が想像しない形で、事実上の長距離弾道ミサイルの打ち上げに成功したのである。

専門家パネルでは、別の同僚が主導して捜査が始まった。韓国から提供された情報をもとに、銀河3号ロケットで使用されていた外国製品の供給ルートを探るのである。もっとも、ほとんどがあまりにも安価な量産品で、ネットで購入できるものも多く、捜査は難航した。

その中の例外が、英国製の圧力変換器だった。製造元が判明し、購入履歴をたどれる情報も見つかったのである。

明けて2013年、専門家パネルの捜査が進むにつれ、ついにこの変換器を購入した企業を特定した。「ロイヤル・チーム・コーポレーション（ロイヤル社）」。「まさか」と「やはり」が交錯する。私が以前、台湾当局から情報を得た事件にかかわっていた企業のひとつだ。2006年から2007年にかけて、北朝鮮に対して戦略的ハイテク製品の不正輸出を繰り返し、2007年に有罪判決を受けていた企業である。銀河3号から発見されたのは、この台湾企業が英国の製造元から2006年と2010年に輸入していた製品だった。

ロイヤル社の代表者は陳淑貞といい、英語名は「アマンダ・チェン」。2007年に有罪判決を受けていた彼女は、再び北朝鮮への不正輸出に関与していたのだ。

彼女が意図的に北朝鮮の非合法調達活動に協力したことを証明できるか。捜査の肝はこれである。台湾当局による捜査情報が必要だった。ところが、私が築いた非公式チャネルは、台湾側の人事異動とともに消え失せてしまっていた。台湾当局の協力を得られない状況で、ロイヤル社が制裁違反に意識的に加担していたのかどうかを立証しなければならない。

“誠実さ”への疑念

専門家パネルの同僚がロイヤル社に国連の名で公式に問い合わせたところ、意外にも極めて協力的な態度であった。公式照会から12日後という、通常では考えられない迅速さで、詳細な説明文書を送付してきてくれたのである。ロイヤル社から情報が得られるかもしれない。同僚たちは色めきたった。

２００６年と２０１０年の件に関して、ロイヤル社の説明はおおよそ以下のとおり。

・圧力変換器の輸出先は「朝鮮チョンボク貿易会社」という北朝鮮企業。使用目的は「石油産業での使用」と聞いていた。チョンボク社の担当窓口は2名の北朝鮮人。彼らとは電話とファクスで連絡を取り合っていた。チョンボク社には、他にもデスクトップ型パソコン、ノートパソコン、印刷機などを販売した。支払いは、当社の台湾や中国国内の銀行口座に振り込まれていた。しかし、チョンボク社とはここ数年、取引をしておらず、当時の取引関連書類もほとんど保管していない。

・国連の制裁や関連する規制に違反する意図はまったくなかった。まさかロケットに使用されるなど、夢にも思わなかった。当初、当社だけでなく、台湾当局も制裁や輸出管理規制についてあまりよく理解していなかった。そのために以前、自分たちはミスを犯した（注・２００７年に同社及びその代表者らが、台湾で対北朝鮮不正輸出のために逮捕、有罪判決を受けたことを指す）。今回の件で、自分たちはより深く国連制裁について理解することができた。これを教訓に、今後の対北朝鮮貿易で然るべく対応し、規制を守ることができる。

そのうえで、彼らはこう言い添える。

「さらに情報が必要であれば、ご連絡ください」

ロイヤル社は、当時の関連書類として、チョンボク社との契約書やインボイス（送り状）、英国企業への発注書、チョンボク社からの外国為替送金関連記録の写しなども送ってきた。

これらの書類によると、２００６年にチョンボク社のためにロイヤル社への送金手続きを行っていたのは、マレーシア在住の「リョム・チョンチョル」という人物だった。モノは台湾↓北朝鮮と流れているのに、カネの流れはマレーシア↓台湾となっている。モノとカネの動きを関連づけないようにするのは、マネー・ロンダリングの典型的な特徴である。

さらに同僚が、「リョム・チョンチョル」なる人物について、ロイヤル社に照会したところ、北朝鮮の金融機関「東方銀行」のマレーシア駐在代表だとのこと。この銀行は、北朝鮮の青松連合のために兵器関連の数々の不正取引の決済を行っていたため、２０１３年1月に制裁対象に指定された。その7年前にはマレーシアに代表者を配していたということになる。ロイヤル社によると、この人物はすでに北朝鮮に戻ったという。

2006年の件はともかく、2010年の圧力変換器の輸出について、ロイヤル社の説明はまったく理解できなかった。

・当社は、台湾の旅行代理店とその顧客である台湾企業団が平壌国際商品展覧会に参加するのを手伝っている。2010年当時、当社は、この旅行代理店から受け取った平壌展覧会参加費などを、北朝鮮の主催者「朝鮮国際展覧社」にそのまま送金する必要があった。この額が、たまたまチョンボク社が当社に圧力変換器の代金として支払うべき額とほぼ同じだったので、海外送金の手間とコストを省くため、当社は「朝鮮国際展覧社」への支払いをチョンボク社に立て替えてもらい、チョンボク社が当社に支払うべき金額と相殺した。従って、海外送金はなかった。

要は「朝鮮国際展覧社」と「台湾の旅行代理店」という第三者を介在させて、ロイヤル社とチョンボク社は、海外送金の記録が残らない形で、北朝鮮国内で決済したということだ。ちなみに、専門家パネルに対して、取引などに関する記録は何も提供されていない。

これも、古典的かつ典型的なマネー・ロンダリングの手法ではないか。

一部の同僚たちは、「ロイヤル社は協力的」と喜んでいた。だが、私の心証は真っ黒だった。北朝鮮へ転売することを秘匿したまま英国や米国から製品を輸入したり、何ら記録が残らないように決済してみたり――。どう見ても通常の取引ではないだろう。

しかも、ロイヤル社から提供された情報は、いずれも追跡《トレース》できない情報ばかりなのだ。そもそもチョンボク社という名前の北朝鮮企業は、どこを探しても見当たらない。もし彼らの説明が本当だとすれば、公開情報がどこにも存在しない北朝鮮企業と取引していたこと自体が不自然である。ロイヤル社が示したチョンボク社の情報は、2名の北朝鮮人の名前と、彼らが使用していたという北朝鮮国内の代表電話番号と内線番号だけ。銀行口座の情報すらない。

また、東方銀行の「リョム・チョンチョル」についても、すでに北朝鮮に戻ったというだけで、追跡捜査はできない。つけ加えるなら、後に同僚がマレーシアに照会したものの、返答は得られなかった。

つまるところ、ロイヤル社は、専門家パネルにとって実のある情報を何ら提示しなかったのだ。よくよく思い返してみると、ロイヤル社がかつて台湾で訴追された理由の一つは文書偽造だった。我々は今、かなり手慣れた集団を相手にしているのである。

2015年、この件の継続捜査は、専門家パネルで金融を担当する同僚が引き継ぐこととなった。私は、他にも複数の捜査を進めていたので、彼女に任せることにしたのだ。

不自然な書類の山

それから7カ月ほど経過した2015年10月初旬、私は別件の捜査で徹夜続きの日々を送っていた。そんなある日の夜のこと、例の一件がふと脳裏をかすめた。

(ロイヤル社の捜査はどうなっているんだろう)

捜査の進捗状況について、何も話が聞こえてこなかったからだ。

翌日、同僚に確認してみると、驚いたことに「何も捜査していない」とのこと。

「すでに専門家パネルの2015年の年次報告書で、ロイヤル社の名前を載せているから充分だろう」「ロイヤル社は充分、協力してくれた。今後も情報提供で協力してもらおう」

なんとまあ、悠長なことだろう。彼女は、ロイヤル社の情報が捜査には使えないものばかりであることにまだ気づいていない。

たしかにロイヤル社の名は、年次報告書に記載された。だが、この企業が意図的に制裁に違反していたのか、という点については、不明のままだ。もしそうならば、その旨を証拠とともに国連加盟国に示して、取引停止を勧告しなければならない。単に報告書に名前を記しただけでは、台湾当局や関係国に法的措置を促すには不充分なのだ。ロイヤル社には前科がある。白黒をはっきりさせなければならない。

年次報告書の提出期限の2016年1月15日までに残された時間は、もはや3カ月しかなかった。私の任期は最大まで延ばしても2016年10月に切れる。これが私にとって最後の年次報告書となる。なんとしてもケリをつけなければならない。

台湾のロイヤル社から提出された情報を精査してみる。すると、この企業が北朝鮮の核・ミサイル開発に果たしたであろう役割の重要性について、改めて痛感させられた。

銀河3号ロケットから発見された英国製の圧力変換器は全部で5個だけだった。しかし、国連の制裁が始まった2006年10月以降、ロイヤル社は北朝鮮のチョンボク社に対して、なんと250個もの圧力変換器を輸出していたのである。それ以前の分も含めると、400個は送っていたという。果たしてこれは、ミサイル何発分に相当するのだろうか。

ロイヤル社はチョンボク社のことをほとんど何も知らないというが、チョンボク社との取引は、少なくとも4年にわたって行われていたことになっている。どこの国の企業であろうと、相手の実体がわからないまま取引するなどということがあるだろうか。ましてや相手が謎の多い北朝鮮であれば、なおさらのはずだ。

また、ロイヤル社が提供した書類はいずれも自社の内部資料ばかりで、台湾当局が輸出を認めたことを示すものなどは一切含まれていなかった。つまり、自分たちで改竄《かいざん》可能なものばかりなのだ。事実、不自然さが見受けられるケースがいくつもある。例えば、チョンボク社のファクス番号は下2桁が省略されていてわからないようになっている。また、「チョンボク社とは電話とファクスで連絡を取り合っていた」というが、そのような交信記録は一切提出されていない。果たして、どのようにして自社からの書類をチョンボク社に届けたというのだろう。見れば見るほど不可解だった。

具体的な取引の記録も、よくよく見てみると意味がわからない。２００６年12月付のインボイスに記載された総合計額よりも、実際にチョンボク社の代理人だった東方銀行の「リョム・チョンチョル」がマレーシアからロイヤル社宛に海外送金してきた額の方が、約3万ユーロ（約470万円＝当時）も多いのだ。この差はいったい何を意味するのか。

２０１０年の取引において朝鮮国際展覧社や台湾の旅行代理店が果たした役割についても、さらに追及しなければならない。もし、この両社を巻き込んで、チョンボク社とロイヤル社が決済を行っていたのであれば、決済方法に関わる取り決めについての合意文書があるはずだ。そうでなければ、この取引全体が成立しない。

朝鮮国際展覧社の担当者や、リョム・チョンチョルに関する情報、さらには中国国内に有しているとされるロイヤル社の銀行口座についても知る必要がありそうだ。

ロイヤル社に尋ねるべき事柄は、まだまだたくさんある。

手がけている捜査の合間を縫い、必要と思われるすべての追加照会事項をまとめて、ロイヤル社への公式書簡を作成した。

ところが翌日、この書簡案に、捜査を引き継いでいた同僚が「待った!」をかける。いきなりこんな書簡を送ると、もう情報を提供してくれなくなるのではないか。文章が攻撃的なので、もっと穏やかなトーンに変えて、段階的に照会していくべきだ――。

「たしかにそのとおりではあるが、なぜ君は半年前にこうしたことをしなかったのか。年次報告の締め切りまでには時間がない。今になって正論を言っても遅すぎる」

思わず、そう怒鳴りつけていた。

英語を母国語とする人間に対して、日本人の私が英語で厳しく叱責したのは、後にも先にもこの時だけだ。彼女は縄張り意識が強く、担当外の捜査にも介入して支障が出ていた。ただでさえ時間がなく徹夜続きなのに、つまらぬ横やりに時間を奪われるのは、ほとほと消耗する。国連では常に、内部の不条理なやり取りに仕事時間の6、7割は割かざるを得ないのが実情なのだ。

だが、言い合いをしていても始まらない。彼女の意見も取り入れて、とにかく早く書簡を出すことにした。締切は待ってくれない。

「ゲシュタルト崩壊」の罠

ロイヤル社の回答は早かった。1カ月もたたないうちに詳細な回答を寄越してきた。

・チョンボク社とは、10年前に平壌国際商品展覧会で知り合ったが、実際にあまりよく知らない。北朝鮮は閉鎖的な国なので、このような関係でもビジネスを行うことは普通にある。中国製品よりも台湾製品の方が品質がよいので、チョンボク社は台湾企業との関係構築を模索していた。チョンボク社の住所は教えてもらえなかったが、空路でも海上輸送でも平壌のチョンボク社宛とすれば、それだけで貨物は問題なく届いた。

こうした文面を読む限り、それなりに誠実な印象を受ける。例の同僚は、「私の言ったとおりにしてよかったでしょう」という顔をしているが、この説明を額面どおりに受け取れば、チョンボク社は北朝鮮国内でよく知られている重要企業の一つということになりはしないか。北朝鮮関連の出版物などをしらみつぶしに当たっても、どこにもこの企業の公開情報は見当たらないのだが。

ロイヤル社によると、チョンボク社は台湾当局のブラックリストには載っていないという。また、チョンボク社には、他にも自動車タイヤやアメリカ製のベアリングなどを合法的に輸出していたとも説明した。ロイヤル社は、回答とともに、様々な関連文書も送付してきている。台湾当局に提出したという、チョンボク社が作成した、署名のある「最終使用目的確約書類」の写しなど、複数の書類である。しかし、これらの真偽は台湾当局に確認しないとわからない。

ロイヤル社の回答は、以下のように続いていた。

・2007年に、当社の代表らが逮捕された一連の事件については、台湾当局の責任である。そもそも台湾では、2007年まで北朝鮮との貿易に規制はかけられておらず、ほぼ自由に貨物を輸出することが可能だった。その後、同年半ばに対北朝鮮輸出管理制度が導入されたが、当初、台湾の税関当局も制度をよく理解できておらず、どのような品目に対して輸出許可申請が必要か把握していなかったという。当時、当社は、従来どおり北朝鮮に様々な製品を輸出していたところ、税関から事後的に「輸出許可申請をすべきだった」と理不尽にも言われ、逮捕者を出すこととなった。

また、ロイヤル社は中国当局にも言及していた。自社の海運貨物を北朝鮮の南浦港に輸送する場合、必ず大連港を経由するので、そこで中国当局がしっかりと取り締まってくれればありがたい、と言うのだ。我々に制裁に背《そむ》く意図はないのだから、中国政府にも適切に指導していただければ、と。なかなか痛いところを突いている。

証拠がない以上、反論のしようがない。ロイヤル社の一見、懇切丁寧な説明は説得力をもって響いてくる。同僚たちも理解を示している感じだ。

しかし、一歩引いて事件の全体像を俯瞰すると、やはり正常とは程遠い。

そもそもチョンボク社の公開情報は、どこにも存在しない。そんな企業の担当者を、ロイヤル社はなぜ信用する気になったのだろうか。普通に考えれば、かなりハイリスクな取引だ。相手が代金を支払わなければ、ロイヤル社には回収する術はない。しかも、チョンボク社は代金をわざわざマレーシアから送金していた。本来なら、ここで警戒警報が鳴り響いていなければいけないような話だ。だが、ロイヤル社はチョンボク社については何も調べなかった。ロイヤル社は、「積極的に無知を装っていた」と考えるほうが自然である。

ロイヤル社は2007年にアメリカからベアリングを調達して、北朝鮮に輸出していた。これについても、台湾からの合法的な輸出で問題はない、と主張するが、そもそもロイヤル社がアメリカから輸入する際、最終需要者が北朝鮮であることを隠していたのである。アメリカの輸出規制に明らかに違反しているのだ。同様に、英国企業から圧力変換器を輸入したときも、同社は北朝鮮のことを伝えていない。本当に問題ないと認識していたのであれば、米英の企業になぜ北朝鮮が最終需要者であることを伝えなかったのだろうか。

ちなみに、ロイヤル社の取引相手には、2009年3月、日本から奢侈品として規制されていたノートパソコンを不正調達した北朝鮮企業も含まれている。おそらくロイヤル社は、北朝鮮の非合法活動にとって使い勝手がいいのだろう。

ひとつのまとまった「全体」を、まとまりとして認識できなくなり、構成する各部分でしか捉えられなくなる現象を「ゲシュタルト崩壊」と言う。ロイヤル社の個々の事象に関する説明は非常に丁寧であるために、事件の全体像を認識する視点が失われかねない。だが、ここでゲシュタルト崩壊は許されないのだ。常に全体像を念頭に置きながら、細部の捜査に当たらなければならない。

自白

ロイヤル社とは、同年（2015年）の年末にかけて数回にわたりやり取りをした。対応はいつも迅速で、毎回、懇切な説明と多数の資料が添付されている。しかし、細かく調べれば調べるほど、やはり腑に落ちない点が出てくるのだった。

ロイヤル社は、当初、中国国内に銀行口座を有していたと説明していたので、それについて情報提供を求めると、「中国に銀行口座はない」という。また、2010年の圧力変換器の販売に関し、さらに調査しなければ、と思っていた朝鮮国際展覧社と台湾の旅行代理店の役割について照会すると、「この2社は無関係だった、記憶違いで申し訳ない」と、これも前言撤回。さらに、「マレーシアにいたリョム・チョンチョルを知っている人がいる」と言っていたが、「その人物についてては一切教えられない」と言う。

こちらの追及に、ロイヤル社は様々な説明や情報を返してくる。それについてさらに確認を求めると、訂正する。こうしたやり取りが繰り返された。提出された証拠資料の中には、なぜか画像加工ソフトのフォトショップで作成されたファイルも含まれている。

世は年の瀬、同僚の多くがすでに休暇に入っていた。そんな折、私は閑散としたオフィスからロイヤル社に書簡を送り続けていたわけだが、ロイヤル社の対応は常に迅速だった。まるで観客不在の体育館で卓球のラリーを行っているような感覚である。

これは本来なら、台湾当局が捜査活動として行うべき筋の話だ。しかし、国連が台湾に協力要請することは、中国政府の強い圧力のため不可能だった。なんとか自力で、ロイヤル社が台湾国内の国連制裁にかかわる法律に違反したことを短期間で立証しなければならない。私は職務上の使命感だけをよすがに、追及を続けた。

2010年の圧力変換器の輸出に関して、ロイヤル社は説明を撤回したり訂正を繰り返したりしていたが、最終的な説明は以下のとおりとなった。

・当社の担当者2名が、圧力変換器を手荷物として飛行機に持ち込み、平壌まで運んだ。しかし、税関にはこれらの製品の輸出を申告していなかった。従って、輸出記録はない。
・決済については、当社の担当者が平壌国際商品展覧会を訪れた際、そこで輸出先のチョンボク社の担当者から代金（2万8350ユーロ）を現金で受け取った。その現金はほぼ全額、展覧会主催者の朝鮮国際展覧社に出展費用などとして支払ったので、決済の記録もない。

先に説明のあった、「立て替え払い」の話はどこへやら。ロイヤル社は、輸出も決済も記録が残らないようにしていたのである。記録が残っていない点についてロイヤル社は、規制回避を狙ったわけではなく、単なる過失だ、と主張する。だが、台湾の外為法によれば、ロイヤル社はこの外貨収入を台湾当局に申告する義務があった。日本円にして350万円ほどの製品を持ち出していたのだから当然だろう。にもかかわらず、申告を意図的に怠ったのである。

台湾は、国連安保理決議を尊重して包括的な輸出管理制度を設けている。もしロイヤル社が申告していたならば、台湾当局が貨物検査を行って、圧力変換器の北朝鮮への持ち出しが差し止められた可能性は高い。そうであったなら、北朝鮮の銀河3号ロケットは発射できなかったかもしれないのだ。ロイヤル社は、台湾当局による摘発を巧妙に回避し、結果的に北朝鮮によるミサイル開発に加担したのである。

2016年2月7日、北朝鮮は長距離弾道ミサイルである「テポドン2号」の派生型とみられる「光明星」ロケットの発射に成功した。国際社会に対し、またしても国連制裁などどこ吹く風と、これ見よがしに見せつけたのだ。

このロケットの1段目は、切り離された後に爆破された。2012年12月の銀河3号ロケットの1段目で見つかった外国製品から、専門家パネルがロイヤル社を追い詰めた一件により、北朝鮮は教訓を得たようである。明らかな「証拠隠滅」と言えた。

それでも、韓国海軍は光明星ロケットの1段目の残骸を回収する。そして、この残骸から、またもや例の英国製圧力変換器が見つかったのだ。

パネルの同僚が製品の調達ルートを追跡したところ、今度は「Beijing Xinjianteng Century Technical Technology」という北京の企業に供給されていたことがわかった。しかし、同社は、この製品はネット上で売却されたようで、購入者は不明と同僚に説明した。

同社の説明が真実であれば、特定の製品の調達にあたり、北朝鮮はちょうどよいタイミングで、たまたまネットで見つけることができた、ということになる。こんなに「お気に入り」の品を、そんな偶然のチャンスに頼りながら調達するものだろうか。この北京の企業については、さらなる捜査がなされるべきだろう。

2017年10月5日、私はYouTubeにアップロードされた映像を見ていた。9月25日に北朝鮮で開催されたばかりの「第13回平壌秋季国際商品展覧会」の模様が映し出されている。映像を見ていると、「ローヤル・カフェ」という日本語がふと目に入った。缶コーヒーのポスターのようだが、日本にはそんなブランドはない。

（どこが販売しているのだろう）

映像を見続けていると、販売員が化粧品やハンドバッグなど日用雑貨を売っている背景に、展示スペースの表示板が映し出されていた。

「ロイヤル・チーム・コーポレーション」

彼らはまだ北朝鮮と商売を続けていたのか。安保理決議では、制裁に違反した企業と人物に対して取引禁止や渡航禁止などの措置を科すことが義務づけられている。しかも、9月22日には、台湾の内閣にあたる行政院が、北朝鮮との間のすべての輸出入を禁止すると発表したばかりである。だが、台湾当局は明らかに取り締まっていない。台湾当局の優秀な人材が人事異動でのきなみ去った後、彼らの後継者たちの動きはあまりにも鈍い。

ふと、4年前のことを思い出した。捜査を断念した、台湾がらみのもう一つの事件である。

2013年6月、台湾の高雄税関で組織ぐるみの汚職と密輸が摘発された。日本から真空ポンプなどの規制品が「送風機」などと製品名を偽って輸入され、台湾を経由して、北朝鮮などの第三国に再輸出された可能性があるとのことだった。ハイスペックの真空ポンプであれば、核関連物資として安保理が対北朝鮮禁輸品目に指定している。台湾政府はその後も事件の真相を明らかにせず、日本政府への説明もうやむやのままだった。

台湾は、いまだに大きな抜け穴のままではないか。

4 「抜け穴」は霞が関でつくられる

大井埠頭での大捕物

「税関当局は北朝鮮の核実験に対する国連の安保理決議を受けて、おととし施行された貨物検査法に基づいて初めて、東京港に入港した貨物船のコンテナを検査していることが分かりました。コンテナの積み荷は北朝鮮が輸出したとみられ、関係機関が詳しく調べています」

2012年8月25日、ニューヨークの自宅でNHKのテレビ番組を見ていると、突然こんな報道が流れてきた。テレビ画面には、東京・品川区の大井埠頭に停泊するコンテナ貨物船が映し出されている。NHKによれば、ミャンマー向けのコンテナ2個が見つかり、中から北朝鮮製を示す刻印が入った鋼材のほか、アルミ製の棒が見つかったという。

日本政府は安保理決議に基づき、この貨物検査について安保理の制裁委員会に報告する義務がある。となれば、我々の出番だ。ちょうど前月には、韓国を訪問して、韓国政府が押収したシリア向け弾道ミサイルの原材料密輸事件について捜査を始めたばかりだった。さらにその数カ月前には欧州を訪問して、同じくシリア向けの化学防護服や化学剤検知器、短距離弾道ミサイル（スカッド）の資機材、様々な工作機械など、複数の押収品を現場で確かめたばかりである。世界各地で北朝鮮による大量破壊兵器関連物資の密輸に絡んで摘発が相次ぎ、専門家パネルにも情報が蓄積されてきたところで、ついに日本でも初めての貨物検査が行われたのだ。

国連に着任したころから、私は北朝鮮とミャンマーの軍事協力に強い関心を寄せてきた。両国の軍事協力については、２０００年代初頭より、様々な報道がなされていた。にもかかわらず、どの国連加盟国も具体的な情報を専門家パネルに提供しなかったため、証拠を摑むのに苦労していた。

ただ、手掛かりはあった。両国の武器取引を示唆する事件が、以前、日本で摘発されていたからである。

日本企業に北京から指示が

東京都新宿区にあるE社は小さな有限会社だ。かつて北朝鮮と取引を行っていたが、２００９年６月には外為法違反容疑で取締役が逮捕された（後に懲役2年執行猶予4年の有罪判決を受ける）。E社にも7カ月の輸出禁止という行政処分が下された。

罪状は、北朝鮮の指示により、ミャンマー向けに軍事転用可能な製品を不正輸出しようとしたこと。E社は２００８年６月から２００９年１月の間に、LCRメーターや小型円筒研削盤、直流磁化特性自記装置という核開発またはミサイル開発に転用可能な高価な機器を日本からミャンマーに不正に輸出しようと数回にわたって画策し、うち3回は輸出に成功していた。さらに取締役が逮捕された時には、ミサイルのジャイロスコープシステムに使用可能な部品なども保管していたのである。E社は、中国にある北朝鮮のフロント企業「東新国際貿易有限公司」の指示に従って、これらの犯行に及んでいた（他にも日本企業2社が不正輸出に協力し、代表者2名が逮捕、有罪判決を受けている）。

東新国際貿易は中国企業と北朝鮮企業の合弁企業。表向きは香港で登記されたフロント企業を本社としつつも、実際の業務は北京支社で行われていた。E社の取締役に指示を出していたのも北京支社である。

この会社の香港の登記簿には、「韓哲《ハンチョル》」と「朱玉姫《チュオクヒ》」という人物が、株主兼代表として記載されていた。つまり、株主は二人だけである。会社を登記した2000年に彼らが身分証明に使用していたのは北朝鮮の旅券であった。ところが、2005年11月にはキリバス共和国の旅券が、さらに2007年3月にはセーシェル共和国の旅券が身分証明として使われている。彼らもまた、「パスポート・ロンダリング」の手口を用いて、北朝鮮の人間であることを隠蔽しようとしていたのだ。

日本の当局によると、ミャンマー側の荷受人はミャンマー軍需産業総局（Directorate of Defense Industries in Myanmar/DDI）。2012年7月にこの組織を単独制裁した米財務省によると、これはミサイル研究を行うミャンマー軍の組織であり、北朝鮮の軍事専門家がここを訪れてミャンマー国内で技術協力していたとされる。

E社が不正輸出していた物資は、北朝鮮とミャンマーの軍事協力に関する、それまでの様々な報道内容とも合致するものだった。

各種報道によれば、2003年7月には、北朝鮮の技術者らが、ミャンマー海軍の艦船に搭載するミサイル製造の技術支援のため、旧首都ヤンゴン近郊の海軍基地を訪問していたという。2004年に駐ミャンマー米国大使館が本国に送った外交電文によると、ミャンマー軍の施設内では北朝鮮の技術者たちが地対空ミサイルの製造に携わっており、ここにはコンクリートで強化された地下施設も建造中だったとされる。2006年には、この年ミャンマーの新たな首都となったネピドーに北朝鮮のトンネル技術の専門家チームが招かれていたとの報道もあった。日本の当局による捜査の過程で、E社は2008年10月にも大型エアコンシステム4台を、東新国際貿易ともう一つの北朝鮮企業「ポンハ総合貿易会社」と共謀して日本からミャンマーへ輸出していたことも判明している。これらのエアコンシステムは高温・高湿度の環境に対応できるもので、トンネルなどでの使用に適した製品である。

また米財務省によれば、2008年11月下旬、ミャンマーの軍事代表団が平壌を訪問した際、ミャンマー軍による液体燃料式中距離弾道ミサイル開発への支援を取りつけたという。このミャンマー軍事代表団の平壌訪問記録には、代表団がスカッド・ミサイル製造工場を訪問したときに撮影された写真がある。さらに、この際に交わした合意事項の覚書には、両国が兵器の近代化や、兵器を隠すためのトンネル建造において協力する旨があったとも報じられた。

「ライト号」偽装事件

両国が軍事協力で合意して以降、北朝鮮から軍需産業向けの資機材を積んだ船舶がしばしばミャンマーを訪れるようになり、両国間の軍事協力はアメリカ当局の関心を引くことになった。当時、ミャンマーのティラワ港に頻繁に寄港していた北朝鮮の貨物船は、「トゥマンガン号」や「カンナム1号」であった。2009年6月には、北朝鮮を出港しミャンマーに向かっていたカンナム1号を、兵器関連物資を積載している可能性が高いとして、米海軍が追尾した。すると、カンナム1号は米海軍による貨物検査を逃れるため、航路を反転させて北朝鮮に舞い戻るという事態が発生した。ちなみにトゥマンガン号の運航会社は、北朝鮮最大の海運会社「オーシャン・マリタイム・マネジメント社（OMM）」である。私が新橋で訪れた会社の代表者もことつながっていた。

2011年5月26日、米情報当局は北朝鮮を出港しようとするある貨物船を監視していた。これからミャンマーに向かうベリーズ船籍の「ライト号」が、大量破壊兵器関連物資を積載しているとの情報を得ていたからだ。米海軍駆逐艦「マッキャンベル」がライト号を追尾し、国連安保理決議に基づき同貨物船に乗り込んで、臨検を行う計画だった。貨物船の旗国《きこく》であるベリーズ政府には許可を得ていた。

マッキャンベルはライト号に接近して、船長から同貨物船が「ベリーズ船籍」であることを確認した後、ベリーズ政府の許可により臨検する旨、通告した。すると、ライト号の船長は、前言を翻したのである。「この船は北朝鮮船籍だ」。しかも、「この船は中国から来ている。現在、バングラデシュに向かって航行中」。貨物についても、「（市販の産業用）硫酸ナトリウムで、兵器などではない」。あらゆる虚言を弄しての必死の抵抗はあまりに怪しいが、船長が「北朝鮮籍」と主張する以上、旗国主義に照らして、北朝鮮政府の許可なく臨検することはできない。

ライト号の拒否を受けて、アメリカ政府や韓国政府は、ミャンマー政府に正式に抗議する。するとと29日、ライト号はミャンマー行きを断念。反転して、北朝鮮に戻ってしまった。北朝鮮によるミャンマー向けの貨物輸送は結局、失敗したのである。

国際海事機関（IMO）の船舶情報データベースによると、ライト号の所有・運航会社は、中国・大連市の「ダリアン・シー・グローリー・シッピング社」と登録されていた。しかし、中国の登記簿やネット上の企業情報を見ても、同一名の企業は見当たらない。ただ、同じ住所に類似の企業名として、「大連海之星船舶技術有限公司（大連海之星社）」という企業の存在が確認された。おそらくここが、非合法な貨物輸送を請け負っていたのであろう。

中国政府は専門家パネルの捜査には一切協力をしないばかりか、「安保理決議違反の根拠はない」とのスタンスを貫いていた。この頃はまだ、捜査のために、公式書簡を中国政府に送ることすら容易ではなかった。ミャンマー政府も当然、協力などしない。

捜査は不完全燃焼のまま終結せざるを得なかったが、真相究明のための足がかりは残った。

この事件発生から約2カ月後のことである。ライト号は「ヴィクトリー3号」という船名になり、船籍もベリーズからシエラレオネに変わった。そして、新たな所有・運航会社として、「Sea Star Ship Co., Ltd.（シー・スター・シップ社）」という新しい香港企業がIMOに申告された。この香港企業の登記簿には、会社の所有・経営者として、范民田、呂鉄和、董長青という3名の中国人の名が記載されていた。ところが、登記上の彼らの連絡先住所は、先の「大連海之星社」と同一だったのである。ここからライト号の偽装が発覚するとともに、北朝鮮の非合法海上輸送に関連する個人名をようやくつかむことができたのだ。

極秘作戦のはずが

２０１２年８月中旬、日本政府に、北朝鮮からミャンマーに向けて海上輸送中の貨物に関する情報が寄せられた。貨物は、「アルミニウム、銅、電化製品、鉄製品など」と申告されているが、実際には北朝鮮の兵器の可能性があるという。ミャンマー側の荷受人は、「Soe Min Htike Co., Ltd.」という軍事企業。問題の貨物はコンテナ２個に詰められ、大連からミャンマーのヤンゴン港に向けて輸送中だ。当該貨物船を所有・運航する台湾の大手海運会社は、アメリカ政府からの求めに応じて、検査のために、東京で問題の貨物を下ろすことに決めた。日本政府はその通知を受けたのである。

政府には、積荷の貨物が大量破壊兵器関連物資の可能性ありとの情報も寄せられていた。これを受け、核・生物・化学兵器の検査態勢まで整えて防護服を着用した検査官も待機していた。

貨物船から下ろされたコンテナを開けた時、目の前には予想外の光景が広がっていた。コンテナに満載されていたのは、膨大な量の様々な金属片。あまりにも多量すぎて、税関の大きな倉庫ですら、すべてを並べきれないほどだった。アルミの棒だけでなく、亜鉛、ニッケル、鉄など、１００種類以上はある。屑鉄様の金属も多数あり、さらにやっかいなことに、一つひとつの化学成分が異なっていた。つまり、すべて異なる金属なのである。総量を考えると、貨物検査としては、悪夢である。

さらに、問題が発生する。極秘作戦のはずが、なぜか埠頭に停泊中の貨物船をＮＨＫが撮影していたのだ。私が見たニュースはこれだったのである。

朝日新聞のスクープ

日本政府による検査は、かなり時間がかかっているようだった。ＮＨＫのスクープから2カ月がたっても、安保理へ検査結果の報告はなかった。

あまり時間がかかりすぎると、その間に事件の関係者が痕跡を消すため、国連の捜査に支障が出かねない。当時、強く懸念されていたミャンマーがからむ事件であり、日本政府が情報を公表し次第、国連として素早く公式な捜査に移行できるようにしておく必要があった。

そのためにも、情報収集が必要だ。日本政府には、まだ協力を仰ぐことはできない。一人きりで様々な方面をあたった挙句、ようやく検査に関する情報を入手することができた。11月上旬のことである。

日本政府が検査した貨物の写真を見ると、真鍮板、銅線の束、亜鉛インゴット、アルミ合金の板や棒など、様々な種類の金属が写っている。金属の表面には元素組成を示す記号などが手書きされており、金属を包む袋には手書きのハングルがある。「トウモロコシ」と書かれた古い袋の表面には国連世界食糧計画（ＷＦＰ）のロゴが見える。

（本当にこれが大量破壊兵器関連物資なのだろうか？）

とてもそうは見えないが、非公式な情報ながら、禁輸対象に指定されている強化アルミニウム合金などが検出されたという。貨物をミャンマーに向けて送りだす手配をしていたのは、中国・大連の「大連保税区合興国際物流有限公司」という企業だ。インターネットなどで調べると、同社は北朝鮮の南浦港と大連港の間の海上輸送を主なビジネスとしており、しかも「危険物」と分類される貨物も扱っていることがわかった。

事件の全体像が把握できたところで、11月中旬、信頼できる同僚に限って、この大連の企業とミャンマーの企業に対する今後の捜査方針について協議した。

それから1週間も経たない、11月24日のこと。再び衝撃が走った。

「北朝鮮、兵器物資輸出図る　対ミャンマー、日本押収」

朝日新聞のスクープ記事。またしても牧野愛博記者だった。ご丁寧に、中国とミャンマーの関係企業の名前まで明記してある。

同僚の私を見る目に、また変化が生じる。6月には、中国の大型特殊車両が北朝鮮に輸出されていた問題で、私のつかんだ情報と同内容の記事が、朝日新聞に載ったばかりだ。秘匿すべき情報を入手するたびに、ほぼ同じ内容、同じタイミングで同じ記者がスクープする。私はこの記者に会ったこともないのに、情報漏洩を疑われているのは明らかだった。これ以降、重要な捜査情報について、同僚たちから教えてもらえない局面に何度も遭遇する。漏洩を疑われる者に機密情報を与えるような人間はいない。私は情報を共有できない状況に陥ってしまった。

日本訪問

ここまで情報が表に出てしまった以上、早急に専門家パネルによる捜査を開始する必要があった。しかし、日本政府の安保理への公式通知を待たねばならない。そうしなければ、「新聞記事など信用できない」とする中国やロシアに、捜査妨害の口実を与えかねない。両国は北朝鮮に対する制裁強化は、かえって北を刺激してしまうだけだと主張する。また、日本政府が捜査中の事件について、専門家パネルが先走って捜査をすれば、日本政府から協力を得るうえで支障を来《きた》しかねないという懸念もある。

日本政府が国連安保理に対して検査結果を報告したのは、NHKのスクープ報道からおよそ半年後の2013年3月。日本政府は100種類以上もの金属の中から最終的にアルミ合金の棒5本のみを押収すると決定した。ウラン濃縮のために用いられる「ガス遠心分離機のローターに用いられる構造材料」、つまり核関連物資に該当するとして押収したのだ。

それまで、核関連物資の貨物押収に関する報告は、ほとんどどこからも提供されていなかった。その意味でも貴重な事件といえた。

2013年6月、東京。日本の当局者との協議を終えた我々は、現物が保管されている部屋に案内された。ついに核関連物資とのご対面である。

「こちらです」

「……?」

一見、屑鉄のように見える。合金のサイズがバラバラなうえ、ヒビも入っていれば、切断面が雑だったり、一部欠けていたりと、とてもまっとうな売り物には見えない。私はかつて鉄鋼会社に勤務していたことがあるが、その頃の基準で評価しても、はっきり言って「駄モノ」である。

そうは言っても重要なのは、北朝鮮が遠心分離機用の元素組成のアルミ合金を自前で製造していた、という事実である。いくつかの状況証拠から、これらはたしかに北朝鮮が独自に製造した特殊合金と考えられた。北朝鮮の技術水準は、決して侮れないのだ。

検査方法の盲点

核関連物資の判定は必ずしも容易ではない。日本では、禁輸対象のアルミ合金を以下のとおり指定している。

「アルミニウム合金（中略）であって、引張強さが二〇度の温度において四六〇メガパスカル以上となるもののうち、外径が七五ミリメートルを超える棒又は円筒形のもの」（安保理決議を踏まえた貨物検査特別措置法施行令の規定に基づき物資を定める省令／２０１０年7月2日公布）

つまり、アルミ合金が一定の強度以上かどうか、ということが重要なポイントの一つということだ。ただし、強度は元素組成や加工・熱処理などの鋳造方法によって変わる。同じ金属でも、加工の前と後では引張強度が異なるのだ。また、１本の金属の棒でも、元素組成に偏りがあれば、場所によって異なる。

製造業界で引張強度を評価する方法としては、実際に引っ張って伸びなどを測定する引張試験（破壊検査）が一般的だ。だが、こと貨物検査に限って言えば、問題もある。試験のために1本の金属の棒から何度もサンプルを切り出せば、棒自体を損ないかねないからだ。棒は、検査の後に控える貨物押収の司法手続きにおいて証拠として必要なのだ。

日本では、禁輸物資の判定において、産業界の技術者が政府に協力している。日本の製造業が蓄積してきた技術情報は必須だ。今回の貨物については、破壊検査ではなく、分析装置で金属の元素組成を調べて引張強度を評価する「非破壊検査」が行われた。

日本の検査方法に対して、新しい中国人の同僚が異を唱えた。彼は２０１２年9月に着任したばかりで、私にとって二人目の中国人である。人民解放軍から出向してきた30代の人物で、化学の専門家である。前任者と違い、技術的にしっかりした議論をする、有能な人物だ。彼は、「非破壊検査だけではアルミ合金の引張強度は判定できないはず」と主張する。そこで私が、世界各国の税関当局や産業界・学界の専門家にも確認したところ、意外な結果となった。

「引張試験で実際に強度を測らないとだめだ」

米スタンフォード大学のジークフリート・ヘッカー教授もこう指摘する。彼は、アメリカの核兵器開発の拠点「ロスアラモス国立研究所」で所長を務めた経験もある金属の専門家で、北朝鮮のウラン濃縮施設を訪問した経験もある。彼をはじめ、「破壊検査をしなければいけない」とする見解が大半であった。どうやら日本の検査方法は少数派のようだ。

重要なのは、貨物検査には国際的に合意された標準的な方法が存在するわけではないらしいということである。これは盲点だった。安保理は、禁輸品目を指定したら、加盟国に丸投げである。だが、検査方法が定まっていないうえ、貨物検査に必要な科学的能力をもちあわせない加盟国が大半なのだ。これは深刻な問題ではないか。

(もし今回の貨物検査を行ったのが、日本ではなくて、台湾や東南アジア諸国だったら、核関連物資のアルミ合金を見分けられなかったのではないか)

その後、私は安保理に対して、貨物検査などの技術的支援のための国際協力について勧告し、その重要性について主要国に何度も説明した。この提言は、私が国連を離れた半年後の2016年11月に採択された安保理決議2321号の第38項に盛り込まれた。それでも、いまだに国際協力の具体例は、ほとんど聞いたことがない。果たして、どれほどの数の国が、貨物検査を適切に行っているのだろうか。

「縦割り」「丸投げ」が生む抜け穴

話を日本の貨物検査に戻そう。

2013年3月、日本政府は、検査したコンテナ貨物の中からアルミ合金の棒5本を取り出して、一定期間保管したのちに没収した。ところが、他の金属は、台湾の運航会社の日本支社に返却してしまった。中には、通常兵器の製造に使用可能な金属もあったように思われたが、「貨物検査法の禁輸品目リストには該当しない」と判断されたのである。この時点では、リストに通常兵器の汎用品はほとんど含まれていなかった。

2009年に採択された安保理決議1874号の第9項と第10項では、北朝鮮が関わる「すべての武器及び関連物資」の移転の阻止が義務づけられている。日本の貨物検査特別措置法では、この義務は部分的にしか果たせなかったわけだ。

経産省が所管する輸出管理のための「外為法」の規制品目リストでは、通常兵器の汎用品は規制対象に含まれている。だが、財務省・外務省・海上保安庁が共同で所管する「貨物検査法」は日本に寄港した船に積まれた貨物を対象としており、こちらのリストでは禁輸品目が大幅に限られていたのだ。同じ国内で、所管官庁によって規制対象の品目が異なるのでは、水も漏らさぬ制裁などできるわけがない。日本政府が貨物を解放したことに対しては、アメリカ政府からもクレームが入ったと後で聞いた。

また、貨物検査に関わる運搬費用などは、事実上、船会社が全額負担していた。日本政府は船会社に対して、「立替分を支払うよう、大連の『輸出者』に請求せよ」と言ってきたそうだが、「輸出者」は払わないどころか、「貨物を返せ」と船会社にクレームをつけているらしい。

貨物検査に協力する船会社が損をするというのは、いかがなものだろうか。

東京では別の〝発見〟もあった。

「言葉で言い尽くせばすべて説明できるはずなのに、なぜ写真が必要なのですか?」

公式会合の席で、日本の当局者が真顔でそう聞き返してきた。「国連の公式文書である年次報告書で、これらアルミ合金の写真を掲載したい」、そう申し出た時のことである。国連の指針に従って、捜査の過程で確認した加盟国の押収物品については、毎年の年次報告書の中に写真付きで紹介している。外国の当局者たちにとっても、ビジュアル情報は重要だ。今後、自分たちも同じような貨物に遭遇するかもしれないからだ。

違和感を覚えることは他にもあった。

通常、国連の捜査チームを迎える国は、行政上の最高機関や外務省が主導し、全関係省庁の実務責任者を一堂に集めて公式協議を行う。例えば、「国連VS.オールフランス」「国連VS.オール韓国」といった感じだ。どんな質問にも、その場で担当者が迅速に答えられるようになっている。このため、各省庁で提供する情報に齟齬がない。

もちろん事前の省庁間協議で、国連に対しどこまでの情報をどこが提供するか、ということも詰められているだろう。答えられないことについてははっきり「ノー」と言うし、通訳も揃えている。いかに国連の捜査活動を重視しているか、その対応の仕方で事前準備の様子さえ察することができる。

ところが、日本との会合は「オールジャパン」ではなかったのだ。そもそも、まとめ役であるはずの担当者は、通常業務があまりに多忙だった。通訳担当が急に国会対応で欠席し、私が通訳をしたことすらあった。

会合も省庁ごとに分かれており、しかも説明内容が食い違うこともままあった。××省が「それは○○省が決めたことです」と言うので、翌日○○省との会合で聞くと、「いや、それはあちらの××省の所掌でして」と言う。国連に対して何を誰がどう説明するか、省庁間で事前協議したとはとても思えない、すべて担当省庁の実務担当者に丸投げという感じであった。丸投げされた当人からすれば、情報開示の基準も示されないまま、「あなたが自分の責任で決めてください」と言われているようなものだ。「新聞にリークされたら自分の責任になる」と怯えているから、国連に提供するあらゆる情報が「『極秘』扱い」となり、専門家パネルの年次報告書に日本発の意味のある情報はほとんど書けなくなってしまう。

ミャンマー政府の嘘

２０１２年８月にミャンマー向け貨物船が大井埠頭に留め置かれてから３カ月後の11月27日。ミャンマー大統領府の責任者は、地元メディアのインタビューに次のように答えた。

「ミャンマーは、国連安保理決議を順守します。以前、原子力発電所を建設しようと考えていましたが、充分な技術も資金もないため、北朝鮮に相談するしかありませんでした。しかし、それで世界に誤解されてしまったので、大統領はもはや断念したのです。日本で押収された貨物は、(韓国メディアが報道しているように)迫撃砲の砲身等の製造に使用されうるでしょうが、建設作業にも使えるものです」

日本で押収された貨物について、核計画の目的で調達したのではない、と説明している。ミャンマー政府は、北朝鮮に原子力計画について相談したこと自体が国連による制裁に違反することを知らないのか。

２０１３年12月17日には、米財務省は、北朝鮮と安保理決議違反の取引を行ったとして、Soe Min Htike 社を含む3社とミャンマー国軍傘下の軍需産業総局（ＤＤＩ）関係の軍人１名に対する単独制裁を発表した。公式声明の中で、これらミャンマーの企業と個人による、様々な制裁違反行為に言及している。専門家パネルは国連米国政府代表部に情報提供を要請したが、何ら提供されることはなかった。

２０１３年以降、専門家パネルはミャンマー政府に対して、この核関連物資押収事件および北朝鮮との軍事協力について公式照会を何度もしたが、なかなか返事は得られなかった。軍が実権を握る政権は無視し続けていたのだ。これでは話にならない。ミャンマーの国連大使に直接面会し、「無視し続けるならミャンマーの企業を制裁違反者として安保理に正式に報告しますよ。安保理決議に違反した国は複数の国から単独制裁を受けるかもしれません」と安保理決議の関連条項を、目の前で読みあげた。その挙句、２０１５年9月になってようやく、ミャンマーが専門家パネルに以下のとおり回答してきた。

「北朝鮮人はミャンマーの軍需産業では働いていない」「２００８年にミャンマーと北朝鮮との間で、液体燃料式中距離弾道ミサイルの製造に関する合意が交わされたとの情報は真実ではない」「ミャンマーの軍需産業が手配して北朝鮮から貨物を輸入したとの情報も真実ではない」「北朝鮮とSoe Min Htike社とが、武器調達に関与していたとの情報も真実ではない」

文字どおりの全否定だ。

ミャンマー政府を信じるならば、①日本政府の科学捜査は全面的に間違っていて、②押収された公式文書には、貨物はミャンマー行きと明記され、荷受人としてSoe Min Htike社の住所と名前も記されているが、これらはすべて偽りで、③荷送人の中国企業が、「なぜ貨物が輸送されないのか」と台湾の海運会社を問い詰めているにもかかわらず、それも嘘――ということになる。

（ミャンマー政府がそういう態度なら、年次報告書で制裁対象にするよう提案してやろうじゃないか）

そうこうするうち、11月にミャンマーで総選挙が行われ、アウン・サン・スー・チーが党首を務める国民民主連盟が勝利した。政権交代で流れが変わるかもしれない。年次報告書を書く前に、もう一度、書簡を送ってみた。しかし――。

「Soe Min Htike社の登記は2008年1月31日以降、更新されていない」「関係省庁を適正に捜査した結果、ミャンマー政府は、核関連物資の輸入にはかかわっていないことを確認した」

書簡に対するこんな回答が返ってきたのは、2016年1月のことだった。国連ミャンマー政府代表部の新任担当者からは、逆に、「Soe Min Htike社について、何か情報があったら教えてもらえませんか」と質問される始末。新政権は明らかに、軍部の動きを把握できていなかったのだ。

その年の11月30日、安保理は決議2321号を採択した。そこで新たに国連制裁対象に指定された個人の中に、駐ミャンマー北朝鮮大使「キム・ソクチョル」が含まれていた。彼はミャンマーの軍部と、北朝鮮の悪名高き武器密輸企業「朝鮮鉱業開発貿易会社（ＫＯＭＩＤ）」との間の取引を仲介していたのである。朝鮮鉱業開発も、２００９年に国連の制裁対象になっている。

その後、ミャンマーはキム・ソクチョルを国外追放したが、ミャンマーと朝鮮鉱業開発との関係はこれで終わりではなかった。

２０１７年６月９日、北朝鮮外交官の「キム・チョルナム」が家族とともにミャンマーを出国した。表向きは、在ヤンゴン北朝鮮大使館の二等書記官として赴任していたが、実は彼も朝鮮鉱業開発の関係者だったのである。他国からの要請を受けて初めて、ミャンマー政府は彼を国外追放した。

政権交代から1年半が経過しても、ミャンマーと北朝鮮の武器密輸企業との関係は続いていた。その関係が終わったとの保証は、ない。

5　化学兵器はシリアを目指す

弾道ミサイル、化学兵器、キュウリの漬物

２０１２年1月中旬、私に吹きつける地中海の風は、思ったほど冷たくはない。昨日は小雨が降り続いていたが、今日はすっかり晴れている。

とある一室。机の上には段ボール箱と包み紙がおかれている。包み紙には、「朝鮮大使館　キム・クアンス氏」と太いマジックで手書きの英語が記されている。段ボール箱のほうには、北朝鮮の代表的な飲料水「シンドクサン天然ミネラル水」のロゴマークが印刷されている。

「この段ボール箱の中に、この包み紙と化学防護マスクが入っていたんですか？」

「そうだ。韓国政府に確認したところ、シリアにそんな名前の外交官はいないということだ。北朝鮮のキム・クアンスがこの貨物の受取人と考えている」

協議相手の国連加盟国政府の高官が、ゆっくりと言う。

２０１１年3月から始まったシリア内戦において、アサド政権の兵器製造・開発に重要な役割を担っていたのが北朝鮮である。

地中海に面したこの国連加盟国では、これまで複数回にわたって制裁違反の多様な兵器関連物資が押収されていた。２００９年11月にはシリア向けコンテナの中から、化学防護マスクをはじめ、大量の化学防護服や化学剤検知器などを押収していた。1万４０００着もの防護服や検知用の小型ガラスチューブ2万４０００本などが入った貨物——送り状には「作業用防護服」とだけ書かれていた。

摘発は2年以上前だが、政府側の様々な事情があり、専門家パネルとしてすぐには捜査を始められなかった。国連では、加盟国内の司法手続きなどを尊重せざるを得ないため、忍耐が必要なのだ。同年9月には、同じ化学防護服８０００着が中国からシリアに向かう途上の韓国で押収されていた。

「この人物の情報、何かお持ちですか?」

「キム・クアンス」は、日本でいえば「山田太郎」のような、ありふれた名前らしい。すると、その場に同席していた、欧州出身のパネルの同僚がすかさず言う。

「彼はよく知られた男だよ」

これ以上、聞く必要はないというサインだ。しかし、これだけでは犯行の特定は困難であり、制裁に実効性を持たせられない。後に聞いたところでは、彼は２００９年9月にシリアのラタキア港で目撃されていた。北朝鮮から到着したばかりの化学兵器関連物資を積んだコンテナの開封にも立ち会っていたという。関係国の情報機関は、どうやらこの人物を監視対象としているようだが、いったいいつまで監視し続けるつもりなのか。とうに取り締まらねばならない段階なのだ。

欧州には欧州の情報機関で情報共有ネットワークがある。特にイギリスとフランスは、シリアとイラン両国を監視しており、両国との取引にかかわる北朝鮮の非合法活動について独自の情報を持っている。ただ、それが常に国連に提供されるとは限らない。

この国に到着してから、当局の担当者たちが「護衛」と称して我々を尾行しているので、安全面で心配はない。必要はないと思うのだが、「一応、安全のために」ということだそうだ。この国に北朝鮮大使館はないはずだが、工作員が潜伏しているのだろうか。なぜここまでするのか。

今日は、昨日とは別のコンテナ置き場に案内された。目の前にあるのは、ソ連製の古い電気リレー、石油のドラム缶、合金類、そしてアスベストやポリ塩化ビニール、グラスファイバー——すべてスカッド・ミサイル関連の押収物だという。しかし、実感がわかない。普通の税関職員が見ても、非合法貨物とは判断しないだろう。

決め手になったのは、130個に及ぶ円柱形の固体燃料ブロックとのことだが、危険なのですでに回収、処理されたという。化学分析の結果、燃料ブロックには不純物が混ざっていて、「衝撃に過敏」と判断されたそうだ。へたに取り扱えば、爆発しかねないということだろうか。そんな物騒な物が一般の貨物とともに大型貨物船の中に紛れていたとは……。

「おい、手紙があるぞ」

大きな木箱の中を探っていた同僚が声を上げる。皆で駆け寄ると、同僚の手には手書きのハングルが記された汚れた紙がある。

「なんて書いてあるんだ?」

ハングルに長《た》けた同僚がしばし、目を通す。

「……奥さんが旦那にあてた手紙だな……旦那さんのことを気遣っている内容だよ……」

この手紙が入っていた木箱には、他にも大量の食糧が詰められていた。キュウリの漬物や味噌の缶詰、カラカラに干からびたスルメイカや魚の干物、シジミの入った袋——。およそ高価とはいえない食材ばかりだ。しかし、北朝鮮でこれだけのものをそろえるのは、それなりに大変だろう。母国の食材が手に入らないシリアで単身赴任する夫を気遣う妻。常日頃、想像していた「制裁対象者」というイメージが、いきなり具体的な個人となって迫ってくる。彼にも家族がいる。そこにいるのはやはり、一人の人間なのだ。

これらの貨物は、シリアに長期駐在する北朝鮮人の存在を示している。そして、ほぼ間違いなく、押収された部品はシリアでスカッド・ミサイルに組み込まれる。北朝鮮は、もはや弾道ミサイルそのものは輸出しない。容易に摘発されてしまうからだ。代わりにミサイルの原材料や部品を工作機械とともにシリアに送り、技術陣も送り込んで現地生産しているとみられる。個々の部品自体は大半が市販品で禁輸品には該当しない。途中で貨物検査されても、非合法貨物とは判別しにくい。北朝鮮は、こうして制裁網を潜り抜けようとしているのだ。

武器密輸企業「朝鮮鉱業開発」の影

調査3日目。今日検証するシリア向け貨物は、さらに判断が難しい。コンテナ5個に様々な機械類や資機材が詰めこまれている。だが、どうみても一般産業用の製品ばかりだ。中国製が多いが、中には米国製やデンマーク製、台湾製、さらには日本製の携行型圧力測定器もある。同僚と一緒にあらゆる貨物を隅々まで調べてみたが、どこにも北朝鮮との関連を示唆するサインは見あたらない。だが、押収した当局によれば、間違いなく北朝鮮がシリア向けに手配した貨物だという。

唯一の証拠は、貨物の送り状などに記載されていた企業名だ。

［荷送人］「Dandong Yongxinghe Trade Co., Ltd.（丹東市永興和貿易有限公司）」
［着荷通知先］「Korea Kumryong Trading Corporation（コリア・クムリョン社）」
［梱包明細書の作成者］「Leader（Hong Kong）International Trading Limited（リーダー香港社）」
［荷受人］「Mechanical Systems（メカニカル・システムズ社）」（シリア・アレッポ市の企業）

欧州の情報当局によると、このアレッポの企業は「シリア科学調査研究センター（ＳＳＲＣ）」のフロント企業だという。ＳＳＲＣは、シリアの弾道ミサイルや生物化学兵器の研究・開発・製造を担う重要組織だ。シリアは北朝鮮にとって最も緊密な取引相手であり、ＳＳＲＣは最良の顧客である。

また、欧州の情報当局によると、船荷証券に書かれている「荷送人」「着荷通知先」「梱包明細書の作成者」はすべて、国連決議で制裁の対象になっている北朝鮮の「朝鮮鉱業開発貿易会社（ＫＯＭＩＤ）」の関連企業だそうだ。しかし、物的証拠はないという。

かなり面倒な捜査になりそうだ。安保理の中で中国やロシアが、「これは兵器ではない」「国連制裁対象企業が関与した証拠がない」として、「制裁違反ではない」と主張するのは目に見えている。事実、貨物を押収した当局でも、これらが兵器関連か民生用かで意見が分かれているのだ。結論が出るまで国連としての正式な捜査は控えてほしい、と言い渡されてもいる。

この現場視察を終えた翌日、ニューヨークに戻った。専門家パネルの同僚が第三国の情報当局に当たったところ、記載されていた企業名は「たしかに朝鮮鉱業開発がらみだ」という。朝鮮鉱業開発は２００９年に国連の制裁対象に指定された後、いかなる対外取引も禁じられている。当然のことながら、その活動の隠れ蓑となっているフロント企業は、摘発されねばならない。

着荷通知先にある「コリア・クムリョン社」の公開情報はどこにも見当たらない。調べを進めていくと、ある国連加盟国から情報が寄せられた。これは、朝鮮鉱業開発がシリアとミャンマーに向けて様々な工作機械類を密輸する際に用いる変名であり、北京、シリア、ミャンマーの朝鮮鉱業開発の拠点で用いているという。２０１１年6月から7月にかけて、クムリョン社名で、ミャンマーの第二産業省産業計画総局に42万ユーロ相当の貨物を密輸。さらに、２０１２年1月にも、朝鮮鉱業開発北京代表部がクムリョンの名を用いて、油圧プレス機や真空乾燥機、スペクトロメーターなど、合わせて18万ユーロ相当の貨物をシリアに密輸していたという情報もでてきた。

梱包明細書を作成した「億達（香港）国際貿易有限公司（リーダー香港社）」は、香港で登記されている。株主兼代表者は、「蔡光」という名前の中国人。この会社の株主は彼だけだ。たとえ中国政府に照会してもまともな返事が来るはずもないので、個人的なルートで非公式に香港当局に調べてもらった。その結果、この企業と人物に「犯罪歴はない」とのことだった。

巧妙な制裁違反であることは明らかだが、北朝鮮の関与を示す証拠が必要だ。しかし、押収した当該国の許可がない以上、我々の捜査はまだ控えざるを得ない。

とりあえず、私は貨物の中の日本製品に着目して、調達ルートをあくまでも非公式に調べてみることにした。市販の携行型圧力測定器だ。

流れを追うと、この製品は、まず製造元の日本企業から台湾支社に輸出された後、中国・深圳市にある計測設備機器販売会社に再輸出されていた。そこから丹東に運ばれ、「丹東市永興和貿易有限公司」に販売されていた。同社は捜査への協力を拒否したのではっきりしないが、北朝鮮は製品に狙いを定め、あえて複雑なルートで調達したのだろう。日本国内に協力者がいる可能性は高い。

２０１３年1月、捜査に追い風が吹いた。前年12月に北朝鮮が銀河3号ロケットを発射したことを受けて、国連安保理が新たな制裁決議２０８７号を採択し、コリア・クムリョン社とリーダー香港社を朝鮮鉱業開発の関連企業として制裁対象に指定したのである。アメリカの圧力に押されて中国政府も同意した安保理の決定事項であるため、我々としても堂々と朝鮮鉱業開発のフロント企業ネットワークの捜査に着手することができる。

ただし、コリア・クムリョン社とリーダー香港社が関与した朝鮮鉱業開発によるシリア向け密輸事件については、押収した政府当局による司法手続きが依然、手間取っていた。貨物が一見すると民生用にしか見えないので、兵器関連との立証に手こずっているようだ。しかも、その国は経済危機に陥っており、もはや北朝鮮不正輸出事件の捜査どころではない。それでも、司法手続きは一応続いているので、国連として捜査はできない。もちろん、中国政府が協力をしてくれるはずもない。捜査を可能な限り粛々と進めていくしかなかった。

フロント企業を使い分け

同年2月、我々はパリにいた。小雨の降るなか、同僚たちと外務省の建物に急ぎ足で入る。案内された会議室には、全関係省庁の担当者が一堂に会していた。これから専門家パネルと「オールフランス」の会合が始まる。議題は、これまでにフランス政府が摘発した、いくつかの北朝鮮発シリア行き密輸事件に関する捜査だ。

なかでも、我々が重視していたのは、2010年9月に摘発された一件である。当時、日本の大手海運会社の大型商業貨物船に積載されていた、シリア・ラタキア港向け貨物が摘発されていたのだ。この貨物は、大連から台湾・高雄港まで台湾の貨物船で運ばれた後、日本の貨物船に移し替えられた。コンテナ2個に詰められていたのは、72個の木箱に詰められた、総重量37トンの金属製品。船荷証券の商品明細の項には、「銅製の棒と板」と記載されていた。一見、何の変哲もない普通の貨物に見える。

しかし、シリア向け貨物の動向を注視していたフランス政府は、これらが「懸念貨物」であるとの情報を独自に入手していた。この貨物船がフランス南部に寄港するのを待って、当局が検査を行ったわけである。たしかに銅製の棒はあったが、銅板のほうは見当たらない。代わりにアルミ合金や真鍮製の円板が多数積まれていた。それも、普通の金属製品にしか見えない。

そこで当局が、これら金属製品の組成を検査してみると、真鍮円板にシリコンが含有されていたのである。シリコン含有の真鍮円板には、知られている限り、民生用はない。唯一知られている用途は、ソ連製の迫撃砲の砲身部分を加工するための原材料である。アジアではあまり知られていないが、北大西洋条約機構（NATO）の加盟国の間では共有されていた情報だ。

フランス政府によると、船荷証券に記された荷受人「メタリック・コンストラクションズ・アンド・メカニカル・インダストリーズ社」も、シリア科学調査研究センター（SSRC）のフロント企業「ハンダシエ」の別名とされる。つまり、フロント企業の名称を使い分けて、真の荷受人であるSSRCを隠蔽した構図だ。他方、荷送人は、国連の制裁対象になっている北朝鮮の軍事企業「朝鮮連峰総会社」の中国・丹東市にあるフロント企業「ジン・ファン貿易有限公司」だった。

フランス政府関係者との協議を終えた翌日、我々は押収貨物視察のため、フランス南部に向かった。パリから電車に揺られること2時間。到着した大型倉庫には、木箱が床一面に並べられていた。一箱ずつ中身を確認するにつれて、不安になってくる。

（もし自分が検査官だったら、これらが兵器関連物資と見抜けただろうか？）

貨物の中には、ロシア語と覚《おぼ》しきキリル文字で書かれた品質保証書が入っているが、ハングルはない。品質保証書は、ロシアの国家標準規格とされるGOSTのものだ。いずれの金属も、NATO諸国以外では、通常兵器関連物資と見なされているものではない。これがもしアジア諸国で検査されていたとすれば、おそらく当局はこれら貨物の「本質」を見抜けなかっただろう。日本では間違いなく押収されない。なぜなら、貨物検査法の定める禁輸品には該当しないものばかりだからだ。

ある木箱の側面を見ると、荷受人のシリア企業の住所・電話番号がともにマジックではっきり手書きされている。露見するはずがないと、タカをくくっていたのだろうか。

シリアの惨劇の共犯者

一連の事件に関する専門家パネルの捜査に対して、シリア政府は見事なくらい非協力的である。当初はだんまりを決め込んで協力要請を完全に無視していたが、そのうち、嘘を平然とつくようになった。それも、普通の感覚であれば恥ずかしくてつけないようなものだ。嘘でもいいから何らかの公式回答をするよう、どこかの安保理常任理事国のお友達から助言を受けたのだろう。

シリアは、韓国政府が２００９年９月に押収した化学防護服については、「まったく知らない」と関与を否定していた。しかし、その翌月に別の国が押収した化学防護服などについては、「農業と実験用目的で使用するつもりだった」と釈明し始めたのだ。

押収された化学防護服は、化学剤の高濃度汚染地域で活動する軍隊のためにソ連で開発されたものである。韓国政府がこれら北朝鮮製化学防護服をびらん性と神経性の化学兵器試料で性能実験したところ、韓国軍が使用する化学防護服と同等、あるいはそれを上回る性能すら有することが判明している。本当にこんなものがシリアの農業に必要ならば、シリアの農産物などとても食べられたものではない。

さらに驚いたのは、中国やロシアの反応である。「化学防護服などは、警察や消防も使用するものだ」「攻撃用ではなく、あくまでも防御用の物資だ」「したがって、安保理決議が禁止する『武器及び関連物資』には該当しない」――両国の関係者は、ありとあらゆる屁理屈をこねて、「これは制裁違反ではない」と言い張り、シリアを徹底的に守り続けた。

（なるほど、それでは逆ネジを食わせてやるぞ）

「シリアの警察や消防が使用しているならば、その証拠となる映像や画像を出してほしい」。そう中国とロシアの同僚を問い詰めたところ、これには彼らも答えに窮してしまい、同じ弁明を繰り返すだけだった。さらに追及すると、ロシア人の「怠け者」は、「私は化学戦の専門家だ！私を見下しているのか！」と、ついには逆ギレ。もはや理性もへったくれもない、単なる言い合いに終始する事態となってしまった。

シリア内戦が激化の一途を辿り、アサド政権を認めない欧米に対し、政権を擁護するロシアの対立が激しさを増している最中だった。この国際政治の構図が、そのまま制裁違反事件の捜査に反映されたわけである。

結果として、北朝鮮によるシリアへの化学防護服や化学剤検知器の輸出が制裁違反なのか、国連安保理では何ら結論が出ないままに議論が終わった。中ロ両国による反対によって、安保理では合意できなかったのである。

２０１３年以降、シリア内戦で、一般市民に対してサリンなどの化学兵器が使用されるという惨劇が起きた。２０１７年４月４日には、シリア北部イドリブ県で、アサド政権がサリンを用いて空爆を行い、多数の一般市民が犠牲となった。米国のトランプ政権は、その報復として同月７日、シリア空軍基地に対してミサイル攻撃を行い、国際的にも大きく報道された。サリン及び運搬手段を開発、製造したのは、北朝鮮の顧客のシリア科学調査研究センター（ＳＳＲＣ）だった。北朝鮮はアサド政権に不可欠な技術的・物的支援をし、このような犯罪行為を可能たらしめた。犯罪行為の共犯者と言っても差し支えない。中ロ両政府はこの現実に「見て見ぬふり」を決め込んだ。とりわけ、密輸の重要な中継地点であったにもかかわらず取り締まらなかった中国の罪は格段に重い。中国も、シリアでの惨劇の「加害者」と言わざるを得ないのだ。

韓国で摘発された「きれいな貨物」

捜査はパズルのピースを集め、組み立てていく作業に似ている。一気に絵柄全体がわかるのは稀だが、時間が経ってから思わぬピースが手に入ることもある。そしてひとつのピースを得たことで、思わぬ絵柄が浮かび上がることもある。

パリでの捜査の半年前、２０１２年7月、私は同僚とともに韓国・釜山《プサン》港にいた。韓国政府代表者、税関職員たちとともに大きな倉庫に入ると、目の前には大型の木箱が多数あった。体格のいい若手職員が数人がかりで黒い筒状の押収物を木箱から取り出してくれる。

同年3月、ある中国人業者に発注書が送信された。発注者は大連の企業「大連遼新商貿有限公司（大連リャオシン社）」。発注された製品は「黒鉛シリンダー」で、届け先は丹東。依頼主は「キム・クワンチュン」という人物だ。一見、通常の商取引のように見える。

発注された黒鉛シリンダーの総量は10・6トン。計４４５個が10個の大型木箱に分けられ、コンテナに詰められた。このコンテナは、台湾企業が保有・運航する大型商業貨物船に積まれて、5月11日に天津港を出航。貨物船は韓国の釜山港を経由して、上海港に立ち寄り、その後、遠洋航海に出る予定だった。

ただし、この貨物にはいくつか重大な問題があった。まず、その最終目的地がシリアであり、荷受人は「エレクトリック・パーツ・コム社」というシリア企業であること。関係国の情報機関によれば、これもシリア科学調査研究センター（SSRC）のフロント企業とされる。さらに、積荷の黒鉛シリンダーは極めて特殊な製品であった。国連安保理がミサイル関連物資として禁輸対象とした黒鉛シリンダーの組成、寸法にぴったり符合するものだったのだ。ミサイルのロケットノズルや弾頭部分の製造に使用される製品である。

情報を得た韓国政府が動き、5月16日、釜山港に到着した貨物船は韓国当局により拿捕《だほ》され、コンテナは押収された。韓国政府による国連安保理への報告を受けて、我々は釜山港にやってきたのである。韓国政府の情報の正しさを確かめるとともに、今回の事件に関与した企業・個人についてできる限りの情報を収集するために。

我々はまず、すべての木箱をひとつずつ写真に収めたうえで、メジャーで個々の黒鉛シリンダーを計測した。それが国連安保理の禁輸品目リストの仕様に合致することを確認しつつ、同時に北朝鮮の関与を示唆する証拠を探し続ける。製品は木箱の中にきれいに詰め込まれており、石灰のような白い粉が製品にまぶされていた。これまでに見てきた、北朝鮮関連の密輸品とは印象が大きく異なる。きれいで、ちゃんとした製品なのだ。しかも、木箱に手書きされているのは中国語の文字ばかりだ。

今回も、北朝鮮の関与が巧妙に隠蔽されたケースである。もっとも、前日に受けた「オール韓国」のブリーフィングは明快だった。韓国政府によると、この輸送を手配した企業は、中国・大連市の「大連リャオシン社」で、北朝鮮の「朝鮮檀君《タングン》貿易公司（タングン貿易社）」という国連の制裁対象企業との契約に基づく取引だという。タングン貿易社は、北朝鮮の第二自然科学院の傘下にある企業で、弾道ミサイルや大量破壊兵器、通常兵器に関連した製品や技術を調達している。

ただし、同社の関与を示す情報は、情報機関によるものであり、物的証拠はない。このままでは間違いなく、中国が「証拠がない」「いいがかりだ」と難癖をつけてくるだろう。しかも、今回の貨物にも、北朝鮮から輸出されたことを示すものはなにもない。北朝鮮企業が中国国内で調達して、そのままシリアに輸出した可能性も充分ある。いわゆる北朝鮮の「仲介貨物」である。

炙り出された黒幕

韓国から帰国後、さっそく大連遼新商貿有限公司（大連リャオシン社）について捜査してみると、興味深いことが判明した。この企業は、もともと「遼新集団」という企業グループの中核企業で、2002年に設立されていた。この企業集団の傘下には、貿易会社として「大連斯貝爾科貿有限公司（大連スーパー・サイエンス社）」という実に怪しげな名前の企業のほか、「瀋陽富豪商貿有限公司」と「瀋陽富豪塑料制品有限公司」という製造業2社が入っていた。しかし、韓国政府によるミサイル関連物資の摘発後、数カ月のうちに、遼新集団が使用していた連絡先の住所は「朝鮮軽工業貿易公司」という北朝鮮企業の中国支社の連絡先に変わっていた。その後、この企業集団の活動状況を示す公開情報は確認できなくなる。おそらく表向きは解体されたのであろう。

大連リャオシン社の代表者は、「富振海（Fu Zhenhai）」という中国人ビジネスマン。「地元の優秀な企業家」として、紳士録の「遼寧省優秀企業家名録」に載っている人物だ。

同社は、北朝鮮との緊密な関係をはばかることなく宣伝していた。主な顧客には、朝鮮労働党、朝鮮強盛貿易会社、朝鮮恩徳貿易総公司、朝鮮鉡工業集団、朝鮮総合設備輸出入会社など、日本の経済産業省が輸出規制対象とする北朝鮮の団体や、後に国連安保理が制裁対象に指定する企業がずらりと並んでいた。だが、韓国での貨物摘発後、大連リャオシン社の活動に関する情報も確認できなくなっている。

遼新集団グループ内の他の企業の実態も気になる。

大連スーパー・サイエンス社はホームページで、様々なバルブ製品を主な取扱商品としている。一般的に、ハイスペック品のバルブは原子力施設で原子炉冷却装置に、さらにウラン濃縮用遠心分離機などにも用いられる。同社も北朝鮮との緊密な貿易関係を誇示しているうえ、イスラエルや日本のバルブメーカーや、中国・ドイツ合弁のバルブメーカーとの密接な関係を謳っている。

なかでも、この中国・ドイツ合弁企業は要注意と思われた。同社のホームページによると、ここは発電所、製鉄所、化学プラントなどにバルブ製品の供給や技術支援、トータル・エンジニアリング・サービスなどを行っているという。他にも複数の大手ドイツ企業と複数の合弁企業を中国国内で設立、運営しているともあった。さらに、ドイツ国内で原発事業に携わる大手ドイツ企業の子会社とも、中国国内での販売総代理店契約を結んでいると宣伝していた。もしこれらが事実であれば、北朝鮮と親密な関係にある中国企業が複数の主要なドイツ企業とつながっていることになる。

また、大連スーパー・サイエンス社が「日本のカウンターパート」とするバルブ製造会社については、何も情報が見つからず、正体不明だった。

遼新集団グループの瀋陽富豪塑料制品有限公司にも、北朝鮮の影がつきまとう。同社は、様々なフィルム製品を主力としており、北朝鮮をはじめ、中国、韓国、ロシア、東南アジア諸国へ輸出しているという。いずれも北朝鮮と親密な国ばかりだが、活動の詳細は不明である。

グループの中核だった大連リャオシン社の担っていた北朝鮮との非合法取引が、遼新集団の他の企業に移された可能性は否定できない。大連リャオシン社のネットワークは大いに懸念されたが、どこからも情報を入手することができなかった。せっかく端緒をつかんだものの、これ以上捜査は進展しなかった。

その後、友好国の情報機関から、シリア向け黒鉛シリンダーの密輸を仕切っていた黒幕は依頼主の「キム・クワンチュン」らしいと知らされた。彼は北朝鮮人で、国連の制裁対象である朝鮮檀君貿易公司（タングン貿易社）の中国・瀋陽市における代表者とされる。これは表に出せない情報であるため、そのままでは捜査の公式報告に使えない。しばらくして、専門家パネルの同僚がある国連加盟国から、この件の取引関連書類の写しを入手した。そこにはこうある。「クワンチュン同志」。これは証拠として使えるだろう。

キム・クワンチュンは、２０１５年1月2日に、米財務省により単独制裁を科されることとなる。アメリカ政府の発表によると、彼は１９６７年4月20日生まれ。タングン貿易社のフロント企業「朝鮮リュンセン貿易公司」の代表として瀋陽に駐在しているという。

中国政府がこの人物の写真や指紋など、個人情報を提供してくれることはなかった。アメリカ政府は、個人に単独制裁を科したら、それで問題は終わりとみなしているようだが、彼らは生年月日も名前も旅券番号も変えて、世界中を動き回ることができるのである。

キーパーソンが特定された後、キム・クワンチュンの依頼で黒鉛シリンダーの密輸業務を請け負った大連リャオシン社では、この密輸事件に加担した関係者が中国当局に逮捕され、刑務所に収監されたとの情報が寄せられた。韓国による摘発後、しばらくして同社の活動を示す情報がネット上から消えたことと考え合わせると、事実なのかもしれないが、真偽は確かめようがない。仮に事実であったとしても、果たして誰が収監されたのか、一切不明だった。中国政府は何も明かさない。

ただ、同社の代表者で「優秀な企業家」とされていた「富振海」は、やはり懸念すべき対象であることが改めて浮き彫りとなるのである。

２０１３年1月、国連安保理が、シリア向けの密輸にかかわったリーダー香港社などを含む複数の北朝鮮関連企業を制裁対象に指定した際、「朝鮮蓮河《リョンハ》機械合営会社（蓮河機械）」という北朝鮮最大手の工作機械メーカーも含まれていた。この企業は、２００９年に国連制裁の対象となっていた「朝鮮連峰総会社」の子会社とされる。朝鮮連峰総会社は、フランスが２０１０年9月に摘発した、シリコン含有真鍮円板のシリアへの密輸事件の黒幕だった。

２０１４年12月、ある国連加盟国から蓮河機械のフロント企業による海外決済の情報を入手することができた。このフロント企業は外国企業と２０１２年3月に契約書を交わしていて、決済に指定していたのは、香港で登記されている「香港叡峰有限公司（Hong Kong Real Friend Co., Ltd.）」という企業の銀行口座だった。金融機関でもない一般企業の銀行口座を使って決済を行うのは、マネー・ロンダリングの典型的な手口である。

さっそく、この香港企業の登記簿を取り寄せると、株主兼代表者としてたった一人の人物の名前が記載されていた。「富振海」。大連リャオシン社の代表者だ。彼は、国連制裁の対象となっている複数の北朝鮮軍事企業のために、密輸のみならず、マネー・ロンダリングでも重要な役割を果たしていたことになる。本来であれば、国連が制裁対象に指定すべき人物だが、彼は中国人であり、もちろん中国政府が同意するはずがない。

ここまで追及したものの、肝心の消息についてはまったくつかめなかった。どこの政府からも何の情報も提供されることはなかった。彼はその後、どうしているのだろう。大連リャオシン社に関わる複数の中国企業は、北朝鮮とどのような取引をしているのだろうか。ドイツ政府は何か対策を講じただろうか。いずれの政府も沈黙を続ける以上、すべては闇の中である。

中国でのネットワークを解明

２００９年11月に国連加盟国で摘発された北朝鮮の「朝鮮鉱業開発貿易会社（ＫＯＭＩＤ）」によるシリア向けの様々な産業用資機材の密輸事件は、２０１５年になって、貨物を押収した国の国内司法手続きがようやく終了した。政府がこれら貨物を「武器及び関連物資」とみなして正式に没収したのだ。およそ5年がかりの執念である。これで専門家パネルもようやく正式な捜査を開始できる。

この貨物からは、日本製の携行型圧力測定器以外にもアメリカやデンマーク、台湾、中国などの企業が製造販売した製品が見つかっている。同僚とともに、これらすべての製造元にあたり、輸出先の企業について問い合わせ、その登記や決済方法など、ありとあらゆる情報を収集した。予想してはいたが、中国企業は捜査協力要請にほとんど回答してくれなかった。

アメリカ企業の担当者は、明らかに狼狽していた。輸出管理を徹底しているはずなのに、なぜ自社の携行型微粒子測定器が、北朝鮮が仲介したシリア向け貨物の中から見つかったのか。この会社は、問題の製品を香港の企業に輸出していた。そこから朝鮮鉱業開発の中国ネットワークの網に引っかかってしまったわけである。

最も輸出管理が厳しいはずのアメリカからですら、北朝鮮は狙った製品を見事に調達してみせる。北朝鮮は密輸のプロなのだ。

「カツ（筆者のこと）、これが中国国内の朝鮮鉱業開発のネットワークだ。見つけた限りの企業と人物がここに書いてあるよ」

２０１５年10月。同僚のヤンワンが、ついに朝鮮鉱業開発の捜査にケリをつけてくれた。彼は、私にとって3人目の韓国人の同僚である。韓国企業がらみの事件捜査を妨害した前任者とは違い、非常に優秀な外務官僚だ。彼がこの捜査を引き継いでくれたおかげで、２０１２年から始まった国連の捜査がついにゴールインしたのだ。

ヤンワンが解明した朝鮮鉱業開発の中国ネットワークは、予想よりも大掛かりで複雑だった。中国本土では、大連と丹東で少なくとも4社、そして香港でも5社のフロント企業が存在している。疑惑をもたれる企業も含めると、10社は超えそうだ（１４５ページの表参照）。

さらに、ネットワークに関係する個人に着目すると、ネットワークの全体像を俯瞰できた。このネットワークを動かしている中心人物は、たったの5名。このうち陳徳斌は中国政府の関係者とも推測される。彼はネットワーク内の「丹東市永通貿易有限公司」の所有者として登記簿に出ている。朝鮮鉱業開発の関連企業、リーダー香港社の代表者「蔡光」は、大連にも「大連益聯国際貿易有限公司（大連ユニオン社）」という企業を構えており、ここを中心に、各地から製品を調達していた。大連ユニオン社の経営には、中国人と思われる「朴承源」という人物が携わっている。朴は複数の丹東の企業を所有し経営にもかかわっていて、そのうちの1社が丹東市永興和貿易有限公司であった。シリア向けに日本製の圧力測定器を調達し、その貨物の荷送人として船荷証券に記載されていた企業だ。

これら取引に伴う決済を行っていたのは、香港で登記されている「栄光（香港）国際発展有限公司（サニー・インターナショナル社）」。この香港企業の代表者は、「李紅日」という名前の中国人だ。ここでも、金融機関ではない一般企業が決済業務を行っている。しかも、一つの取引で、物資調達担当と決済担当の企業が別々に設けられており、モノとカネの流れが分断されている。マネー・ロンダリングの典型的な特徴がみてとれた。

解明した朝鮮鉱業開発のネットワークについて、ヤンワンが全関係国に公式に情報提供し、2016年2月に公表された専門家パネルの報告書にも詳細に掲載した。これは国連の公式文書であり、彼らの活動は数多くの関係国によって監視されることになるだろう。

ただし、このネットワークの中心にいる蔡光や朴承源、李紅日について、中国政府は一切情報を提供しなかった。顔写真や旅券番号さえ入手できずじまいだ。従って、彼らの海外渡航を制限しようにも、関係国の出入国管理当局に提供できるような充分な情報はなかった。

暗躍する外国人エージェントたち

ネットワークを炙り出し、それぞれ時系列で追っていくと、不可解な存在に気づかされることがある。

KOMID（朝鮮鉱業開発貿易会社）の中国ネットワーク

中国本土の企業

大連益聯国際貿易有限公司（Dalian Union International Trading Co., Ltd.）
丹東市永興和貿易有限公司（Dandong Yongxinghe Trading Co., Ltd.）
丹東市永聯貿易有限公司（Dandong Union Trading Co., Ltd.）
丹東市永通貿易有限公司（Dandong Yongtong Trading Co., Ltd.）

香港の企業

億達（香港）国際貿易有限公司 （Leader（Hong Kong）International Trading Limited）
桑尼国際発展（香港）有限公司 （Sunny（HONG KONG）Int' l Development Co., Ltd.）
秀華国際貿易有限公司（Xiuhua International Trading Co., Ltd.）
Longjin（Hong Kong）International Trading Co., Ltd.（英語名のみ）
Hong Kong Max Moon Trading Co., Limited（英語名のみ）

個人

蔡光（Mr. Cai Guang）
朴承源（Mr. Piao Chengyuan）
馬革文（Mr. Ma Gewen）
李紅日（Mr. Li Hongri：Li Hong Ri）
陳徳斌（Mr. Chen De Bin）

※全員が中国人と思われる。

リーダー香港社の香港での登記を行っていた代行業者のうちの1社「ウィニング・インターナショナル社」がそうだった。この企業は、２０１１年10月以降、リーダー香港社の登記代行業務を行っていたが、２０１３年1月、国連安保理がリーダー香港社の制裁対象指定を発表する直前に、同社の代行業務をやめている。安保理が内々に制裁指定で合意した翌日であり、まだ公にされていない段階だ。あまりにもタイミングがよすぎる。

ウィニング・インターナショナル社の唯一の株主兼代表者として、「モーゼス・ワン」という米国籍の人間が登記簿に記載されている。彼の連絡先としてロサンジェルス市内の住所が載っていた。

しかし、ロサンジェルス市の税務当局の記録を調べてみても、該当がない。さらに、登記簿に記載された住所自体が存在しなかった。

ちなみに、ウィニング・インターナショナル社は、香港にある他の「懸念企業」の記録にもたびたび名前が出てくる。ありもしない住所を使いながら、香港で非合法企業のために登記代行業務を行う米国人。いったい彼は何者なのだろう。

リーダー香港社のネットワークによる決済情報を収集していくと、さらに奇妙なことに気づいた。

リーダー香港社は２００８年10月に日本のある大手銀行の口座へ、3万ドル（約３００万円＝当時）の外貨を送金していたのである。送金は、上海の大手銀行の口座からだ。２００９年1月には、同じ日本の大手銀行の口座へ、今度は大連ユニオン社が「電気部品」の代金として１６０万円ほどをユーロ建てで送金していた。なぜかロシアの銀行口座からだった。リーダー香港社、大連ユニオン社ともに、蔡光という中国人の企業である。彼が相次いで日本に送金したのはなぜか。

送金の受取人は東京都内の企業だった。日本の登記簿を調べてみると、この企業は２００４年に名称を変更していた。変更前の社名「Ｆ社」には見覚えがある。

Ｆ社はかつて北朝鮮に向け、第三国経由で、核・ミサイル開発に転用可能な物資を無許可で輸出し、摘発されていた。経営者は逮捕・起訴され、有罪判決を受けた。それにもかかわらず、社名を変更した後に、朝鮮鉱業開発の中国人エージェントと取引を行っていたということになる。さらに調べると、Ｆ社は２００６年12月にも、大連ユニオン社に「電機半導体」などの貨物を輸出していたことがわかった。

それだけではない。２００６年3月から２００７年5月の間、Ｆ社は複数回にわたり、朝鮮鉱業開発の得意先である、ミャンマー軍傘下の軍事産業総局（ＤＤＩ）にも様々な貨物を輸出していたのだ。警報機、ガス測定器、送風機、トラックのエンジンやギア、変速機軸、発電機といった貨物はいずれも禁輸品目ではないが、ミャンマーの軍事企業が調達していた以上、軍事目的に使用された可能性が高い。

しかもＦ社は、２００６年3月には、北朝鮮の「コリア・ナムチェンガン・トレーディング・コーポレーション」にディーゼル・トラックなどを輸出していた。同社は、安保理が２００９年7月に制裁対象に指定した「ナムチョンガン・トレーディング・コーポレーション（南川江貿易会社）」の偽名と推測される。英語名を一文字だけ変えるのは、北朝鮮の非合法企業がよく使う、規制を逃れるための常套手段だ。

南川江貿易会社は、北朝鮮の寧辺の原子力施設や実験用原子炉を管轄する「原子力総局」傘下の貿易会社だ。かつて同社は、寧辺のプルトニウム精製施設で使用するために、日本から真空ポンプなどを台湾のトランスメリット社経由で調達していた。1990年代からはウラン濃縮のためのアルミニウム合金管などの貨物も調達しており、北朝鮮の核兵器計画にとって重要な役割を果たしてきた懸念企業である。

果たして、F社は制裁に違反していたのか、調べる必要がある。同社の2010年以降の取引記録も入手しなければならない。

だが、もはや時間は残されていなかった。それから3カ月後の2016年4月、専門家パネルの任期終了とともに、私は国連を離任することになったからだ。

真相は不明のままだが、一つだけ言えることがある。信頼できる外国人エージェントは手放さない。それが北朝鮮の〝流儀〟だ。

2017年6月30日の早朝。私が国連を離任して1年以上が過ぎた頃のことだ。

一通のメールが送られてきた。米財務省のプレスリリース発表の知らせだった。北朝鮮の非合法活動を幇助した中国の企業と個人に対して単独制裁を科すという。

その発表を見て、思わず声を上げてしまった。単独制裁の対象となった中国人のうちの一人は、「李紅日」。朝鮮鉱業開発の不正取引で決済を担っていた人物だ。米財務省は、北朝鮮の「高麗銀行」に対して、国連制裁違反への加担を理由に、以前から単独制裁を科していた。李紅日は、この高麗銀行の北京代表者のために、複数のフロント企業を設立し、制裁回避に協力していたという。つまり、李は、朝鮮鉱業開発との関係が暴露された後、今度は北朝鮮の高麗銀行を新たなビジネスパートナーとして、マネー・ロンダリングを継続していたことになる。やはり李も「再犯者」の一人である。

私の目は、やはり単独制裁の対象となった中国企業の1社にも吸い寄せられた。日本からの奢侈品不正輸出を主導していた、あの大連グローバル社だ。２０１６年3月以降、北朝鮮からの石炭や鉄鉱石の輸入は原則として禁止されているにもかかわらず、同社は北朝鮮から年間70万トン規模の石炭・鉄鉱石を輸入していたという。国連専門家パネルの報告書で名指しされた後も、臆せずに北朝鮮との取引を継続していたのだ。奢侈品制裁違反事件の捜査で同社をしっかりと取り締まれなかったことが、つくづく悔やまれる。

しかし、米財務省の発表には、かつて自分たちが苦労して作成した年次報告書の文章がそのまま引用されていた。

「国連安保理北朝鮮制裁委員会専門家パネルの２０１２年の年次報告書によると、大連グローバル社は8件の奢侈品密輸事件に積極的に関与しており……」

それは「幻の報告書」にしないため、同僚たちと作り上げた文章だった。

アメリカの動きを受けて、日本政府も２０１７年7月28日に大連グローバル社に対して資産凍結措置などの制裁を科すことを閣議決定した。すばやい動きに見えるかもしれないが、日本政府の対応は遅すぎはしないか。そもそも大連グローバル社は、２００８年から２００９年の間、日本を舞台に多くの不正輸出を主導していたのだ。それなのに、日本政府はアメリカに追随する形でしか制裁を科さないのか。

しかも、大連グローバル社はとうの昔にフロント企業群を立ち上げて、その背後に隠れている。にもかかわらず、日本政府の制裁対象はあくまでも大連グローバル社のみであり、フロント企業群は含まれていない。脱皮した後の「抜け殻」を攻撃しているようなものだ。

形式だけの制裁に何の意味があるだろう。

6　中東・アフリカを席巻する「旧式兵器」

北朝鮮製兵器が重宝される理由

「これが2012年11月22日にイスラエルのテルアビブ郊外で発見されたロケット弾の残骸だ。ガザから打ち込まれたものだ。見てのとおり、イランが開発したファジルロケットだが、ここに使用されているヒューズ（信管）に特徴がある。オレンジ色のラインが見えるだろう？」

2014年1月、ニューヨークの国連オフィス近くで、中東関係の情報提供者と面談中に写真を示された。隣には、国連事務局のレイチェル政務官が会話を記録中だ。レイチェルはオーストラリアの元外交官で、若手ながらも頼もしい戦略家である。制裁違反を立証するために容疑者といかにわたりあうか、捜査の重点をどこにおくべきか、法的な問題はないかなど、我々の捜査に貴重な助言を与えてくれる。カナダ人のメラニー政務官と並んで専門家パネルには欠かせない人材だ。

写真をよく見ると、ヒューズの残骸らしきものがある。もはや原形はとどめていないが、残骸の外側には、たしかにオレンジ色のラインが見える。また、起爆装置の操作表示にも、見覚えのある特徴が見て取れる。

「これはソ連製ではない。北朝鮮製に特有のデザインだ」

いかにも、この写真には、かつて押収された北朝鮮製ヒューズと同じ特徴が見られる。2012年11月、イスラエル軍によるガザ空爆を受けて、ガザを統治するハマスがロケット弾をイスラエル国内に打ち込み、報復していた。北朝鮮製のヒューズが海を越えてハマスの手にわたり、最後はイスラエルの都市近郊に着弾していたのだ。

それにしても、イランは自国でヒューズを製造できるのに、なぜわざわざ北朝鮮から調達しようとしていたのだろう。部品どころか兵器の密輸もたびたび画策していた。

まず考えられるのは、コスト面である。北朝鮮製兵器を調達する国々は、中東やアフリカなどを中心に数多く存在する。アジアでも、1980年代からスリランカ政府軍と戦っていた武装勢力「タミル・イーラム解放のトラ」は、もともとウクライナから安価な兵器を調達していたが、1997年から北朝鮮製に切り替えた。

コスト面以外の魅力もある。北朝鮮の兵器は旧式なので、密輸の途中で摘発でもされない限り、武装組織がいつどこから調達したのか、判別しにくいのだ。

イスラエル政府は、2006年のレバノン侵攻でヒズボラと衝突して以降、「イランがヒズボラやハマスの武装を支援している」と強く非難を繰り返してきた。このようななかで、もしヒズボラやハマスが最新のイラン製兵器を大量に仕入れ、あからさまにこれらを用いてイスラエルを攻撃していれば、イスラエルとイランとの間で緊張が高まり直接的な武力衝突に発展するリスクがあったのではないか。また、ヒズボラなどの武装勢力は米国政府にテロ組織として認定されており、これらに対する武器供与は「テロ支援」とみなされるため、アメリカなどによるさらなる経済制裁の口実となりうる。その点、北朝鮮製は実に都合がいい。

北朝鮮製兵器は冷戦時代から中東で使用されてきた。

例えば、アラブ首長国連邦（ＵＡＥ）の王族が経営する貿易会社も、北朝鮮から大量の武器購入を図っていた事実が明らかになっている。国連専門家パネルで私は同僚とともに、この会社が北朝鮮の朝鮮鉱業開発から小火器、ロケット砲など、約1億ドル相当の武器調達を図っていた事件を捜査したことがある。

入手した情報によると、２０１５年6月には米国務省がＵＡＥの駐米大使を呼び出して強く抗議し、警告を発している。ＵＡＥ政府は、「価格を問い合わせていただけ」と説明したが、同省によると、この貿易会社および代表者は、朝鮮鉱業開発を含む北朝鮮企業と非常に長期にわたって取引を行ってきた。

資金が潤沢なＵＡＥが、なぜ安価で旧式の北朝鮮製を必要としたのか。ＵＡＥは、その頃、国連による制裁対象国であるリビアの武装勢力などに武器を供与していたとされる。明らかな国連制裁違反となるため、供給者が特定されやすい武器を横流しするのはリスクが高すぎる。

２０１３年1月にも、イラン発イエメン向けの貨物船から北朝鮮製と思われるロケット砲や砲弾の信管が発見された。イランはイエメンでもフーシ派の反政府武装勢力を支援しているのだ。

同様に、国連の制裁対象国であるアフリカ諸国でも、北朝鮮製兵器が見つかっている。

２０１３年11月にコンゴ民主共和国で戦っていた反政府武装勢力「M23」が東部の拠点から撤退した後に、北朝鮮製と思われる１０７ミリ及び１２２ミリロケット砲と信管が大量に見つかって問題となった。これらは２００９年初め頃に輸出されたものではないかと考えられている。

また、２０１２年７月にはソマリアの首都モガディシュにあるアフリカ連合ソマリア代表部内にある武器販売店で、何と１９７８年製の北朝鮮製自動小銃用の弾薬が商品に紛れ込んでいたことが発覚している。北朝鮮がリビアのカダフィ政権と１９７７年に締結した契約に基づいて輸出した弾薬が、まわりまわってソマリアにたどり着いたわけである。

技術者もセットで〝輸出〟

２０１２年3月４日午前8時頃、コンゴ共和国の首都ブラザビル北部にある軍の武器保管庫で大爆発が発生した。現場周辺は人口密集地域である。武器庫の爆発は午後1時頃まで続き、その間に数回の大爆発が起きている。爆発現場となった施設から半径５００メートル内の建物はすべて破壊され、礼拝中だった教会も建物ごと崩壊したという。死者２５０人以上、負傷者２３００人以上の大惨事であった。報道によれば、漏電が事故の原因ではないかとみられている。街中に軍の施設があり、その中の老朽化した建物に大量の武器が保管されていたのである。

一報を聞いた専門家パネルの同僚たちが険しい顔をしている。彼らは4カ月前に、ある事件捜査に絡んでこの施設を訪問したばかりだった。その時に同行してくれた現地の軍関係者も死亡したという。

この軍施設には、２００８年6月から２０１０年4月までの間、約40名の北朝鮮技術者チームがひっそりと暮らしながら作業を続けていた。

コンゴ軍が保有する軍用車両はいずれもソ連製で、かなり古い。T54・T55戦車、BMP2歩兵戦闘車、BRDM2偵察戦闘車、BTR60装甲兵員輸送車、BM21自走多連装ロケット砲、122ミリ自走榴弾砲――もはや骨董品ともいうべきラインナップだが、彼らにとっては死活的に重要な兵器だ。

しかし、それらがあまりにも古いため、コンゴ軍は部品の交換も修理もできなくなっていた。そこへ救いの手を差し伸べたのが、北朝鮮だった。今やこれらの兵器を直せるのは、北朝鮮しかないのだ。

コンゴ軍の代表団が平壌に招かれたのは2007年12月。翌年2月には、コンゴ共和国が北朝鮮と兵器の補修に関わる最初の契約を交わした。このために北朝鮮から「キム・クワンナム」という人物がコンゴ共和国を訪れている。「国防委員会人民武力部対外事業局代表」の肩書を持つ朝鮮人民軍の大佐だ。その後、彼は北朝鮮側の代表者として、コンゴ軍と2度契約を取り交わすこととなる。

最初の契約では北朝鮮が、戦車11両、装甲車8両、大砲65門などを、8カ月間にわたって補修するとされていた。17名の北朝鮮技術者らの人件費込みで、契約金額は合計約200万ユーロ（約3億2000万円＝当時）だ。翌09年には追加契約が交わされ、10カ月間のうちに戦車3両、装甲車6両、大砲30門などを補修し、人件費込みで約150万ユーロ（約1億9000万円＝当時）を支払うこととされた。北朝鮮にとって旧式兵器の補修サービスは、効率的に外貨を稼げる重要な〝輸出品目〟なのだ。

コンゴ政府は北朝鮮に対して、技術者一人に1カ月で平均1800ユーロほど（約28万円＝08年当時）の人件費を支払っていた。もちろん、金は技術者個人の懐には入らない。当初、北朝鮮は支払額を、外貨で中国国内の銀行口座に送金するよう求めていた。口座の名義は、在北京北朝鮮大使館付の商務官「キム・キョンホ」。しかし、欧州の金融機関にこの送金を差し止められたため、北朝鮮が指定したコンゴ国内の銀行口座に振り込まれることとなった。おそらく、北朝鮮の担当者がそこから現金を引き出して、手荷物扱いで国外へ持ち出したのだろう。

コンゴに来た北朝鮮技術者は二つのチームに分かれていた。一つは戦車・戦闘車両の補修に当たり、もう一つは大砲の補修を担う。それぞれのチームには、あらゆる分野の専門技術者がいた。補修作業のため、北朝鮮はコンゴ共和国向けに様々な資機材を輸出していた。２００９年11月に、そのうちの一部が押収されたことがある。

現場は南アフリカ共和国。押収されたコンテナ貨物は、北朝鮮からはるばる海路をたどり、南アフリカのケープ岬を経由して目的地に着く直前に差し止められたのだ。押収されたコンテナからは、兵器補修用と思われる部品など46種類が見つかった。アンテナや通信機器、運転席のシートなど、ほとんどが民生用にも使えるありふれたものだ。もし日本が検査していたら、貨物の大半を釈放《リリース》していたかもしれない。コンテナには、籾殻《もみがら》付きの大量の米も詰められていた。粗末な宿舎で生活していた北朝鮮技術者たちは、しばらくひもじい思いをしたことだろう。

コンクリートブロックを積み上げた、古くて粗末な細長い建物。床は土がむき出しのままで、天井には古い三角のトタン屋根がおいてあるだけ。もちろんクーラーなどない。ここが、コンゴ軍駐屯地の敷地内にある、北朝鮮技術者たちに与えられた作業場兼宿舎だった。

敷地内には、北朝鮮の料理人や通訳、医者もいたという。技術者をこの施設の敷地外に出させないために、最低限の要員を随行させていたのである。その存在を悟られることのないよう、技術者は施設内の宿舎で、息をひそめるように生活していたのだ。

彼らの居室は狭く、一部屋に五つのベッドが並んでいた。部屋の中に見えるのは、炊飯器や洗面器、椅子、折り畳み式テーブル、印刷機、古いブラウン管テレビ1台、そして「辛《シン》ラーメン」の段ボール箱ぐらいだ。彼らが現地で買い物をした形跡はない。米も含め、すべての物品が海外から輸送されていた。

もっとも、コンゴ政府は北朝鮮との契約が国連の制裁に違反することを知り、2010年4月に技術者ら全員を国外退去にしている。

兵器を売る、アフターケアも売る

コンゴ共和国の事例は、氷山の一角である。

2013年には、タンザニアのムワンザ空軍基地において、18名の北朝鮮技術者が、F－7戦闘機の補修作業に当たっているとの報道があった。これは、中国がソ連製ミグ21戦闘機をもとに生産し、輸出した戦闘機である。タンザニアは少なくとも10機の戦闘機を保有していることは確認できたが、タンザニア政府は国連の捜査にまったく協力しなかったため、詳細は不明である。

この年の8月29日には、スーダンの軍事企業が北朝鮮の朝鮮鉱業開発と約515万ユーロ（約6億7000万円＝当時）相当の兵器売買契約を締結していた。北朝鮮がスーダンに対して、10

0発の122ミリ精密誘導砲弾と80発のAGP－250衛星誘導式空対地ミサイルを供与するという内容だ。朝鮮鉱業開発の社長とされるカン・ミョンチョルが、偽名で調印していたという。

同年11月、今度は別の北朝鮮企業がモザンビーク政府と600万ドル（約6億円＝当時）相当の軍事ビジネス契約を結んでいたことも発覚している。北朝鮮側がモザンビークに対して、携行型防空システム関連資機材やP－18早期警戒レーダーの部品を提供し、またT55戦車の修理、ペコラ型地対空ミサイルシステムの近代化を図るというものだ。駐南アフリカ北朝鮮大使館三等書記官のチェ・クワンスが北朝鮮企業を代表して契約に署名している。

我々も指をくわえて見ていたわけではない。

2014年7月、エチオピアの首都アディスアベバ。アフリカ諸国に安保理決議への理解を深めてもらうため、英国のシンクタンクと共同で、アフリカ地域の関係当局者を集めたセミナーを開催した。参加者は多くない。とりわけ北朝鮮に友好的な国々からの参加者は、ほとんどない。それでもできる限りのことをやるしかない。エチオピア外務省から局長をはじめ複数の関係者が出席しているが、名刺すら渡そうとしない。我々を警戒しているようだった。

「我が国は国連安保理決議を誠実に履行している。国連は我が国の主権を尊重するべきであり、同意もなしに我が国で勝手に捜査など行うべきではない」

さきほどから話がどうにもかみ合わない。専門家パネルのメンバーがアフリカで勝手に捜査などしたことなどない。

だが、話を聞いているうちにわかってくる。「国連の専門家」とは、突然、米軍とともに現れてドアを蹴破り、建物の中に踏み込んで査察を始める連中、と勘違いしているようだ。どうやら1990年代、湾岸戦争後のイラクで査察を行っていた国連監視検証査察委員会（UNMOVIC）や国連大量破壊兵器廃棄特別委員会（UNSCOM）、さらには2000年代初頭のイラク戦争後、イラク国内に駐留していた米軍のイメージが一緒くたになって誤解が生じているらしい。

まずは誤解を解かなくてはいけない。どのような制裁措置が義務づけられているのか、北朝鮮はどのような国連による制裁に違反しているのかなど、同僚とともに丁寧に説明し続けた。すると、セミナーの休憩時間に参加者が語りかけてきた。

「いや、よく理解できたよ。ありがとう。そもそも国連安保理決議とは何かとか、こんな国際法に基づく義務があるなんて、自分の周りで知ってる役人はいないいんだよね」

だからこそアフリカは北朝鮮にとって大のお得意さまたりえるのだ。これからも安保理決議の基礎知識についての説明は必須だろう。ちなみに、今回のセミナーは英国外務省が出資した。日本政府も、真剣に北朝鮮の行動を懸念するのなら、東京で会議ばかり開いていないで、アフリカ諸国で実効性のある催しを支援すべきなのだ。

エチオピアの洗礼

エチオピアでは、もう一つ確かめなければならないことがあった。捜査中の事案があるのだ。

捜査の契機は、2008年3月25日付の毎日新聞の記事だった。白戸圭一記者（当時）による「エチオピア　北朝鮮が武器輸出」という現地取材記事である。当時、エチオピアの兵器工場「ホルマット・エンジニアリング工場」に、北朝鮮の技術者・労働者が住み込みで働いていたという。この工場は北朝鮮の支援で建設された経緯があり、その後も北朝鮮が支援を継続していた。2007年4月には、エチオピア政府が声明で、北朝鮮の貨物船により兵器工場の機械部品、小型武器用の弾薬製造のための原材料を輸入していたと認めている。この兵器工場はロケット弾や小火器などの製造工場ではないか、と英国対外情報部（MI6）は見ていたらしい。

ウィキリークスを見ると、この記事が出る2カ月ほど前、エチオピア駐在のドナルド・ヤマモト米国大使が、エチオピア政府に対し北朝鮮との協力に懸念を表明しており、兵器工場を訪問する予定が直前になってキャンセルされた経緯が記されていた。エチオピア政府高官はヤマモト大使に対して、「北朝鮮は安い」ので兵器製造の技術支援などで協力してもらってきたと説明したうえで、「仕事は終わったので、彼らはもうすぐ帰国する」と述べていたという。

しかし、それはあまりにも北朝鮮らしくない。彼らは、いったん工場を建設すれば、その維持管理を継続的に行うように契約する。そのために様々な資機材や部品を輸出し、技術者も一緒に送り込む。今もまだ北朝鮮とビジネスを継続している可能性は充分考えられる。

そんな可能性を示す情報をパネルの同僚が見つけてきたのは、2013年11月頃のことだ。

この兵器工場はその後、「ホミチョ・アミュニション・エンジニアリング・インダストリー」と名称を変更していた。同社は、エチオピア軍の関係者が経営する大きな企業コングロマリットであり、その中に「メタルズ・アンド・エンジニアリング・コーポレーション（メタルズ社）」という子会社がある。同社のウェブサイトに、「主な海外の供給元」として複数の海外企業がリストアップされているのだが、その中に「Korea Mineral Trading General Corporation」という会社が記載されていた。ところが、韓国にそのような名前の企業は存在しない。

同僚が公式に何度もエチオピア政府の国連代表部に照会しても、一切返事はなかった。いつ電話をしても留守電。公式書簡を何通送っても、まったく反応がない。代表部を直接訪ねてみても、「担当者は不在」と追い返されるだけだった。国連の他の部署の職員に聞くと「それが当たり前」で、アフリカの役人は、留守電にメッセージを残したりメールを送ったりしても、返事しないものなのだそうだ。

「では、どうするんだ」

「電話をかけ続けるしかない」

同僚はアドバイスに従い電話をかけ続けたが、返事が返ってくることはついになかった。

仕方がない。私がエチオピアを訪問する際、メタルズ社の担当者に直接会って話を聞くしかない。まず、担当者に国際電話をかけてアポを取ろう。ホームページ上の連絡窓口は「大佐」だ。

エチオピアの就労時間帯は、ニューヨークの深夜から朝までの間。真夜中の国連オフィスから、メタルズ社のウェブサイトに記載されている連絡先に電話する。5、6回目でようやく誰かが出てきた。オフィスの時計を見ると、午前3時半だ。

「こんにちは。ニューヨークの国連から電話しています。○○大佐、いらっしゃいますか」

相手は沈黙している。もう一度繰り返すと、「モメント、モメント」と言って、相手が代わった。出てきた女性は、かろうじて英語が理解できた。

「ニューヨークの国連から電話しています」

「オー、ニューヨーク！」

反応してほしいのは、そこではない。大佐を出してくれと何回か伝えた後、ようやく意味が相手に伝わったようだった。

「今はいないので、あとでかけなおしてください」

「何時間後なら……」

「わからない」

結局、その日は2時間ずつおいて2回かけ直したが、大佐は不在のままだった。疲弊して自宅へ仮眠を取りに戻ったころには、アパートの窓から太陽の光が燦々と差し込んでいた。

電話ではらちがあかないので、翌日、作戦を変えることにした。ニューヨーク時間で午前4時頃、もう一度先方に電話をかける。

「大佐にファクスを送りたいので、番号を教えてほしい」

この短い英語を理解してくれる人が電話の向こうに出てくるまで、国際電話をさらに2回かける。午前5時ごろ、ようやく番号を確認。すぐに書類を作成し、ファクス送信を試みるが、なぜか送信できない。機械に蹴りを入れたり激励したりしながら何度か送信を試みるが、やはりだめだ。どういうわけか、先方が受信不能になっているらしい。

それから2日間、電話をかけ続けているうちに、ついに大佐の補佐官なる人物につながった。そんな人物がいるのなら、最初からつないでほしいものだ。ただ、彼の英語力も怪しいものだった。事情を説明して、エチオピア訪問時に会いたい旨を伝えると、「大佐に確認する」ために、詳細をファクスで送ってほしいという。また鬼門のファクスだ。「頼むからメールアドレスを教えてくれ」と食い下がって、ようやく彼と大佐のメールアドレスを聞き出す。やっとの思いで確実な通信手段を確保できた。

ところが、メールを送って2日ほど経っても返事が来ない。さらに何通か送信したが返信がない。仕方がないので、また深夜に居残って補佐官に国際電話をかける。不在。もう一度かけなおす。不在。彼と再び話ができたのは、翌朝のことだった。

「アポ依頼の返事を聞きたい」

「大佐と会いたいのか？」

まるで初めて聞く話のように言う。はぐらかしている感じはまったくない。今、目の前にあることが彼にとってのすべてで、昨日も明日もない――そんな感じだ。

補佐官は大佐とのアポを約束してくれたが、日時などは改めて電話してくれという。メールは使わないので、読んでいない、と。また地獄の国際電話に逆戻りだ。

受話器を戻すと、朝日はすっかり昇っている。今日は米国の祝日、2014年7月4日、独立記念日の午前8時前だ。さすがにこの齢になると連日の徹夜はこたえる。別の大規模な事件を捜査しながら、連日、エチオピアの〝洗礼〟を受けてきたのだから、なおさらである。

オフィスを出て、人気のないニューヨーク2番街沿いを歩きながら、つくづく思った。こういう相手とビジネスを継続してきた北朝鮮の人間のたくましさを。

軍事企業の社長は「将軍」

こんな調子でさらに1週間、電話をかけ続けたものの、補佐官からは何の返事もない。2014年7月、私はアポのとれぬまま、アディスアベバへやって来たのだった。

昨日のセミナーの際、我々がエチオピア外務省の参加者である局長に個別会合を要請したところ、本日会うことになった。ところが、外務省からは連絡がない。外務省の局長ともあろう人物が、約束をすっぽかしたのである。この国の人々はどのようにコミュニケーションをとり、社会を動かしているのだろうか。

ホテルに到着後、私はコンシェルジュにチップを渡して、メタルズ社の補佐官への連絡を依頼していた。ところが、彼が補佐官からアポを取ったという時間になっても、誰もホテルに来ない。2時間ほど待たされたろうか、アポを依頼したコンシェルジュが「もうすぐ大佐本人がホテルに到着する」と知らせてきた。さらに20分ほど待っていると、大佐がようやく到着。予想より、はるかに若い人物だ。

「ついにお会いできましたね」

握手を交わしてホテルのラウンジに招こうとすると、大佐はそれを制して、我々を車に誘導しようとする。

「どこに行くんですか?」

「本社で社長がお待ちしています」

嬉しい話だが、社長に会うなら事前に一言教えてほしいものだ。それにしても、無視から一転して社長との面会とは驚きである。

社長室で待っていたのはエチオピア軍の将軍だった。メタルズ社の社長は現役の軍人だったのだ。なぜ将軍が軍事企業のトップを務めているのか、よくわからない。とにかくそうなっているのだ。先方には、我々に対する不可解さと警戒心が入り混じったような、微妙な雰囲気が漂っていた。

「……で、あなた方は国連で何をしておられるんですか？」

社長からの質問にハキハキと答える。

「はい。私たちは国連安保理1718委員会の専門家パネルのメンバーです」

こんな説明を受けて、「ああ、北朝鮮制裁の方々ですか」などとわかる人はまずいない。だが、あえてわかりにくい説明でごまかす方が警戒されずにすむ。

社長との突然の面談は、外交的には微妙な綱渡りだった。メタルズ社は国営企業である以上、本来であればエチオピア政府を通じて公式に訪問を申請するのが筋だが、それがかなわなかったのは前述のとおりだ。かつ、「北朝鮮との協力について聞きたい」などと単刀直入に切り出そうものなら、門前払いは必至である。へたをすれば、後でエチオピア政府から外交ルートで公式に抗議を受けることにもなりかねない。しかし、嘘をつくわけにもいかない。

「今日、お越しになられた目的は何ですか？」

「はい。現在、122ミリ砲弾などの武器製造プロセスについて調査をしております。御社がアフリカでは最大手の製造企業の一つと伺いまして、ぜひ御社の工場を見せていただけないかと」

これも嘘ではない。「北朝鮮技術者の有無を確認したい」と言葉にしていないだけだ。嘘はつかずに、訪問目的を丁寧に説明して、何とか工場を実際に見ることに焦点を絞る。辛抱強く話を進めるうちに、少しだけ打ち解けた雰囲気が出てきた。

「どんな工作機械を使用されてるんですか？」

「うちが使っているのはコンピューター数値制御（CNC）の工作機械だよ。輸入元は中国とか……」

社長がようやくざっくばらんに話し始めた直後、突如として窓の外から車の大きなエンジン音が響いた。

「……コリアとか日本の製品を使っている。よい機械ばかりだ。だからよい製品が作れる」

（……え？　今、なんて言ったんだ？）

一番肝心の単語が聞き取れなかった。「ノースコリアですか？」と聞き返したいところだが、社長の話は別のテーマに移りつつある。今、こちらが北朝鮮に関心があるそぶりを少しでも見せたなら、この面会自体がすぐに打ち切られてしまうだろう。ここは堪《こら》えるしかない。

先方は、自社製品の質の高さを説明し始める。やがて会社の製品パンフレットを見せてくれた。パラパラとページを繰ると、写真にメタルズ社の工場が使用している工作機械が写っていた。一見すると北朝鮮製の工作機械に似ている。だが、同一とまでは断定できない。１２２ミリ砲弾も、外見は北朝鮮製と酷似しているが、決め手はない。やはり工場を訪問するしかない。

「何とか工場を見せていただくわけにはいかないですかね？」

工作機械類も補修が必要だろう。部品交換も必要だ。数年前に北朝鮮から輸入した機械であれば、北朝鮮から部品を取り寄せるしかないはずだ。そもそも、話に出た日本のＣＮＣ工作機械がなぜエチオピアの軍需工場にあるのだろう。日本の輸出管理規制にひっかかるはずだ。どこかの国から中古品を調達したのか。それとも、日本国内の誰かが迂回輸出をしたのか。一瞬、北朝鮮が仲介した、日本からミャンマーの軍需産業総局への不正輸出事件が頭をよぎる。

しかし、先方のガードは緩んでいなかった。

「工場の見学には、政府の許可が必要です。外務省を通じて公式に申請してください」

それができなかったから、今こうしてここにいるのだが――。

ニューヨークに戻った翌8月、エチオピア政府から我々の捜査協力要請に対する回答が公式書簡で返ってきた。

「メタルズ社のウェブサイトは、古い情報を更新していなかっただけです。Korea Mineral Trading General Corporation 社とはもう関係がありません」

それ以上、何を聞いても、回答はなかった。本当にもう何もないならば、なぜこの〝北朝鮮企業〟について何も教えてくれないのだろう。

ウガンダ、アンゴラ、スーダンでも

警察官が両手に構えた拳銃を前に突き出しながら、高い櫓《やぐら》から飛び降りている。後ろから煙がモクモクと立ち上っている。また、別の警察官は片手に拳銃を持ちながら、燃え盛る火の輪の中に飛び込んでいく。火の輪を潜り抜けたばかりの警察官は、拳銃を上向きに構えて立ち上がりながらポーズをとる。迷彩服のズボンに火が少し移っているが、気にする様子はない。まるで映画のワンシーンのようだ。

これはウガンダ警察特殊部隊の訓練の模様である。彼らのフェイスブックの中にある数百枚の写真の中から見つけ出したものだ。まるでプロパガンダ映画のようで、とても警察とは思えない。警察官が拳銃片手に燃え盛る炎の下を匍匐《ほふく》前進しなければならない局面など、果たしてあるだろうか。

だが、そんなことはどうでもいい。私が探していたのはもう一枚の写真だ。そこには、特殊部隊の迷彩服を着ている3名の東洋人が写っている。指導教官然として数百名ほどのウガンダ警察特殊部隊員の訓練の模様を見守る彼らこそ、北朝鮮の人民保安部からウガンダ警察との契約に基づいて派遣されたのだ。

北朝鮮の重要な外貨収入源のうちの一つは、外国の軍隊や警察の特殊部隊などに訓練を施すことだ。なかでも、北朝鮮と長らく軍事協力関係を維持してきたアフリカ諸国の軍・警察はお得意さま。特にウガンダは上得意である。２００８年以降、朝鮮人民軍がウガンダ警察の特殊部隊を訓練しており、２０１５年12月時点で45名もの北朝鮮人が現地で指導に当たっていた。この訓練供与の契約は２０１６年6月で満了し更新はしない、とウガンダ政府は国連専門家パネルに通知している。さらに、北朝鮮からはウガンダ空軍のパイロットや技術者の訓練も受けていて、こちらは契約満了の２０１８年3月まで継続する予定とのこと。

ずいぶんと開き直っているが、北朝鮮による銃器などを用いた訓練の供与は制裁違反である。しかし、ウガンダ政府は、国連安保理決議で禁止されているのはあくまでも北朝鮮製の武器を用いた訓練のみであり、自分たちは北朝鮮製を使用していないので制裁違反にはあたらないと主張する。捜査の現場でよく耳にする言い分だが、国際法上は誤りである。それについて、２０１６年3月採択の決議２２７０号で安保理に明確な説明文を盛りこんでもらった。

ただ、このように決議を曲解、あるいは意図的に誤解して、北朝鮮による武器などの訓練を継続している国は多い。

アンゴラでは、１９９０年頃から大統領警護隊が訓練を受けており、２０１６年9月時点でもまだ北朝鮮人12名が同国内で訓練を指導していた。ちなみに、当時、アンゴラは国連安保理の非常任理事国であったにもかかわらず、このような制裁違反を継続していたのである。

また、国連制裁対象国とされるコンゴ民主共和国も、2014年と2015年に北朝鮮から自動拳銃などの小型武器を調達し、それらを使用する大統領警護隊や国家警察特別部隊の訓練を、首都キンシャサ郊外の軍事基地で、北朝鮮軍人が請け負っているという。他にも北朝鮮から対戦車地雷、対人地雷などを輸入していたとのことだ。

ウガンダには、朝鮮鉱業開発貿易会社のシリア駐在代表が2014年6月に渡航していたことが専門家パネルの捜査によって確認されている。駐ウガンダ北朝鮮大使館にはコ・ソンイル大佐が駐在武官として赴任している。彼は、2016年10月に公式書簡で、南スーダン政府に対して、同国の駐ウガンダ大使館を通じ、軍事支援を申し出ている。治安が悪化し、内戦が激化する一方の南スーダンの状況は、北朝鮮にとって大きなビジネスチャンスなのである。この3年前には、南スーダンと敵対していた隣国のスーダン政府との間で、北朝鮮は通常兵器売却の大型契約を締結していた。まさにマッチポンプである。

2016年、韓国のパク・クネ政権は、これらアフリカ諸国に、韓国政府が北朝鮮に代わってアフリカの警察に対する技術支援や訓練を供与する旨、申し出た。アフリカと北朝鮮との関係を断つためには、このような具体的で実際的な協力を進める必要がある。

ナミビア政府の大嘘

聖学院大学の宮本悟准教授（当時）から興味深い写真をもらったのは、2015年9月のことだった。彼は、自分の足で海外まで赴いて現地調査する学者で、ジャーナリストも脱帽の情報を入手してくる。今回の写真は間違いなくその部類だ。

我々専門家パネルは、かねてからナミビアと北朝鮮の朝鮮鉱業開発とのビジネスに関する捜査を進めていた。最初の契機は、同年1月2日に米財務省が、朝鮮鉱業開発のアフリカ担当者2名を含む10名の北朝鮮人を単独制裁したことである。ナミビア政府への公式照会を通じて、両名とも北朝鮮の外交官で、駐南アフリカ北朝鮮大使館の二等・三等書記官（経済商務担当）でありながら、ナミビアに駐在していたことがわかった。ナミビアは2名を国外追放にしたという。

しかし、その後、我々が集めた情報によれば、朝鮮鉱業開発はナミビアと兵器工場や軍事施設の建造など、かなり大規模なビジネスを展開している模様だった。韓国人の同僚のヤンワンが情報機関から入手した情報によると、ナミビア政府と朝鮮鉱業開発との秘密契約の番号は「ＳＴＮＫ－０１０３０５」といい、朝鮮鉱業開発は建設業務を別の北朝鮮企業「マンスデ・オーバーシーズ・プロジェクト（マンスデ社）」に委託しているという。ナミビア政府が国連の制裁対象企業と大規模な取引を継続しているというのは、深刻な問題だ。

我々の追及に対して、ナミビア政府は一部事実を認めながらも、制裁違反は行っていないと説明した。北朝鮮のマンスデ社がナミビアのレオパルドバレーの兵器工場建設を請け負っていたが、それは２００５年以前のことだという。マンスデ社が現在建設しているのは国防省本部だけで、朝鮮鉱業開発の関与については何も知らない、との説明だ。

ところが、宮本准教授が提供してくれた写真が、ナミビア政府の嘘を暴いた。そこは、国防省本部の建設現場ではなく、スイダーホフという別の場所だった。ここで、新たな軍事施設建設に従事する北朝鮮労働者が写し出されていたのである。労働者を鼓舞するための、北朝鮮特有のスローガンがハングルで大きな横断幕に書かれて、敷地の壁に堂々と取りつけられている。

専門家パネルの考えとしては、国連による制裁では、北朝鮮による軍事施設の建造支援は原則的に禁止されている。また、朝鮮鉱業開発とのいかなる取引も違反行為だ。ナミビア政府がいまだ明らかにしていない北朝鮮との軍事協力関係が存在するのである。


2016年1月中旬、我々は年次報告書を提出した。この報告書には、ナミビア政府と朝鮮鉱業開発との軍事協力に関する捜査状況も具体的に記載してある。宮本准教授が提供してくれた貴重な写真も、証拠として載せた。報告書は安保理メンバー国の精査が終わるまで、どこにも公表されない。

すると1月末になって突然、国連ナミビア政府代表部から、報告書に対する脅しとも受け取れるような公式書簡が専門家パネルに送りつけられた。ナミビアは安保理のメンバー国ではないが、どこかから報告書の文面を入手したのであろう。書簡には、宮本准教授の提供写真に対する警告が含まれていた。写真に写っている労働者の手配は、建設工事を請け負ったナミビアの企業がすべて行ったことで、ナミビア政府はまったくあずかり知らぬことだそうだ。北朝鮮人かどうかの確認も、意図的だろうが避けている。そして、ナミビアの国防法で軍事施設の撮影は禁止されており、これらの写真を専門家パネルに提供した者は、ナミビアの国内法に違反した疑いがあるという。

これはまずい。宮本准教授に累が及びかねない。至急、提出した報告書の写真クレジットから名前を削除せざるをえなかった。

だが、嘘は露見するものである。ナミビア政府から〝脅迫状〟を受け取ってからしばらくして、思わぬ情報提供を受けた。協力してくれたのはナミビア在住の優秀なフリーランス・ジャーナリスト、ジョン・グローブラーだ。彼もナミビアと朝鮮鉱業開発の軍事協力関係の実態について調査していた。

彼によると、ナミビア政府が説明していたレオパルドバレー以外に、近郊のオアマイトでも兵器工場が建設されており、北朝鮮がその作業を請け負っていたという。ナミビア政府が口をつぐんでいた話である。

その証拠としてジョンが送ってくれた複数の写真には、大小様々の化学反応のための圧力容器が写っていた。ずいぶん古そうなものばかりだ。写真は２０１２年10月にナミビアのウォルビスベイの港で撮影されたものだった。ジョンによれば、これらの圧力容器は港に陸揚げされ、数年後にオアマイトの兵器工場へ搬送されたという。おそらく他国の監視を恐れて、ほとぼりが冷めるまで港に放置していたのではないかとのことだ。圧力容器自体は安保理の禁輸品には該当しないものの、爆薬かロケットの推進剤の製造にも使用できる。

何かもっと決定的な証拠が写っていないか。一つひとつ注意深く見ていくと、そのうちの１枚に運搬車両が写っていて、運んでいるのは木枠に収められた圧力容器だった。木枠には刻印がある。

「CONTRACT NO STNK-010305」

契約番号にちがいない。同僚のヤンワンが入手していた、ナミビア政府と朝鮮鉱業開発との秘密契約番号「ＳＴＮＫ‐０１０３０５」とぴたり符合する。ビンゴだ。これで秘密契約の存在自体を証明できるではないか。

さらにジョンが指摘するオアマイト兵器工場の場所を衛星画像で分析すると、敷地内に保管庫らしきエリアがあった。そこには窪地の周囲を囲うように、厚い盛り土が数カ所確認できる。敷地内の配置は、弾薬保管庫らしいことを示唆していた。

ちょうど同じころ、ナミビアの副首相は、かつて朝鮮鉱業開発の協力のもと兵器製造工場を建設していたと公表した。ただし、工場は2005年までに完成していたとの主張は変えていない。さらなるプッシュが必要だ。しかし、すでにこの時点で私の任期は残すところ2週間。あとは、ヤンワンにすべてを託すしかなかった。

冷戦時代の残滓

私が国連を離れて2カ月後の2016年6月、ナミビア政府は、ついに朝鮮鉱業開発とマンスデ社とのビジネスをすべて中止すると発表した。圧力に次ぐ圧力をかけ続けてようやく、である。ヤンワンたちが頑張ってくれたようだ。

ジャーナリストのジョンによると、ナミビアの場合、外務大臣の夫が軍の元最高幹部で、北朝鮮と個人的に長期にわたって親密な関係を築いていたという。個人的な既得権が取引継続の大きな要因になっていた事例である。

北朝鮮と取引関係を維持継続してきた国に、北との関係を断念させるのは容易ではない。彼らの間には互いの利益が合致した強い絆が存在する。そこにくさびを打ち込むのは、口で言うほど簡単なことではないのだ。そんな政府が「北との取引をやめました」と言っても、実際に検証しなければならない。

　2017年11月19日付の毎日新聞の記事によると、ナミビアでは、マンスデ社の現地代表者「キム・トンチョル」が、同年4月頃まで、北朝鮮労働者約50人にナミビア国防省本部の建設作業を続行させていたようだ。ナミビア政府がマンスデ社との取引中止を発表した後も、発注していた4件の工事は、中国系企業「青島建設」に作業員ごと引き継がれていたという。キムは青島建設の役員でもあった。

　2017年8月、日米両政府が、マンスデ社と青島建設、キムを制裁対象に指定しナミビアに対する圧力を再度高めてようやくマンスデ社は現地事務所から撤退したようだ。だが、ナミビアと北朝鮮の関係が切れた保証は、今もない。ジョンはジョンで、ナミビアにはまだ、北朝鮮による他の建設プロジェクトがあるのではないかとの疑念を抱いている。また2016年9月時点で、マンスデ社はアンゴラでも施設の補修管理業務を行っていた、と2017年2月に公表された国連専門家パネルの年次報告書は指摘する。仮にナミビアがダメになっても、関係の構築を狙って北朝鮮はアフリカの他の国々に必ずやアプローチするだろう。

　2017年11月16日付の米国務省の声明によると、スーダン外務省は北朝鮮との貿易や軍事的関係をすべて断つとアメリカ政府に伝えてきたという。だが、これも鵜呑みにはできない。

　中東やアフリカをはじめ、世界では多くの武力紛争地域が存在する。しかも、国家だけでなく、武装勢力も北朝鮮製兵器に依存している。彼らにとって、北朝鮮からの武器供与、軍事支援は必要不可欠のものである。

　北朝鮮は、世界のひずみで〝顧客〟を目ざとく見つけ、長い時間をかけて深く食い込んできた。

深く食い込んだその爪を引き剝がすには、細心の注意と忍耐、そしてなにより北朝鮮を上回る意志の強さが必要なのだ。

7　スカッド・ミサイルを解体せよ

偽装工作の気配

２０１３年の、春も終わりに近づいたある日のこと。北京市の北朝鮮大使館の近くで、ある貨物が運送業者に引き渡された。大きな木箱で12個。平壌から北朝鮮の高麗航空で北京に運ばれてきたことを示す航空貨物ラベルが貼り付けられている。

運送業者に輸送を依頼したのは、中国人の劉振仁という人物だ。後に、劉が国連専門家パネルに語ったところによると、彼はこの貨物輸送を「尹」と名乗る人物の依頼で手配し、二人で貨物の引き渡しに立ち会った。「尹」からは貨物輸送を手配した代金として現金７５００元（約12万円＝当時）を受け取ったものの、素性についてはよくわからないそうだ。ただし、「尹」はおそらく北朝鮮人ではないかと感じていた。

航空貨物運送状には、荷送人として「リョンソン貿易会社」という企業名が書かれている。その住所と電話番号は、在北京北朝鮮大使館のものであった――。

この一件があってから数カ月後のこと。ある国連加盟国が北朝鮮制裁委員会に捜査協力を要請してきた。輸送途中の航空貨物を差し止めて検査したのだが、果たしてこれらが制裁違反の貨物か否か、判断しかねるというのだ。貨物は中国発エジプト行きで、荷送人は在北京北朝鮮大使館の連絡先を使用する「リョンソン貿易会社」。荷受人はエジプト・カイロ市にある「MODA Authority International Optronic（MODA）」。運送状にある貨物の中身は「マシン・スペアパーツ」と「リレー」と記されているという。

この頃、専門家パネルの同僚たちは他の捜査で手いっぱいだった。少し前に、パナマで北朝鮮向けの大量の通常兵器貨物が押収された大事件が発覚しており、世界中のメディアで大々的に報道されていたのだ。

私もすでに複数の事件の捜査を担当しており、時間的な余裕はあまりなかったが、今回の協力要請に興味を掻き立てられた。いったい、どんな貨物なのか。

「この事件、私が対応しましょう」

さっそく貨物検査当局に、貨物の詳細を示した写真や関連書類などを請求する。それらは10日ほど経ってから、メールで送られてきた。要請した情報が全部、添付ファイルに入っているという。ファイルを開けると、見慣れぬ品々が写った写真がある。決定打となりそうなものは一つも見当たらない。高価そうな品もなさそうだ。いずれも古びたものばかりに見えた。これでは、貨物を差し止めた当局が首をかしげるのも無理はない。

（参ったな……）

押収した国連加盟国政府にさらに情報提供を求めたところ、数日後に貨物の関連書類が送られてきた。「コネクター」「電気リレー」「電圧サーキットブレーカー」「コイル」とある。たしかにケーブル用コネクターは3種類、電気リレーが2種類、ブレーカーも2種類、そしてコイルらしき品が写っている写真もあった。

それらの品の説明書には、用途として、「冷凍船」「水産加工母船」「魚体加工機」「旧式船」での使用法が記されている。古い船舶で使われるといわれても違和感がない。電気リレーなどは、数十年前に広く産業用として使われていたものなのだ。「コイル」と書いてある品も、見るからに普通のコイルである。

それでも腑に落ちない。エジプトの荷受人MODAは軍事企業で、フランスの大手軍事企業とも共同でビジネスを行っていたほどである。軍事企業がなぜ古い水産加工船や旧式船舶用部品の商売をしているのか。とても本当の説明とは思えなかった。書類には偽装工作の気配が感じられる。

追加で送られてきた書類には、この売買に関わる契約書のコピーが入っていた。2013年2月15日付で契約を交わしていたのは、エジプト側はMODAだが、北朝鮮側は荷送人の「リョンソン貿易会社」とは異なる北朝鮮企業だった。「朝鮮綾羅島貿易総会社（ルンラド貿易会社）」。37ページの表にもあるとおり、2008年に大連グローバル社と結託して日本から禁輸品である奢侈品のベンツとピアノ、さらにミサイルの移動式発射台に転用可能な中古タンクローリー車を不正に調達していた企業である。

貨物の中の一つは、かつて見たことがあった。ソ連製の8B6K型電気リレー。以前、他の国連加盟国が押収した、シリア向けのスカッド・ミサイル関連物資の中に含まれていた部品だ。だが、これは１９５０年代から１９６０年代を中心に、一般で使用されていたものでもある。

ターゲットはミサイル

この件について、本格的に捜査を開始した。核やミサイル、通常兵器などの拡散防止を目的とした多国間の輸出管理レジームが採択した規制品リストを調べてみる。まずは、「原子力供給国グループ」や「ミサイル技術管理レジーム」、通常兵器関連物資の輸出を規制する「ワッセナー・アレンジメント」などである。しかし、どこにも該当品目はなかった。

８Ｂ６Ｋ型電気リレーについては、別の捜査でウィキリークスにも関連情報があることがわかっている。２００８年4月28日付の米国務省の電文記録に、アメリカ政府がミサイル関連物資の取引について中国政府に警告する内容がある。北朝鮮からシリア向けに輸出されたスカッド・ミサイル関連物資の中にこの電気リレーが含まれていたという。それによると、用途は、スカッドの電源から様々なサブシステムに電気を供給したり、弾頭の起爆装置を起動させるためらしい。ただ、具体的にミサイルのどの個所でどう使用されているのかの情報はなく、この電気リレーがミサイル専用なのかもわからない。そもそも古すぎて、今やほとんど使用されていないから、とにかく情報がないのだ。これだけでは、北朝鮮制裁に消極的な安保理メンバーの中国やロシアが、「兵器関連物資とは断定できない」と反論してくるだろう。

アメリカ政府に確認したいところだが、ウィキリークスの情報を公式には認めていないので、教えてくれるわけがない。だいいち、アメリカが国連に有益な情報を提供してくれたことなど、ほとんどなかった。

ロシア語の商業ネット取引情報を見ても、古い物品ゆえ、ほとんど取引されていない。唯一見つかったのは、ミャンマーにいる「アレクセイ」というハンドルネームを使う人物が、ロシア語のオンライン取引所で、この電気リレーを「購入希望」としている情報だけだった。ミャンマーにいる、ロシア人らしき名を名乗る人物が、使い道のほとんどない旧式の電気リレーを探し求めている――。よほどのオタクか、そうでなければ、かなり怪しげな話だ。もしかしたら調査を進めるべきなのかもしれないが、残念ながらこの件にかまけている余裕はなかった。

せめて、この品々がどのような兵器に転用されうるのか候補を絞ることができれば、捜査の範囲を狭めてターゲットを定められる。専門家パネルの同僚と手分けして、いくつかの関係国から情報収集を非公式に行ったところ、同僚の一人が有益な情報をつかんでくる。

「これらすべてはスカッド・ミサイル関連物資として、関係諸国は把握している」

ありがたい情報だった。すべては、スカッド・ミサイルへと通じるわけか。あとは、「ミサイル」分野にターゲットを絞って一点突破を図るのみ。

（だが、まてよ……関係諸国がすでにスカッド関連物資と把握しているならば、なぜ貨物検査をした加盟国に伝えてやらないのだろう？）

アクセスできない宝の山

当初の予想をはるかに超えて、捜査は難航した。スカッド・ミサイル関連の部品に関する公開情報があまりにも少ないのである。ウィキリークスにあった、電気供給システムや弾頭の起動システムなど、そんな情報は見当たらなかった。

国連安保理決議では、加盟国は専門家パネルへ情報を提供すること、と明記されている。あらゆる友好国や国際機関にも当たってみたものの、なしのつぶてだった。間違いなく、欧米諸国をはじめ多くの国が、スカッドの詳細に関する情報を有しているはずなのに、なぜ協力を得られないのか。特段、「機微情報」を求めているつもりはない。スカッドは冷戦時代の兵器で、いわば「過去の遺物」だ。そんな旧式ミサイルにこれらの品がどのように使用されているのか、それを知りたいだけだ。

ミサイル技術の専門家も、アメリカや欧州などを中心に複数名探し出し、片っ端から問い合わせてみた。それでも、このような細かい技術的な情報に詳しい人はいない。彼らのほぼ全員が、同様の助言をしてくれた。

「アメリカ国防情報局（DIA）のミサイル宇宙情報センターに相談してみるといい」

そこがすべて教えてくれるなら、こんな苦労はそもそもしないのだが。

いっそのことツイッターで、「この部品について知りませんか？」と情報を募りたいところだが、貨物検査当局から画像使用の許可が出るわけもない。

毎日明け方までひたすらネット上でスカッド・ミサイルに関するありとあらゆる公開情報を収集しまくった。するとまず、国連安保理内で関連情報が保管されているとわかった。1990年代と2000年代初頭に、国連の査察チームがイラクで行った大量破壊兵器の査察報告書である。イラクもスカッドを保有していたので、ミサイルの内部や関連部品を撮影した複数の写真が報告書に掲載されていた。ただ、こちらの求める品は写っていない。査察チームはもっと多くの写真を撮影していたはずだ。もしかしたら、それらの中にはあるかもしれない。

ところが、写真のありかを、国連事務局の誰も知らないという。当時の担当者をなんとか探し出して、保管されている写真を見たいと伝えたが、それはかなわなかった。写真はここニューヨークの国連施設内に保管されているが、50年間は厳秘扱いにすることが安保理できめられたため、限られた人物以外はアクセスできないという。もちろん、私は「限られた人物」ではない。すぐ近くのどこかに宝の山が眠っているのに、誰も見ることができず、人知れず忘れ去られていくわけだ。まったく不条理な話だが、安保理が一度決めたことを覆すなど無理な話、これはなかったものと思うしかない。

それでも知人の伝手《つて》を頼り、国連イラク査察チームで弾道ミサイル計画の査察を担当していた、元ドイツ国防省のノルベルト・レイネケ博士を探し出した。ソ連の弾道ミサイルに関する世界的な権威ともいうべき専門家だ。

引退していたレイネケ博士の連絡先をつきとめ、捜査中の部品について聞いてみた。しかし、「ドイツ国防省で知りえた情報については、機密保持の義務があり、教えられない」という。ただ、「スカッドの部品として捜査している方向性は正しい」とだけ教えてくれた。

やはり自分でやるしかない。グーグルの翻訳機能を駆使して、ロシア語をはじめドイツ語、アラビア語、ペルシャ語のウェブもサーチし続けた。同僚にこれらの言語を操れる専門家がいてくれたなら、とどれほど思ったことか。同僚のロシア人は、給料をもらうためだけに、朝と夕方だけ顔を出す人間である。とても仕事など頼めない。国連事務局にはもう一人、中央アジア出身でロシア語が堪能な人物がいるが、彼女も産休中で来年まで戻らないという。どう考えても、自分が信頼し相談できる人間の中にロシア語ができる人は一人もいなかった。

偉大なるオタクたちのおかげで

そうこうするうち、ようやく明るい兆しが少しだけ見えてきた。

調べを進めると、米国やドイツ、ロシアなど一部の国々に、ソ連の弾道ミサイルを展示している博物館が複数あったのだ。翻訳機能を使い、これら博物館の展示物の写真が掲げられているサイトを見つけては、片っ端から調べていった。ミサイル自体の写真は見つかったが、残念ながら、探している部品を撮影した画像は見当たらなかった。

検索にもコツがある。ロシアでは、グーグルよりも「ヤンデックス」のほうが検索エンジンの主流だ。そうと知ってロシア語でウェブサーチすると、関連情報を徐々に見つけられるようになってきた。ロシア語の特定のキーワードで探し続けるうちに、ソ連系統の弾道ミサイルやその内部構造、関連部品などの画像が大量に出てきたのだ。

スカッド・ミサイルはかつて、ソ連では「８Ｋ14」と命名されていた。「Scud missile」とか「８Ｋ14」という英語でグーグル検索しても、大した技術情報は出てこない。ヤンデックスで「８Ｋ14」と検索してやっと様々な技術情報を得ることができたのだ。ロシア語の「Ｋ」と英語の「Ｋ」の違いに気づかず、「８Ｋ14」としていたため、かなりの時間を浪費してしまった。

いったんコツがわかると、それらしきウェブサイトをさらに見つけることができた。ミサイルの膨大な技術情報が書いてある。もっともロシア語なので、意味はわからない。翻訳機能を使ってみても、意味が取れるようにはならなかった。仕方がない。「８Ｂ６Ｋ」や「コネクター」などの単語を手掛かりに、膨大な量のロシア語情報のサイトを一つずつチェックしていく。時間がかかるが、続けるしかない。

この型のコネクターや電気リレーは、どのような役割があり、スカッド・ミサイルのどこに使用されているのか。

探し続けているうちに、ロシアにも軍事オタクのコミュニティがいくつかあることを発見した。そこに参加し、スカッド・オタクを探し出して、電気リレーやコネクターについて聞いてみた。翻訳機能にすべてを託し、自分の素性を素直に説明し、ロシア語ができないことを謝りながら、質問する。すると、何名かは快く返事をくれたが、彼らも、「この電気リレーはもう使われていない」「ミサイルで使用されていた」など、漠然とした情報しか持っていなかった。

とはいえ、諦めるのはまだ早い。ロシアの偉大なる軍事オタクの中には、ソ連国防省が作成したスカッドに関する技術マニュアルを入手している人々がいた。１９６０年代から１９７０年代にソ連軍のロケット部隊用に作成されたもので、使用マニュアルや技術マニュアルなど、いくつかのバージョンがある。ありがたいことに、彼らは、これらの原本をそのままＰＤＦファイルにしてウェブにアップロードしてくれている。

だが、問題があった。それらは粗い画像情報としてＰＤＦ化されているため、用語検索ができない。つまり、目で読むしかないのだ。数百ページあるロシア語の技術文書である。意味はさっぱり分からないなかを、目でチェックしていくしかない。連日、気の遠くなる作業が続いた。

神は努力する者を見捨てない……はずだ。ある夜、ついに「コネクター」らしき情報を見つけることができた。当初、貨物検査当局から寄せられた情報では、押収されたコネクターの名称は

「ＯＳＨＡ」とアルファベット表記されていたが、ソ連軍のマニュアルでは、ロシア語表記で「ОШＡ」とされていることに気づいた。

ロシア語での表記がわかったことで、目当てのコネクター情報を見つけ出すことができるようになった。ソ連軍の技術マニュアルによると、ミサイルの基底部に使用されているようだ。マニュアルには、ミサイルの各パーツの手書きの説明図が添付されていて、そこにスケッチで「ОШＡコネクターはここ」と矢印が記されている。

（なるほど、そこか）

以前チェックした、米国やドイツの軍事博物館で展示されていたスカッド・ミサイルの画像を、もう一度引っ張り出してみる。すると、移動式発射台に載せられたスカッドの基底部にコネクターらしきものが接続されているものが数枚見つかった。それらの画像に写し出されているミサイルの基底部をクローズアップすると、そこにはたしかに制裁違反が疑われる貨物と同じ型のコネクターが写っている。これらの写真を最初に見た時は、あまりに小さすぎて見落としていたのだ。けれど現時点では、貨物検査で発見されたものとこのコネクターの外見が同一に見える、というだけだ。コネクター内部の凸型プラグの数などが同じであることを確認しないことには。コネクターの基底部の、より詳細な画像を探さなければならない。

当時はシリア内戦が激化していた頃で、アサド政権は反政府武装勢力に対し、スカッド・ミサイルを大量に使用していた。ネット上には、ミサイルの残骸の写真や動画が多数投稿されている。中には、残骸の内部を撮ったものもありそうだ。投稿された動画は長時間のものが多い。それでも一つずつチェックするしかない。画面を食い入るように見つめる。

実際に見てみると、どの映像も残骸はチラッとしか映っていない。肝心の部分は見当たらない。興味本位の映像ばかりだ。

「おい！　そこをちゃんとクローズアップしろよ！」「仲間が邪魔で映ってないぞ！」

深夜のニューヨークのオフィスから、遥か彼方のシリアにいる撮影者を罵倒する日々が続いた。

内戦の映像はとにかくむごたらしい。後味が悪かった。スカッド・ミサイルの移動式発射台の運転席は、窓に銃撃された跡があり、シートには大量の血が肉片とともに飛び散ってこびりついている。車両の脇にも、大量の血痕と内臓と覚しきものがある。ハエが飛び交う。シリア軍のミサイル部隊が襲撃されたに違いない。こうした映像を毎晩、早朝まで見続けると、仮眠中に必ず夢に出てきてうなされた。あまりに眠れないものだから、身体のあちこちに支障が出てくる。ただでさえ長時間の残業できついなか、頭痛や動悸を感じるようになった。体調は悪化していくが、作業はやめられない。

そんなある日の午前1時半頃、ついにブレークスルーが訪れた。

動画を見ていると、反政府武装勢力の戦闘員が、どこか郊外の道に遺棄されたままの移動式発射台を物珍し気に撮影していた。そこまでは、よくあるものだ。だが、この戦闘員が素晴らしいのは、好奇心の旺盛さだ。彼は、ミサイルの表面の、手で開けられるところを片っ端から開けまくっていたのである。

動画はまず、弾痕が残る運転席の窓を映し出す。次に、運転席のドアを開けて、中の惨状を映す。車両の側面に移ると、いくつかの肉片が地面に転がっていた。これも執拗に映す。

（いい加減にしてくれ）

それから徐々にミサイルの後部へ移動しつつ、発射台の側面にある様々な開口部を片っ端から開けていった。そこからさらに、最後部へ。

「そう、そう、そのまま進んでくれ！」

祈るような気持ちで見ていると、撮影者はついに最後部にたどり着いた。

「そこそこ。そのコネクターの、そこの扉を開けろ。頼むよ！」

真夜中の誰もいないオフィスで、大声で声援を送っていると、なんと、さりげなくその扉を開けてくれるではないか。

（おっ、あれは……）

ほんの1、2秒だが、コネクターの蓋の内部が映し出された。凸型プラグを受ける部分は、押収されたコネクターとほぼ同様だった。映像を止めると、受けの穴が比較的くっきり見える。穴の数を数えると24個。検査当局から送られてきたコネクターと同じようだ。画像はほんの一瞬で、画質も悪いため、完全なマッチングとは言い難いものの、ほぼ確実である。

午前3時。オフィス近辺の日本居酒屋「うどん・ウエスト」へ。閉店1時間ほど前に駆け込み、大好物のきつねうどん、タコの刺身、白身魚の刺身、おにぎり、焼きそばを次々と平らげながら、明日以降の捜査方針についてじっくり整理してみる。

コネクターは、同一と言って差し支えないだろう。念のため、スカッド・ミサイルが展示してある博物館にも、この部分の写真を送ってくれないか依頼してみるのも手だ。また、8B6K型電気リレーについても、ソ連軍の技術資料に記述があった。どう使用されたかは、まだわからないが、弾道ミサイルに使われているものであることは間違いない。今回の押収物は、スカッド・ミサイル関連物資であると結論づけてもよいように思えた。

ほぼ1カ月半、探し続けてようやくたどり着いた情報だ。来月中旬には、貨物検査を行った国を訪問して、押収物の現地調査、当局者らとの会合が予定されている。とりあえず、これまでに見つけた情報をプレゼン資料にまとめておくことにした。

法治国家ゆえのハードル

２０１３年の11月中旬。南国の風は熱をはらみ、明らかに湿気を含んでいる。今、私は貨物検査を行った国連加盟国の税関の建物の中にいる。

「これが例の検査された貨物ですね」

「そうです。サンプルです。同じものが他にも多数、入ってました」

会議室の中で、机上に並べられた物品のサイズを測りながら、一品ずつ写真に収めていく。電気リレーには、８Ｂ６Ｋ型以外にもう1種類、かなり年季の入った製品がある。航空貨物運送状には「ＰＫＨ型リレー」と記載されている。リレー側面の平らな金属の表面にはハングルのスタンプが押してある。北朝鮮独特の主体暦（チュチェ年号）が示してあるのだろう。

「他の国連加盟国には協力を求めなかったんですか？」

「もちろんしましたよ。ですが、我々の司法手続きを満たせるような明確な回答は、どこからも提供してもらえませんでした」

だから、国連専門家パネルに協力を要請したのだった。ところが、その専門家もまだよくわからない。スカッド・ミサイルのことを本当によく知っているはずの、いくつかの国の政府が揃って協力してくれないためだ。

私がそれまでに収集した情報については、すでに報告してある。それゆえ、かえって会議室には、微妙に重苦しい雰囲気が漂っている。

「曖昧な情報とか断片的な情報だけでは、押収のための司法手続きをクリアできません」

これまでに正確に用途が分かったのは、コネクター3種類のうちの2種類だけ。だが、全品目について、どのような兵器にいかに使用されているのか、正確かつ具体的な情報がなければ、裁判所が押収の許可を出さないとのことだ。厳格だが、法治国家では当たり前のことである。「おそらく弾道ミサイル関連の物資です」というだけではすまない。これらは民生用ではなく、100パーセント「クロ」であることを証明しなければならないのだ。

検査当局からの依頼は非常に明確だった。

「承知しました。お任せください。引き続き捜査しますので」

思わず、見栄を切ってしまった。ここで断念すれば、これらの貨物は返還されてしまうのだ。そうなると北朝鮮をみすみす利することになってしまう。この件は、他の国々にとっても重要な参考事例になるだろう。国連専門家パネルのみが、彼らの頼みの綱なのだ。

(何としてでもすべてを解明してやる)

出張直前に「隠し玉」を準備したばかりだ。これで何とか局面を打開するのだ。

大富豪の懐に飛び込む

さて、その「隠し玉」である——。

閉店間際のうどん屋で大量のカロリーを摂取した数日後、同僚のエリック、事務局のメラニー政務官と、今後の捜査方針について協議した。弁護士出身で切れ者のメラニーは、いつも我々に鋭い批判と建設的な助言をしてくれる。英国の軍事博物館から、展示中のスカッド・ミサイルの該当部分の写真を送ってもらっていたので、コネクターのうちの1種類は、かなり高い確率で検査対象と同一と確認できている。その他はもはや、公開情報で確かめることは期待できないだろう。そう報告すると、間髪をいれず、メラニーが言った。

「じゃあ、自分たちでスカッド、解体してみたら？」

あまりにもあっさりと言われたので、思わず「ハハハ、そうだね」と返すが、彼女は真顔である。米国内の軍事博物館に展示されているスカッドを解体させてもらえないか、交渉してみては、というのである。

（展示中の貴重な骨董品の解体か。ずいぶんと気軽に言ってくれるじゃないか）

ただ、他に打つ手はなくなっていた。なにせ、スカッドを展示している欧米の軍事博物館に片っ端から問い合わせてみても、「コネクター以外は見たことがない」というのである。

米国でスカッドを展示している博物館はカリフォルニア州にある。その名も、「軍用車両技術振興財団」。軍用車両が好きで好きでたまらないアメリカ人の大富豪が設立した個人の巨大博物館である。ソ連、東欧を含む欧州から、戦車はもとよりレーダー搭載車、ミサイル移動式発射台など、様々な年代物の軍用車両を多数、買い集めて展示しているという。そこにスカッドが移動式発射台とともに置かれているのだ。

（そんな貴重品、手をつけさせてくれるわけないよな）

そう思いながら打診したところ、あっさりと「オーケー」が出てしまった。どの国連加盟国政府も助けてくれなかった捜査に、この大富豪が初めて救いの手を差し伸べてくれたのである。

かくしてエリックと私は、カリフォルニアに向けて飛び立つこととなった。博物館側から許可された作業日数は2日間である。


軍用車両技術振興財団はカリフォルニア州ポルトラバレーにある。サンフランシスコから高速道路を走って約1時間半、シリコンバレーの近くだ。

「このあたりのはずなんだけどな……」

我々はすでに博物館の敷地内にいたはずだった。だが、敷地があまりにも広大すぎて、運転役のエリックが道に迷っている。この周辺一帯は、豪邸のみが点在する広大な丘陵地帯だ。

敷地内の丘陵地帯を走っていくと、ようやく家らしき建物を一軒見つけることができた。品のよさそうな年配女性が庭にいたので聞いてみると、博物館に行くには、来た道を5分ほど戻って、左手にある道を曲がれという。

（いったいどれだけの広さなんだ、ここは）

女性が教えてくれたとおりに進むと、やがてなんとなく博物館らしき雰囲気になってきた。それでも、人っ子一人いない。と、いきなり右手に古い戦車や装甲車などが並ぶ広場が現れた。

「おおっ！」

旧ドイツ軍の戦車など、骨董品ともいうべき戦闘車両が目の前に、ざっと十数両並んでいる。

さらに進むと、こぢんまりとした平屋が見えてきた。ドアに「事務室」と書いた札がかかっている。

「国連から来ました。ビルさん、いらっしゃいますか？」

中に向かって大声で呼びかけると、しばらくして中から人のよさそうな男性が出てきた。連絡を取り合っていた相手である。

「君たちか、よく来たね」

彼はここの代表責任者である。

「スカッド・ミサイルの中身をいろいろと調べたいんですが」

こちらの要望を改めて詳細に説明する。

「好きなだけやってくれ」

ここに展示されているスカッドBは、1990年代、ソ連崩壊時にウクライナから購入したものだという。アメリカ政府の規制により、弾頭部分は外してあり、加えて燃料などの危険物もすべて抜き取られている。それ以外はほぼ原形を保っているそうだ。展示場所はさらに車で5分ほど先にあるという。ジョンという技術者が応対してくれるとのことだった。

再び車に乗って、本丸を目指す。さらに行くと、大きな屋根の下に、手入れの行き届いた戦闘車両が15台ほど並んでいる。そこからほどなくすると、ついに博物館の中心らしき場所に到着した。巨大なプレハブの前の広大な駐車場には、普通の乗用車の代わりに各種の戦車や装甲車が停めてあった。こんな駐車場は生まれてこのかた見たことがない。空いたスペースに車を停めて、戦闘車両の間を縫いながら建物に近づく。大きなシャッターが開け放たれており、中には戦車を修理中の屈強な身体つきの男性が見えた。

「国連から来ました。ジョンさん、いらっしゃいますか?」

「ジョンか? ちょっと待ってろよ。おい、ジョン! ジョン!」

大声で奥に呼び掛けるが、応答はない。

「あっちに行ってみな」

指さされた方には、渡り廊下のように屋根続きで別の巨大なプレハブの棟が隣接している。車を30~40台ほどは収容できそうな建物が軒を連ねているのだ。中へ入り、両側に展示されている多くの車両を見ながら通路を進む。米国やドイツ、ソ連などが使用した戦闘車両だ。合計で100台以上あるのではないか。よく一人でこれだけ集められたものである。

「よく来たね。話は聞いてるよ。君らが国連の人たちなんだな」

ようやく会えたジョンも、屈強な体軀の持ち主だった。ここにいる人たちは全員が米陸軍の兵士だったという。

「スカッドを解体したいなんて……初めてだよ」

世の中にそんな連中が多数いるとすれば、それはそれで問題だろう。礼を言って、さっそく展示場所に連れて行ってもらった。ソ連のレーダー車両、地対空ミサイル移動式発射台、米軍の旧式戦車など、数多の車両を横目に見ながら建物の中の通路をさらに進むと、それはいきなり目の前に現れた。移動式発射台に横臥するスカッドB。

「工具が必要なら、あっちに置いてある。適当に使ってくれ。探し物が見つかるといいな」

床から、横になっているミサイルの頭頂部まで、5~6メートルはあるだろうか。

（あそこに上るわけか。落ちたら大けが間違いなしだな）

今からみっちり2日間、時間内で何とかすべての部品を見つけ出さないといけないのだ。

悪夢の解体作業

1日目はまず、コネクターからだ。ミサイルの基底部にあるコネクター部分を取り外して、サイズなどを計測し、写真に収める……。たったそれだけのことが至難の業であると、すぐにわかった。数十年前に製造されたミサイルなので、ネジが錆《さび》で固着してしまい、なかなか外せない。しかも、ソ連製のネジは欧米の規格と異なり、ぴったり合いそうなドライバーは持ち合わせていない。劣化したネジは傷んでいて、壊れやすい。力を入れて外そうとすると、ネジ頭がつぶれてしまったり、本体が途中で折れてしまう。もとに締め直そうとしても同様だ。電動ドライバーも持ってきたが、あまり使い物にならない。

エリックと交代で、ミサイルの頭部をそろりそろり歩きながら、最後部へと向かう。エンジンや燃料タンク付近の金属製カバーを片っ端から開けていく。こちらでもネジ外しは悪戦苦闘の連続である。カバーを開けられたら、内部をあらゆる方向からのぞき込んで、写真を撮る。こうして、どうにかこうにか3種類のコネクター部品は、すべて同一品を本体内部で発見することができた。サイズ、プラグ受けの数、デザインなど、いずれも押収品と完全に一致している。ビンゴだ。しかし、それ以外の部品は見つからなかった。

そこで、ミサイルの真下にある、ミサイル本体と移動式発射台との間の狭いスペースに潜り込んでみた。いくつか気になる金属製の箱が見える。ロシア語で何か書いてあるが、意味は分からない。ウィキリークスにあった「電気供給システム」はどれなんだろう。なんとか蓋のネジを開けようとするが、狭すぎてまったく身動きがとれないので、なかなかうまくいかない。手がかろうじて届くだけだ。しかも、暗いので一方の手で懐中電灯を持つから、片手しか使えない。錆びてネジと一体化した金属製カバーを相手に格闘すること数時間、ついに一つだけ開けることに成功した。中を覗き込む。赤や緑の豆電球みたいな部品がカラフルな配線コードでつながっているのが見える。が、肝心の探し物は見当たらなかった。落胆する気持ちを堪えつつ、他の金属製の箱も、四苦八苦しながら開けていったが、それでも見つからない。疲れ果ててミサイルの真下から這《は》い出した時、すでに日は暮れかかっていた。

エリックは発射台の側面や発射管制室の中を探しているようだが、彼も苦戦していた。管制室と言っても、狭いスペースだ。大人なら二人がようやく腰をかがめて入れるぐらいの広さしかない。いくつか金属製パネルがあるので、開けられるものを片っ端から開けてみた。だが、電気リレーもコイルもサーキットブレーカーも見つからない。いくつかの金属製パネルは、扉を開けることすらできなかった。扉を閉めるためのネジがいろんなところに隠されているようだ。

「まだ続けるのか」

一心不乱に作業をしていると、ジョンが声をかけてきた。時計を見ると午後7時、建物の外は真っ暗だ。本来であれば、彼は2時間前に帰宅するはずだったのに、我々が作業を続けているので、残っていてくれたようだ。今日はもう時間切れだ。成果はコネクターのみ。

いよいよ2日目。朝一番で博物館へ。エリックは発射管制室を、私は他を探すことにした。作業をしていて、つくづくソ連製が嫌いになった。例えば、運転席の周辺に通信システムの金属製の箱や、表示盤らしき金属製パネルがある。これらを開けようとしても、なかなか開かないのだ。問題は、ネジの劣化だけではない。そもそもネジがどこにあるのか、すぐにはわからなかった。表示盤などの下に隠れている場合が多く、表示盤そのものを外そうとするも、これまた難しい。ネジがあまりにも小さすぎて、手持ちのドライバーはどれも合わないからだ。ちょっと力を入れると、すぐにネジの頭部がつぶれてしまう。しかも、運転席などスペースが狭いので、無理な体勢で長時間の力仕事を強いられる。そんなふうにしても、びくとも動かないネジもあって、悪質な嫌がらせをされている感じだった。

二人で昼飯もそっちのけで悪戦苦闘していると、知らぬ間に辺りが薄暗くなっていた。もう午後4時過ぎだ。あと3時間後にはここを出て空港に向かわなければ、飛行機に間に合わない。しかも、解体した箇所は元通りにしないといけない。暗闇で懐中電灯だけを頼りに、あの極小ネジ集団を締め直さないと。焦れば焦るほど作業が進まなくなる。

(予備日を設けておくべきだったか)

暗澹《あんたん》たる気持ちになりながら作業を続けていたその時――。

「おい、こっちに来いよ！」

エリックが大声で叫んだ。声が聞こえてきた方向からすると、どうやら彼はまだ管制室にいるようだ。中を覗き込むと、大きな身体を狭いスペースに押し込めたエリックの姿が見えた。

「これを見ろよ」

カバーが開け放たれたパネルの内部に、小さな銀色の金属製の箱がずらっと配置されている。

「おお〜‼」

思わず二人で歓声をあげる。８Ｂ６Ｋ型電気リレーだ。

（なるほど、ここに使われていたのか）

リレーはそれぞれが複雑にケーブル線でつなぎ合わされている。エリックが電気リレーを一つ、丁寧に取り外し、そのサイズを測り、あらゆる方向から写真を撮る。これらの電気リレーは１９５０年代から70年代頃に幅広く産業界で使用されていたそうだ。電気リレーがプラスとマイナスの電流を次から次へと流していくことで、コンピューターの「１」と「０」の信号処理と同じ機能を果たすという。

パネルの奥にもいろいろと部品が隠れている感じだが、パネル本体の開口部の全面に８Ｂ６Ｋ型電気リレーがびっしりと配されているため、奥が見えない。この前面部を枠ごと取り外さなければならないが、これも至難の業であった。枠を固定しているネジは何カ所もあるようで、電気リレーが上からネジを覆い隠すように取り付けられているところもある。これらのリレーをすべて取り外さないと、枠を固定しているネジを外すことができない仕組みだ。このリレーのネジも極小で、奥の方に設けられているものさえあり、これらを外すには、極細で長いドライバーが必要だ。そんなものは持ち合わせていない。

私が悪戦苦闘しているうちに、エリックがもう一つの金属製パネルを開けるのに成功した。そこにも８Ｂ６Ｋ型電気リレーが多数、並んでいた。すると、もう一つ、見慣れたものに気づいた。「電圧サーキットブレーカー」だ。検査貨物の中に2種類のこれが含まれていたが、そのうちの一つと酷似している。今、目の前にある現物のほうが少し旧式なのかもしれないが、表面に印字されている文字もデザインも、検査された品と同一である。これもビンゴといって差し支えない。他にもいろんな部品が隠れていそうだが、すでに6時半。もはや時間切れだ。片づけて退却しないと、飛行機に乗り遅れてしまう。

ふと気づくと、博物館には私たち以外、誰も残っていなかった。ジョンたちはとっくに帰宅している。電気リレーをもとに戻して、パネルを閉じ、工具を全部片づけて、忘れ物がないことを確認した。施設の電気を消して、建物から出ると、周りには人っ子一人いない。漆黒の闇だ。チェックアウトはセルフサービスで、ということらしい。道に迷わないよう注意しながら、エリックが空港まで車を飛ばす。

空港でチェックインした後、レストランで爆食いした。ハンバーガーセットを二つ、ピザを一つ、そしてアメリカ仕様の巨大アイスクリーム2個を食べ終えたところで、ようやく一息つくことができた。

今回照合できたのは、3種類のコネクターすべて、2種類の電気リレーのうち一つ（8B6K型電気リレー）、それと2種類の電圧サーキットブレーカーのうち1種類だけ。「コイル」と書かれていた部品はまだ見つかっていない。つまり、完全照合とは言えない。

今回、スカッド・ミサイル・システムの中で調査できなかったエリアは、運転席と管制室の中の金属製パネル数カ所のみだ。これら残りの数カ所さえ調べれば、必ずどこかに残りの探し物も隠れているはずだ。

やはりもう一回、ここに戻ってくる必要があるだろう。

単独捜査

「そんなにすぐに出張するのは無理ね」

ニューヨークに戻った翌日、メラニーに再びカリフォルニア出張を打診したところ、あっさり断られてしまった。無理もない。出張予定を1カ月前に安保理全加盟国に通知したうえで、長い時間かけて事務局が一つずつ手続きを進めていく。それが究極の官僚機構、国連なのだ。

だが、協力要請してきた加盟国からは、捜査の進捗状況について何回か問い合わせを受けている。事実上の催促だ。カリフォルニアに戻るまで1カ月も待てない。そもそも1カ月後はクリスマス休暇となるため、軍用車両博物館も休みになるだろう。すると捜査完了は来年に持ち越しになってしまう。それでは遅すぎる。

（仕方がない。ここは休暇を取って自腹で行くしかないか）

たまたま来週には、カリフォルニアのスタンフォード大学で核兵器の拡散に関する国際会議が予定されており、そこに招聘《しょうへい》されていた。「どのような条件が揃えば日本は核武装を決断するか、発表してほしい」というのが主催者の要望だ。米国ではなぜか「日本の核武装論」が依然、根強い人気のテーマである。時に、「この人たちは日本に核武装してほしいんじゃないか」とさえ思う。とにかく、このテーマを論じ続けることを生きがいとしている専門家たちがいて、そうした人たちの主催する会議だ。これは国連での私の職務とは無関係のテーマなので、休みをとって参加するしかない。その代わり、旅費は出してもらえる。もっとも休暇を取ると月給は1日ごとに減額されていくうえに、今回の博物館の使用料は個人負担となる。博物館で費やせる作業時間を2日間として、費用は合わせて45万円ほどになる見込みだが……北朝鮮の企みをつぶせるならば、安いもの。そう思うしかない。

翌週、私は再びカリフォルニアに向かっていた。

「2020年の時点で日本が核武装を決断するという架空のシナリオが現実になるには、いくつかの条件が揃う必要があります。まず、テッド・クルーズ上院議員のような孤立主義の米国中心主義者が大統領になること。次に、日本国内で北朝鮮や中国の脅威論が著しく高まること。例えば、北朝鮮の弾道ミサイルが、本物の脅威として認識される必要がありますね。また同時に、核不拡散体制への信頼が致命的なまでに損なわれること。加えて、米国政府が日本の核武装の選択を支援ないし黙認すること。さらに、日本国内で核武装への支持が高まる必要があります。最低でもこれらの条件が必要になると考えられます」

アマコスト元駐日大使をはじめ、各分野の専門家が集う会議で、私はこんな発表をしていた。要は、「日本は核武装なんてしませんよ」というメッセージであり、事実、「そんなことになったら大変だよ」と会議の参加者の間からは失笑すら漏れていた。まさか、この3年後に、クルーズ上院議員よりもさらに孤立主義者であるドナルド・トランプが、「日本は核武装する！」と叫びながら米国大統領に選出されることになろうとは、その時は想像する術《すべ》もなかった。

翌朝、博物館でジョンが再び出迎えてくれた。

「今回は一人なのかい」

「ええ。同僚は別の捜査に戻りました」

「国連の仕事は大変なんだなあ……」

ジョンにしみじみと言われる。

「米軍には相談したのか」

「………」

話もそこそこに、解体作業に取りかかる。今日は、運転席にある金属製パネルから始めることにした。ここで残っているのは二つだけ。今度は比較的容易だろうと思われたが、やはり開けられない。運転席で座りながら作業をしているうちに、いつの間にか午後2時になっていた。

（いかん。これではダメだ）

いったん切り上げて、発射管制室の金属製パネルの解体に移った。

先週、エリックは金属製パネルを二つとも開けていた。まずはその一つに取りかかる。8B6K型電気リレーで埋め尽くされた最前部が出てくる。

（今度こそ、何とか枠を取り外して、この裏を見なければ）

悪戦苦闘を続けるが、やはりどうにも枠を取り外すことができなかった。

仕方がない。隣のもう一つのパネルからやるか。苦戦しつつ1時間ほどかけて、何とかネジをいくつか取り外す。しかし、このパネルの手前には、折り畳み式の金属製椅子が固定されており、これをどかさないことには、パネルの扉は開けられない。まずは椅子だが、どうやってもびくとも動かなかった。実に忌々《いまいま》しい。

そうこうしていると、突然、部屋の明かりが消えて、辺りが真っ暗になった。時計を見ると午後6時である。

（いかん。閉じ込められたか）

大声を張り上げたところ、部屋の電気が再び灯った。足音が近づいてくる。

「まだいたのか」

ジョンが驚いていた。

「いや、遅くまで本当にすみません……」

「先に帰るから、電気を消しといてくれな」

電気の消し方を教えると、ジョンは出ていってしまった。闇に包まれた広大な博物館の敷地内に一人。辺りは静まり返っている。さすがに心細くなる。

（集中だ！　作業に集中しろ！）

やがて大型懐中電灯のバッテリーが切れてしまい、作業ができなくなってしまった。時計を見ると午後8時前。

（今日は切り上げるしかないな）

工具を全部片付けて、忘れ物がないことを確認する。施設の電気を消して、建物から出る。後ろでドアが「バタン！」と閉まってオートロックがかかる。外は、文字どおり真っ暗だ。その時になって初めて気づいた。今回はエリックがいない。だから車がないのだ。いったい、どうやってホテルまで帰ればいい……。

携帯電話で必死に探し出したタクシー会社から車が来るまでたっぷり40分ほど、ただただ闇のなかで座り続けるしかなかった。11月末のカリフォルニアの夜は、とても寒かった。

2日目の最終日。焦りが募る。

それでも、これだけ集中的に作業を続けると、ソ連製に向き合うコツがつかめてくる。なんとなく製造者の考え方がわかってきたような気がした。気がつけば午後2時頃までに、きのう失敗した運転席周辺の機器はすべて開けていた。ところが、目当ての品は見つからない。残っているのは管制室のみ。

8B6K型電気リレーが前面にあるその先に進まないと、奥が見えない。枠を固定するネジを一つずつ外していく。それでもまだ枠が外れない。構造を詳細に観察する。枠の縁《ふち》の部分に1カ所押し込むような場所のあることが分かった。そこをぐっと押し込むと、中で「ガシャン」と音がして枠がようやく外れた。

枠をがっちりつかんで手前に引き出す。ついに内部が見えた。そこには、前回確認済みの8B6K型電気リレーが同様に配されているだけだった。おそらくこのパネル内部にも、これ以外のリレーは見つからないだろう。

もう一つの金属製パネルに移る。パネルの前には例の邪魔な折り畳み式の椅子がある。再び観察開始。すると、椅子を支える棒の一部がはずれる構造になっている。錆びついてなかなか動かせないが、執拗に試しているうちに、「ガタッ」と音を立てて棒が外れた。すると、椅子を手前に引き倒すことができたのである。

(これでパネルの扉を開けられる)

扉を思いきり手前に開けた瞬間、意外な光景が目に飛び込んできた。

金属製の小さな板が重なった塊が多数、突き出している。それらが相互に複雑な配線でつながっていた。残念ながら、探していたものではなさそうだ。

落胆しながら、ぼーっと眺めているうちにある考えが浮かんだ。この突起物の集まりは、もしや電気リレーの制御盤ではないのか？　貨物検査で押収されたＰＫＨ型電気リレーの写真をよくよく見直してみると、突起部分が似ている。というか、同一ではないか。小さな金属板の枚数も同じだ。この金属板の反対側を見れば、これがＰＫＨ型リレーかどうかわかるはず。だが、この枠もなかなか外せそうになかった。時刻はすでに午後6時過ぎ。あと30分で片づけ始めないと、飛行機に間に合わなくなる。

その時、枠の右下に、かろうじて手を差し込める空間があることに気づいた。一か八かだ。そこに、デジカメを構えた右手を突っ込んで、裏側から写真を撮りまくった。シャッターを押すたびにフラッシュの光が隙間から漏れてくる。撮った画像を確認すると、そこには、多数のＰＫＨ型電気リレーが整然と並ぶ姿が映し出されていた。ビンゴだ！　タイムリミットぎりぎりで、ようやく前回照合できなかった電気リレーを見つけることができたのだ。

ようやくこれでほとんどの検査品をマッチングさせることができた。コイルと、ブレーカーのうちの1種類はまだ見つかっていないが、ここまでくれば、何とかなるだろう。

それにしても、ブレークスルーの瞬間はなぜ最後の最後にならないと来ないものなのか。

世界的権威の太鼓判

ニューヨークに戻った後、ドイツ人専門家のレイネケ博士に、もう一度だけ相談してみることにした。

「あなたに以前、相談した物品について、我々が実際にスカッド・ミサイル・システムを解体して発見したものと照合した結果、ほぼすべてが同一であることを確認しました。つきましては、我々の分析結果を添付ファイルにまとめておりますので、もし技術的な説明につきまして何か間違いなどございましたら、可能な範囲でご教示いただければ幸いです。ただ、コイルとブレーカーの一つは見つかりませんでした。もしこの用途について何かご存じでしたら、あなたのドイツ政府に対する秘密保持のお立場を損なわない範囲で、ヒントだけでも提供していただけないでしょうか。なにとぞよろしくお願い申し上げます」

前回相談した際は、守秘義務を盾にほとんど何も教えてもらえなかった。今回は我々の捜査結果をまとめて伝えたうえで、相談事項を限定し、「ヒントだけでも」とのもちかけかたである。

レイネケ博士から、「君たちは包括的な捜査を行っており、これは非常に優れた分析だ」との、非常に好意的な返答があった。博士は、政府の立場で集めた情報は出せないが、国連査察官として集めた情報については共有できるものがあるとしたうえで、2点ばかり指摘してくれた。

まずは、我々がマッチングできたものに関してである。我々の分析は「正しい」と太鼓判を押してくれたのだ。スカッド・ミサイルの権威がついに我々の正しさを保証してくれたわけである。これほど力強い言葉はない。

二つ目は、「コイル」について。驚いたことに、これは単なるコイルではなく、スカッドの弾頭部分に取り付けられる「気圧変化感応型スイッチ」と呼ばれる代物だという。発射されたミサイルが頂点に達し、弧を描きながら落下する際、このスイッチが気圧の変化を感知し、一定の気圧に達したら弾頭の起爆メカニズムを起動させるのだそうだ。

最も問題のなさそうに見えた普通のコイルらしき物体が、実は今回の調査品目の中で、唯一、スカッドのみに使用される最重要部品だったことになる。汎用品では決してない。明確な軍用であった。軍用車両博物館のスカッドには、弾頭部はなかった。それで、コイルは見つからなかったのだ。

のちに、ドイツ人の若きミサイル専門家であるマーカス・シッラー博士が、このスイッチに関して、別の場所で撮られた写真を提供してくれた。イラク向けにスカッド関連物資として不正輸出されそうになっていたところを差し押さえられ、ドイツ国内の税関倉庫で保管されていたとのことだ。その時に撮られた写真を見ると、今回の押収物から見つかったものと同一である。そのほかにも、ブレーカーに関するソ連軍のマニュアルの写しを送ってくれたのだった。

ようやくコイルとブレーカーもミサイル関連と確認できた。こういう情報をドイツ人専門家ではなくドイツ政府が、国際協力の枠組みのなかで関係国と迅速に共有できないものだろうか。

警報

「……国連専門家パネルとしては、これらすべての物品は、安保理決議のもと、北朝鮮による輸出や仲介が禁止されている『すべての武器及び関連物資』に該当するものと考えます。これらの特徴はすべてスカッドBミサイル・システムに使用されているパーツや部品と合致します」

協力要請に対する、専門家パネルの公式な回答として、分析結果を詳細に記した39ページにわたる公式書簡を、要請相手の国連加盟国へ送付した。

「貨物検査の当事者として、貴国が、これら貨物の性格に関する最終判断の責任を負います。貴国がこれらの物品を国連安保理決議が禁止するところの『すべての武器及び関連物資』として結論づけるならば、その決定は充分に正当化されるものと、パネルは考えます」

書簡の中では、各押収品に関する技術面での分析結果や、貨物輸送に関わった北朝鮮とエジプトの軍事企業に関する分析、安保理決議の関連条項と照らし合わせた貨物の法的側面など、すべての捜査結果を包括的にまとめ上げた。政治色は一切排した、高い証拠能力と客観的データに基づく分析結果である。

米国政府の情報機関に勤めていた経歴を持つ同僚も、絶賛してくれた。

「素晴らしい。情報機関は、協力国に対してここまで詳細な情報は提供しない。こんな報告書は見たことがない」

嬉しい賛辞であった。しかし、私の頭の中では、むしろ警報がひっきりなしに鳴り続けている。スカッド・ミサイルを保有している国々はいまだにアフリカや中東地域に数多く存在する。これらすべての国々が、このミサイルの維持・補修を必要としているはずだ。今やそのようなサービスを提供できるのは北朝鮮だけであろう。つまり、北朝鮮と数々の「顧客」との間には非合法取引を継続する強い動機が存在する。北朝鮮にとっては、サービス自体が貴重な〝ニッチ商品〟なのだ。

その北朝鮮の制裁逃れはより巧妙化している。今回差し止められた航空貨物は、普通の検査当局ならば、すぐに「釈放《リリース》」してしまうようなものだった。今回、当局が早まった判断をせず、国連安保理に協力を要請してきたのは、運がよかったとしか言いようがない。

そもそも、スカッド・ミサイルの部品に関して、役に立つ公開情報はほとんど存在しない。しかも、情報を持っているはずの関係諸国は、何も協力してくれない。明らかに現在の国際協力体制には深刻な欠陥があり、北朝鮮はその間隙を巧みについていた。関係国には、よりいっそう警告しなければならないだろう。


そうした目的で、安保理メンバーの、ある超大国の外交官に面会した際のこと。彼は若手ながら、北朝鮮制裁の実務を取り仕切っている。今回の事件と今後取るべき対策について説明を始めると、彼はさわやかな笑顔でこう答えた。

「まず言っておきたいことがある。我々は膨大な量の情報を持っているけれど、あなた方、専門家パネルはほんの少し、これっぽっちしか知らない」

親指と人差し指で「これっぽっち」を強調しながら繰り返す。

「我々は、全部知っている」

強烈な違和感を感じる。彼は、「私がその答えを知らなかったわけではない」と言いたいようだが、そんなことはどうでもいい。こちらは、「あんたたちは何も情報を提供してくれなかったけれど、俺たちはすべて調べ上げたぜ」と自慢しに来たわけではない。しかし、彼は余裕綽々といった態度を誇示しながら、あろうことか、こう言い放った。

「そもそも貨物捜査の責任はあの国の政府にある。本来、自分たちがなすべき仕事を専門家パネルに頼らないよう、警告しといたよ」

なんということだ。彼は明らかに、問題の本質を理解できていない。捜査の責任がその国にあるのは当たり前だ。しかし、スカッド・ミサイルやその情報を保有しているまともな国など、ほとんどないのだ。しかも、使われる部品の公開情報がほとんど存在しないうえ、この外交官の母国政府を含むいかなる政府も、ろくに情報を提供しない。これでは検査当局がいくら捜査をしたくともしようがないではないか。世界各国の検査当局が、貨物検査のたびに、あの軍用車両博物館に行って、忌々しいソ連製兵器を分解し続けることなど、ありえない。各国の貨物検査当局が国内の司法手続きをクリアできるレベルの正当な情報が得られなければ、制裁違反を疑いながらも、それを見過ごさざるをえなくなるだろう。必要なのは、スカッド・ミサイル関連部品に関して、国家の枠組みを超えて情報を共有できる仕組みを整備することではないか。

それなのに、この若き外交官は、国連決議をしっかり履行しようと支援を求めてきた加盟国政府に対して、「そんなことは二度とするな」と警告したわけである。

この人物の話には、実務レベルの現実味が一切感じられなかった。彼が唯一気にしているのは、国連や貨物検査当局より常に上位に立つ我々、という一点のようだ。メンツ、あるいは不毛な優越意識である。当然ながらこの面会では、北朝鮮への対抗策という具体的な方法など話題に上ることはなかった。

(こんな国が国連の制裁をリードしていては、うまくいくはずがないよな)

北朝鮮の狙いは

2015年2月、クアラルンプール。ここは、東南アジア諸国を対象とした、国連安保理決議に関するセミナーの会場だ。参加者の多くは地域の制裁関係当局者だ。今回のセミナーも英国政府が自国のシンクタンクに出資して、国連専門家パネルと協力して開催してくれた。アジアは日本の裏庭のはずだが、海外でこの手の会議を主催するのは英国のほうがはるかに積極的である。

ある主要港で、貨物検査の責任者を務めている人物が発言する。

「我々のところに外国からよく貨物検査の依頼が来るけれど、問題となる禁輸品にお目にかかったためしがない。懸念貨物だというので開けてみたら、何のことはない、普通の貨物ばかりだ。提供される情報が曖昧過ぎるうえに、ほとんどが誤りだ。こういうのは困る。港は忙しい。大変な数の貨物船が往来している。貨物検査のたびに停泊を延長させなければならず、大変なコストが生じている。へたをすると、我々が訴えられることにもなりかねない」

いい加減な情報に基づく貨物検査の要請など、はっきり言って付き合っていられない。そういう趣旨の発言である。

検査当局の気持ちはよく理解できる。「懸念貨物」があるかもしれないという理由で、東京駅で新幹線をしょっちゅう止めなければならないとしたら、たしかにたまったものではない。

しかし、それこそが北朝鮮の狙いである。多くの場合、検査当局は一見して兵器関連と判断できなければ、押収することはない。そして、「その貨物を検査しろ」と要請してきた超大国の情報機関を疑うようになる。次に要請を受けたときには、「またか、いい加減にしてくれ」という気分になるのは当たり前だ。

事実、先に紹介した2013年のスカッド・ミサイル関連貨物摘発事件に関連して、この取引のもとになった、北朝鮮のルンラド貿易会社とエジプトの軍事企業MODAとの間の契約合意文書によると、摘発された貨物は契約全体の一部にすぎないことが明らかになっている。北朝鮮は他にもエジプトに向けて、スカッド関連物資を送ることになっていた。契約された他の物品には、

「小型ネジ」「緑色ガラス」「赤色ガラス」「電気抵抗器」などが含まれていた。いずれもスカッドを解体した際に見かけた部品ばかりだ。もしこれらが輸送途上で検査されても、ミサイル関連物資と見分けられずにそのまま通過していた可能性は高い。ひょっとすると、いまセミナーで不満を表明している検査責任者が「釈放《リリース》」した貨物の中に含まれていたかもしれないのだ。

スカッド・ミサイルの解体で苦労して撮影した一連の写真を、改めて見直していた時のことである。

(どこかでこれらと類似の製品を見たことがあるな)

改めて自分のデータベースを洗い直してみる。しばらく調べていると、出てきたではないか。かつてミャンマーの軍需産業総局（ＤＤＩ）や北朝鮮の朝鮮鉱業開発貿易会社（ＫＯＭＩＤ）の中国国内の関係者らと取引をしていた日本企業Ｆ社である。その企業が近ごろ宣伝している製品に、東欧諸国製の真空管アンプなどの電気製品が含まれている。ホームページに掲載している写真を見ると、スカッド・ミサイルの移動式発射台で見つけた部品と類似の製品がある。かつて２００９年に朝鮮鉱業開発の関連企業がＦ社に対してロシアから外貨で送金していたが、その際、送金の名目として「電気部品」の購入代金と記されていたことが思い起こされた。

この「電気部品」とは、果たして何だったのだろうか。

隠蔽をはかる非常任理事国エジプト

２０１３年の貨物摘発事件に関して、貨物検査当局側の司法手続きが完了し、国連専門家パネルが本件について年次報告書に本格的に記載できるようになったのは、２０１６年のことである。同年1月1日より、エジプトが国連安保理非常任理事国に就任した。「事件の当事者」が、取り締まる側の正式メンバーとなったのである。

エジプト政府は、専門家パネルからの公式照会に対して、なかなか返答してこなかった。それどころか、我が国の捜査が終了するまで、パネルは本件に関して年次報告書に載せてはならない、書けば年次報告書の公表を阻止するかもしれない、などと脅しすらかけてきた。

圧力に屈せず、専門家パネルが本件を報告書に記載したところ、報告書が委員会に提出される締切当日の夜になって、エジプト政府は公式回答を寄越してきた。「（スカッド・ミサイル関連貨物の荷受人とされる）MODA Authority International Optronic という名前の企業は、エジプトでは登記されていない」「そのような政府系の企業もない」という極めて短いものだ。そして、この内容をパネルの年次報告書に添付資料として付け加えろと、大変な圧力をかけてきたのである。

私の国連離任後に、国連専門家パネルの元同僚が行った捜査では、この企業が使用していたカイロ市内の住所と電話番号は、「Arab International Optronics」というエジプトの軍事企業の連絡先であることが判明している。同社の最大株主は、エジプト国防省傘下の政府組織。つまり、エジプト政府の息がかかった大手軍事企業が偽名でスカッド・ミサイル関連物資の密輸入を画策していたことになる。エジプト政府はこの事実を隠蔽していたのだ。

専門家パネルや米財務省の報告によると、エジプトには、少なくとも２０１５年頃まで、制裁対象の北朝鮮の武器密輸企業である青松連合や朝鮮鉱業開発の代表者らが駐在していたとのことである。

（エジプトはまだ北朝鮮から兵器を密輸しているのではないか）

こんなに堂々と国連の制裁に違反してきた国ですら、安保理の非常任理事国になれるのが、国連の実際なのだ。

制裁がなかなか効を奏しないのには、実に様々な理由がある。

8　盗まれるマザーマシン

核・ミサイル開発の必需品

現代社会において、ほとんどの製品は、その大小に関係なく、機械によってつくられる。それら機械をつくるための機械が工作機械だ。工作機械が「マザーマシン」と呼ばれるゆえんである。そして今や、コンピューターで数値制御（ＣＮＣ）された工作機械が、精緻なものづくりのより高度な自動化を支えている。

２０１０年10月、東京ビッグサイトでは、世界三大工作機械見本市の一つ「日本国際工作機械見本市」が開催されていた。日本製やドイツ製など、世界の主要国の最先端の工作機械や各種測定器・工具などが展示されている。

ここを訪れる多数の来場者の中に、ある技術者の一団が紛れ込んでいた。彼らが特に注目しているのは、日本製とドイツ製だ。ＣＮＣ工作機械、放電加工機、電子ビーム加工機、レーザー加工機、しごきスピニング加工機、フライス盤、研磨機、旋盤──。これらは民生品ながらも、ウラン濃縮や弾道ミサイルなど、核・ミサイル開発に関連する部品の製造にも充分対応できうるものだ。彼らはこれらの製品情報を収集した後、報告書をまとめた。彼らが所属するのは、日本国内にありながら、北朝鮮が掲げる「富強発展」のために科学技術分野で貢献することを目的とする組織である。そのメンバーは定期的に北朝鮮を訪問していた。

2010年の展示会に出品されていた工作機械のうち、レーザー加工機や4軸および5軸工作機械、放電加工機などは、2016年の安保理決議2270号で、核・ミサイル関連物資として、対北朝鮮取引禁止品目に指定されることとなった。

日本政府当局者によると、冷戦時代より、日本から北朝鮮に対して様々な先端工作機械の情報や技術が流出していったという。中でも、工作機械分野で最も大きな恩恵を被った北朝鮮企業の一つが「朝鮮蓮河《リョンハ》機械合営会社（蓮河機械）」。蓮河機械は、北朝鮮で最大手の工作機械メーカーで、各種のCNC工作機械を主力商品として宣伝している。

「日本国際問題研究所」の飯村友紀研究員のレポートによると、北朝鮮においてCNC工作機械がにわかに脚光を浴びるようになったのは2009年のことだったという。同年8月の朝鮮労働党の機関紙「労働新聞」紙上に突如として工作機械部門の成果を列挙した長文の記事が掲載され、最高指導者・金正日の命令によって1990年代から同部門の育成が続けられてきたことが公になった。北朝鮮がCNC工作機械の自力生産能力を喧伝し始めたのも、その能力が必ずしも侮れないことを窺わせる情報が出始めたのも、この頃である。例えば、2009年5月に金正日総書記は北朝鮮のCNC工作機械の大規模生産拠点とされる慈江道《チャガンド》・熙川《ヒチョン》市の機械工場を訪問した。

その際、金総書記の傍らには遠心分離機のローター用とも思われる合金4本が展示されていた。もしこれらが本物であれば、製造には精緻な金属加工技術が必要だ。

特に、2012年12月の銀河3号ロケット発射成功以降、北朝鮮はCNC工作機械を国家経済のみならず、核・ミサイル開発推進における必需品として高らかに喧伝するようになる。

制裁を嘲笑う「蓮河機械」

2013年1月、国連安保理は前月の銀河3号ロケット発射を受けて、蓮河機械を含む、北朝鮮関連の6団体と4名の北朝鮮人を制裁対象に追加した。ちなみに蓮河機械の親会社は、2009年4月に制裁対象とされた北朝鮮軍事企業「朝鮮連峰総会社」である。

だが、蓮河機械は制裁対象指定後も、あいかわらず自社製品を多言語で宣伝し続けている。かつて蓮河機械の代表者は、「2012年までに年間1000台以上の工作機械の輸出が目標」と、朝鮮総連の機関紙「朝鮮新報」（2009年5月20日付）で述べており、様々な国々で顧客開拓に努めていたものと思われる。2012年8月に平壌で開催された平壌機械展示会では、中国、ドイツ、シンガポール、イタリア、チェコ、台湾の企業の参加が報道されていた。北朝鮮にとって重要なパートナーの存在が推測される。蓮河機械の活動を封じ込めるには、同社の海外ネットワークをあぶりださなければならない。

ただ、中国やロシアなどに真正面から問えば、「国連制裁の対象になる以前の蓮河機械との取引は合法であり、国連専門家パネルの捜査対象とされるべきではない」「我が国は国連安保理決議を真摯に履行している」といったお決まりの言い訳ばかりで有益な情報など得られる見込みはない。ロシアに至っては逆に、「越権捜査だ」と非難すらしかねない。我々だけで蓮河機械による制裁違反行為のしっぽを摑まねばならないのだ。

注目すべき重要イベントがある。蓮河機械は2012年10月、中国遼寧省丹東市で開催された「中朝経貿文化旅游博覧会」に出展していた。もしかしたら、今年も出展するのではないか。ただ、国連専門家パネルは中国政府の許可なしには入国できない。そこで、一縷《いちる》の望みをかけて様々な関係者に連絡を取った。「蓮河機械が出展しないか、ぜひ注目してほしい」と。

博覧会開催前日の2013年10月10日、日本のメディアが一斉にスクープとして報じた。やはり蓮河機械が博覧会に参加していたのである。「朝鮮蓮河機械合営会社」は「朝鮮聯合機械貿易会社（リョンハプ機械）」と名を変えて博覧会への出展を申し込んでいた。中国側主催者は博覧会当日まで、これが制裁対象企業であることに気づかなかったのか、あるいは気づかないふりをしていたということになる。

博覧会初日、「リョンハプ機械」は大きな展示ブースに堂々と「蓮河機械」の横断幕を掲げて同社の工作機械を展示し、パンフレットを配布し始めた。ここに日本のメディアが殺到する。開幕直後の混乱の最中、中国側の展示会責任者がブースを訪れて展示品の撤去を求め、拒否する北朝鮮側ともみ合いになるシーンが放送されていた。日本の各局のニュース映像から、蓮河機械の関係者が少なくとも7名は確認できた。取材攻勢に、蓮河機械の中国事務所の代表者と名乗る人物は、シラを切り通そうと必死だ。

「（同名の会社が多数あるので、我が社が）制裁対象の会社であるとは言えません」「北朝鮮には同名の名前の会社があるかもしれないし、干渉しないでほしい」「私の名前は金明哲だ。同じ名前の人は３００人はいると思う」

それでも、翌日にはこのブースはすべて撤去されていた。メディアの攻勢を受けて、中国外務省が慌てて主催者に圧力をかけたに違いない。日本のメディアの功績だった。

社名を変えればいいだけ

博覧会の参加者から、蓮河機械がブースで配布していたパンフレットと、「金明哲」と名乗る人物の名刺を入手した。実際に名刺に記された名前は、「昇平進《スンピョンジン》」。肩書は「朝鮮蓮河機械公司代表」。連絡先として丹東市内の住所が印刷されている。パンフレットには、蓮河機械の中国での販売代理店「丹東易勝商貿有限公司（丹東易勝社）」と、その責任者であろう「李毅」という人物の連絡先が載っていた。この住所は、「金明哲」こと昇平進の連絡先として記された住所のすぐ近くだ。李こそ、蓮河機械の中国人協力者だろう。これは重要な発見だった。

丹東易勝社とは、果たしてどのような企業なのか。ぜひとも訪問してみたいところだが、そう申請したところで中国政府が入国を許可するはずがない。それどころか、中国政府に公式に伝えれば、この企業は雲隠れしかねない。今のうちに独自に情報収集しなければならない。

次の一手を考えあぐねていると、助けは意外なところからやって来た。

10月18日、フジテレビ中国支局の取材チームが、なんと蓮河機械と丹東易勝社のオフィスを突撃取材したのだ。フジテレビの北京支局には、鴨下ひろみ記者という優秀なジャーナリストを中心とする取材チームがあって、それまでにも北朝鮮の非合法活動に関して現地で調査報道をたびたび行っていた。

映像を見ていると、二つのオフィスは、丹東市内の同じ敷地内にあるようだ。敷地入口の「鴻潤緑江華府」という立て看板の横を通り過ぎると、高層ビルと低層ビルが1棟ずつ見える。記者たちはまず高層ビルのエレベーターに乗って、23階にある蓮河機械のオフィスを目指す。エレベーターの内装は大きく剝げている。目指す階に着くと、取材チームが映し出したオフィスの入り口にはきらびやかな装飾が施されているが、看板はない。取材チームがベルを鳴らしても、誰も出てこない。人の気配もない。

次に取材チームは低層ビルに移り、丹東易勝社を直撃する。応対に出た中国人スタッフに記者が問いかける。

「蓮河社の代理店か」

「そうです。誰か探していますか」

「蓮河社の事務所（注・昇平進のオフィス）には誰もいないのか?」

「そこは事務所じゃない。ここが事務所です」

驚くほどあっけらかんとした答えだ。

先日の博覧会の際、日本のメディアからインタビューされた蓮河機械のスタッフも、蓮河機械が国連の制裁対象になっていた事実や、それが何を意味するのか、まったく理解していなかったようである。つまり、彼らのビジネスは、国連の制裁によってもほとんど支障をきたさなかったのだ。

ニュース映像を見ていて愕然《がくぜん》とした。国連安保理決議に関する限り、やはり中国は事実上、無法地帯のようだ。制裁を履行するために必要な「法による支配」が中国には決定的に欠落していた。儲けるためなら何でもあり、なのだ。中国外務省は国連によって「制裁違反」と名指しされることを極端に嫌がるが、制裁のことを気にかけている中国人など、ほとんどいない。中国政府にとっては、あくまでも外交的なメンツを失うのが嫌なだけなのだろう。

フジテレビのニュース映像を見たパネルの同僚たちは苦笑しきりである。中国人の同僚も、映像を突きつけられてさすがに返す言葉がない。

「日本のメディアはこんな報道をしているのか」

ぼろっと言葉が漏れた。自国民による明白な制裁違反行為を目の当たりにして、言葉を失っている。日本メディアの調査報道のおかげで、中国政府も否定できないのだ。

私が別途入手した情報によれば、昇平進は年に4回ほどしか、このオフィスに来ないらしい。彼は前年の博覧会の際、「丹東以外にも、北京、瀋陽、モスクワに蓮河機械の代表所がある」と話していたそうだ。それが本当だとしたら、丹東はあくまでも海外拠点の一つに過ぎない。

蓮河機械の従業員は、本社と八つの工場を合わせて約2万人ともいわれる。また、チェコ、バングラデシュ、シリア、イラン、南アフリカ、ペルー、チリなど複数の国々に向けて工作機械の輸出を積極的に画策している模様だった。中国製品よりも安価なため、思いのほか人気があるのかもしれない。これだけ大規模な事業を展開していれば、貿易の重要拠点である中国国内にも丹東以外に拠点が必要なはずだ。

蓮河機械の中国内のネットワーク解明は急務だった。蓮河機械の工作機械には台湾製のCNC装置が使用されている。台湾当局の対北朝鮮輸出規制にもかかわらず、蓮河機械は品質の優れた台湾製をどうやら大量に調達しているようだ。この台湾メーカーに、蓮河機械の調達ルートについて調査してもらったが、「わからない」との回答だった。中国本土で大量に製品を販売しているため、そこから流れているのかもしれない。

蓮河機械のスタッフは、「国連制裁になれば、社名を変えればいいだけ」と話していたという。事実、蓮河機械の中国代理店の李毅は、早くも別の会社名「丹東億霖商貿有限公司」も使って事業再開を図っているようだ。「丹東易勝社」では営業しにくくなったのだろう。

中国の「闇」は実に深い。蓮河機械のネットワークを早急に摘発しなければならない。

おとり捜査

北朝鮮は、合法取引の中に非合法取引を落としこむプロだ。だからこそ、その取り締まりは国連加盟国にとって困難を極める。もっとも逆の見方をすると、彼らは合法取引も行わなければならないわけである。非合法活動のみに特化した北朝鮮関連企業というのは、ついぞお目にかかったことがない。彼らの弱点を逆手にとれば、こちらの強みにできる。

２０１３年11月のある日のこと。丹東易勝社の李毅は、見知らぬ人物から電子メールを受けた。「ぜひ、製品の詳細なスペックと価格、輸送条件などについて教えてほしい」

送り主は、「バングラデシュ在住のビジネスマン」と名乗った。彼は、前年にも丹東の博覧会を訪問しており、蓮河機械の製品に関心があるという。その後ひと月ほど、李毅はメールを何度かやり取りしたうえで、最終的に蓮河機械の最新パンフレットと価格表を送付した。有望な顧客になると確信したのだろう。

「私たちはあなた方にいろいろな工作機械や関連機材を供給できます。あなたのような方と友人になれて、とてもうれしいです」

そう書き添えて。

「こちらこそ本当にありがとう」

そう返信した「ビジネスマン」は、口元をほころばせた。

（実に親切な人物だ。本当に、うれしいよ。こんな貴重な情報をくれるなんて）

その日の早朝、ニューヨークの国連本部近くにある「ビジネスマン」の自宅には、朝日が差し込もうとしていた——。

李毅から送られてきたのは、蓮河機械が手がける製品の最新パンフレットと価格表だ。丹東の博覧会から早1カ月が過ぎていたが、彼は相変わらず、蓮河機械のためにビジネスを続けている。確信犯である。

このパンフレットには、以前のものと決定的な違いがあった。どこにも「蓮河機械」という名前が見当たらないのだ。代わりに「ＫＯＲＴＥＣ」という新しいブランド名が記されている。だが製品は間違いなく、蓮河機械のものである。さらに、パンフレットには、蓮河機械の最新型ＣＮＣ工作機械の情報も含まれている。制裁の対象企業に新製品のお披露目をされるとは、国連安保理もなめられたものである。

パンフレットとともに送られてきた取引申込書は23ページにもわたる。そこには２０１３年12月付で「ＫＯＲＴＥＣ」の製品——すなわち蓮河機械の製品——のスペックと価格が記されている。蓮河機械の名前はレターヘッドにも記されておらず、代わりに「KOREA MACHINARY

TRADE CO., LTD.」という企業名が、平壌市内の連絡先住所とともに記載されている。
製品のスペックを読むと、ほとんどの機械に、依然として台湾製のＣＮＣ装置が使用されていた。いまだに制裁の網の目を潜り抜け、台湾製品を調達しているようだ。

製品の価格は、北朝鮮・南浦港からの送料込み、ユーロ建ての金額で記されている。アメリカ政府による金融制裁のために、北朝鮮がらみのドル建ての取引が厳しくなっているからだろう。

提げられた製品を見ると、最も安いＣＮＣ工作機械でも、１台２万ユーロ（約２８０万円＝当時）である（次ページの表参照）。最も高価な製品はＣＮＣ５軸複合加工機で、９万５０００ユーロ、１０００万円をはるかに超えている。北朝鮮にとって貴重な外貨獲得源になっているのは間違いない。

この「ＫＯＲＴＥＣ」が本格稼働する前になんとかしなければ、と調査を開始したところ、ほどなく驚くような情報を発見した。ＫＯＲＴＥＣは蓮河機械の新規ブランドなどではなかったのだ。すでに数年前から、蓮河機械はこの名前でずっと活動していたのである。ただし中国ではなく、ロシア国内で。

ロシア「謎の合弁企業」

ロシア語の検索エンジンで「ＫＯＲＴＥＣ」と入力すると、意外な情報にたどり着いた。２０１２年に発刊されたロシア語の業界誌「金属加工２０１２」にＫＯＲＴＥＣ社が紹介されていたのである。この記事によると、「ＫＯＲＴＥＣ」は、北朝鮮の「Koryo Technological Corporation」のロシア側カウンターパートの合弁企業として設立されたという。しかも、それ

KORTEC製品と価格

製　品　名		価格（ユーロ建て）
万能旋盤	フイチョン5A-1000	5,400
	フイチョン5A-1500	5,760
	フイチョン5A-2000	6,600
CNC旋盤	TC-560（1000mm）	20,700
	TC-560（1500mm）	21,850
	TC-560（2000mm）	25,300
	TC-170	33,350
	TC-210	38,985
	TC-350	43,240
垂直型フライス盤	M12-300	4,920
	M13-300	4,920
	VMC-25	37,375
	VMC-30	38,065
	VMC-30A	47,026
	VMC-40	45,080
	VMC-40A	48,161
CNC5軸複合加工機	RM50E	95,000

（2013年12月付の取引申込書より）

は2011年8月、ロシア訪問中の金正日総書記と当時のメドヴェージェフ大統領との合意に基づくというのだ。その目的は、ロシアに北朝鮮製の工作機械類を供給するためで、在モスクワ北朝鮮大使館が会社設立を主導したという。つまり、ロシア政府が北朝鮮との合意により国家として設立した企業、ということになる。

しかし、「Koryo Technological Corporation」という名の北朝鮮企業は存在しない。KORTEC社のパンフレットに紹介されているすべての機械には、ご丁寧にもハングルで「련하기계」(蓮河機械)と製造元が刻印されている。KORTEC社は、間違いなく蓮河機械の変名である。蓮河機械は、ロシアと北朝鮮の最高指導者の合意という最高の舞台を用意してもらい、堂々と偽名を名乗りながら、国家的プロジェクトとしてロシア国内で合法的にビジネスを展開していたのだ。あまりの大胆さに、言葉を失う。

記事の中には、この北朝鮮企業について、自国内で「航空宇宙、防衛、車両、船舶」などの「国家的産業」のために様々な工作機械を提供する「唯一の供給源」と書いてある。まさに蓮河機械のことだ。「防衛」産業関連の北朝鮮企業であることを認識しながら、ロシア側がカウンターパートたる合弁企業の設立に合意していたとすれば、「すべての武器及び関連物資」の移転を禁じた安保理決議1874号(2009年6月)に抵触しかねない。

また、KORTEC社は技術支援やコンサルティング、器具の設置や補修などを含む、あらゆるサポートも提供する、と記事には謳《うた》われている。このために、KORTEC社には、北朝鮮とロシアの機械工、プログラマー、エンジニアなど専門家が集まっているようだ。もし事実であれば、ここは蓮河機械にまつわる技術者の「巣窟」だ。

さらに気になる情報を見つけた。KORTEC社はメドヴェージェフと金正日の合意がなされた2011年以前からロシア国内で活動していたようなのだ。例えば、2009年にロシア国内で開催された機械工具貿易博覧会にも「KORTEK合同会社」は、北朝鮮の「Koryo Technological Corporation」のロシアにおける代理店として出展していた。とすると、蓮河機械はKORTEC社、あるいはその前身となる企業を通じ、この時点で少なくとも4年はロシア国内で活動していたということだ。果たしてロシア国内で何をしていたのだろうか。

その後、KORTEC社の公式ウェブサイトを発見することができた。そこには、さらに驚くような内容が記されている。KORTEC社が主力商品としているのは、蓮河機械より高品質の台湾製やスペイン製の最先端の工作機械なのだった。これらに「KORTEC」のロゴマークをつけて販売していたのである。台湾のCNC工作機械・器具の製造会社4社とスペインの工作機械製造会社1社がKORTEC社のカウンターパートとされている。蓮河機械製は、旧式の製品が3台だけ、値引きして表示されているだけで、「在庫処分」という扱いだ。蓮河機械の存在感はすっかり薄れてしまっている。

少なくとも2013年半ば以降、KORTEC社は、もはや北朝鮮とのつながりに触れることはなく、台湾やスペイン企業のロシア国内における「公式の代理店」を標榜していた。

KORTEC社が宣伝する台湾製CNC工作機械の中には、核関連物資として対北朝鮮禁輸品目に該当しうると思われる、数々の先端的な製品が含まれていた。これらの機械には、日本とドイツの大手企業の高品質のCNC装置が組み込まれている。私の頭の中では、警報が鳴り響いていた。

否認常習犯ロシアの論法

専門家パネルとしては当然、ロシア政府にもKORTEC社に関して公式照会を行うのだが、有益な情報など提供されるわけがない。それどころか、照会内容の重箱の隅をつついて、照会自体を攻撃してくるのがロシアの常套手段だ。事実、回答は予想どおりの内容だった。

KORTEC社は、蓮河機械の工作機械をロシア市場に供給するために2012年に設立されたが、翌年1月に蓮河機械が国連の制裁対象になって後、同社は蓮河機械との関係を断ったのだそうだ。国連安保理決議を順守しており違反行為は何もないので、これ以上捜査するべきこともないという。つまり、国連専門家パネルに対して、「これ以上質問するな」と言っているわけだ。むしろ、本件でロシア政府の厳格な決議履行意思が証明された、と自画自賛までしている。専門家パネルには、「より慎重な情報収集の必要性に注意するように」と忠告までしてくれた。

(それはそれは、ご親切にどうも)

ロシア政府がからむといつもこうだ。照会には常に、脅しのニュアンスを込めた返答をしてくる。ロシア政府の言い分を聞いていると、いくつか共通のメッセージが読み取れる。

①オンライン取引サイトや業界誌などの情報は何ら信頼できるものではなく、そのような情報に基づいて捜査などをしてはならない。
②政府が提供した公式情報に基づいて捜査せよ。
③制裁対象指定以前のことは違反ではないのだから、一切捜査するべきではない。

そもそも、ロシア政府が信頼できる情報を正直に提供してくれるならば、捜査など必要ない。要は、「我々は協力しないけど、専門家パネルが自分たちだけで制裁違反と間違いなく断定できた場合にのみ、照会してよろしい」という感じである。捜査協力を要請する前に完全な結論を出しておけ、ということだ。しかも、我々の公式照会に難癖をつけるばかりでなく、「あまりしつこく聞いてくると、専門家パネルから追い出すぞ」といわんばかりの脅迫で返してくることもある。中国よりもたちが悪い。ロシア国内における北朝鮮の活動実態は、実に把握しにくい。言葉の壁もあるし、公開情報がそもそも少ない。ロシアは中国以上に捜査が難しい国なのだ。

日本企業の真摯な取り組み

２０１４年11月、ＫＯＲＴＥＣ社が製品として紹介するスペインと台湾の機械メーカーすべてに照会したが、とにかく対応が鈍かった。

スペイン政府は２０１５年より国連安保理の北朝鮮制裁委員会で議長国を務めているが、とにかく反応が悪い。スペイン企業とＫＯＲＴＥＣ社との取引実態などについて何度も問い質したが、一切返事がない。ほぼ1年かけてようやくなされた返事は、「スペインに専門家パネルを招待するので、直接、その企業と話してほしい」とのこと。なぜこの程度の返答にこんなに時間がかかるのか。私にはまったく理解できない。

残念ながら、私が国連を去るまでにスペインを訪問する余裕はなく、ついにＫＯＲＴＥＣ社とスペインに関する情報に接する機会はなかった。

台湾の4社にも繰り返し照会したが、ほとんど返事が来ない。

「このまま貴社から何も返事を頂けなければ、貴社が国連の制裁に違反している可能性を安保理に報告せざるを得なくなります」

２０１５年11月のある晩、台湾企業に最後通牒のメールを送った。すると、その数時間後、真夜中の午前1時過ぎごろに、私の直通番号に電話がかかってきた。台湾企業のうちの1社がようやく応答してきたのである。電話口の向こうの台湾人女性は輸出担当者だというが、そのわりには英語があまり話せない。こちらも中国語が分からない。だが、話し続けるうちに次のようなことがわかってきた。

・かつて台湾の国際展示会に出展していた際、ＫＯＲＴＥＣ社の人物から初めてアプローチを受け、その後、２０１３年４月に先端工作機械を1台だけ販売した経緯がある。

・当時、この台湾企業の担当者がＫＯＲＴＥＣ社から聞かされていた話は次のとおり。

《ＫＯＲＴＥＣ社は北朝鮮とビジネスをしていたが、北朝鮮側の関税が高すぎたり、先方の道路状況が劣悪で輸送時間があまりにも長すぎたりと、コストや時間がかかりすぎて、とてもまともなビジネスにはならなかった。このため、北朝鮮側との取引を断念し、代わりに類似製品を台湾から調達しようと考えて、台湾側のパートナーを探していた》

・ＫＯＲＴＥＣ社との関係はこれだけで、なぜＫＯＲＴＥＣ社が自社の製品をホームページで紹介しているのか理解できない。そもそもＫＯＲＴＥＣ社はまだ営業しているのか疑わしい。

そして、彼女は二つの照会先を教えてくれた。一つ目はＫＯＲＴＥＣ社の責任者だったロシア人。もう一つは、ある日本企業の台湾支社だった。同社はＫＯＲＴＥＣ社をすでに調査していたという。初耳だった。

礼を言って電話を切り、そのまま日本企業の台湾支社に連絡する。が、電話口の向こうの台湾人スタッフは、英語も日本語も話せない。「未知との遭遇」に近いやりとりを30分ほど続けた後、本社の担当者を教えてもらえた。英語は一般に想像されているほどユニバーサルな言語ではない。言葉の壁という根本的な問題が、国際的事件の捜査ではしばしば障害となる。私が中国語を駆使できたなら、かなり違った世界が見えていたことだろう。もちろん国連内には中国人スタッフが多数いるが、信頼できる者はいない。

さっそく、本社の担当者に連絡を取って、事情を説明し協力を要請した。彼がＫＯＲＴＥＣ社を細かく調査しようと思ったきっかけは、自社製品を搭載した台湾製ＣＮＣ工作機械を北朝鮮がらみのＫＯＲＴＥＣ社がロシア国内の展示会で展示していた、との情報を得たためだという。この台湾製工作機械が保管されているモスクワ近郊の倉庫まで行って、現物が北朝鮮には輸出されずに、ロシア国内に保管されたままであることまで確認していた。

さすがである。本来であれば、製造元の台湾企業がＫＯＲＴＥＣ社をしっかりとチェックするのが筋だが、それがかなわないので部品供給元の日本企業がしっかりと調べていたのだ。日本の産業界の真摯な取り組みには改めて脱帽である。話を聞く限り、ＫＯＲＴＥＣ社と北朝鮮とのつながりを示す手がかりは、もはやないのだった。

できすぎた話

これまでに入手した情報をまとめてみる。

もともとKORTEC社は、自社設計の工作機械を北朝鮮側で委託製造してもらい、それをロシアに輸入してKORTECブランドとして販売する計画だったようだ。実際、現物を10台だけ北朝鮮から輸入している。しかし、様々なトラブルが発生し、多額の前払い金すら回収できないまま、北朝鮮との関係は終了した。そこで、新たなパートナーとして、KORTECブランドと似た製品を製造している台湾企業を見つけ出して、ロシア国内での販売代理店契約の締結を目指していた――。

つまりKORTEC社は北朝鮮とのビジネスがうまく進まなかったので、2013年初頭には方針転換して台湾とのビジネスを目指した。その時期がたまたま安保理が蓮河機械を制裁対象に指定した（2013年1月）直後だった、というわけだ。この話は、ロシア政府が提供した情報と整合性がとれている。国連制裁違反はなかった、というのが結論だ。

果たして、こんな偶然があるものだろうか。

ほぼ同時に、KORTEC社のロシア人責任者からも電子メールの返信が来たが、結論から言うと、何ら情報は得られなかった。彼はKORTEC社で営業責任者を務めていたが、2012年末には退職したので、会社の書類などは手元にないとのことである。

彼によると、北朝鮮側の担当者は、在モスクワ北朝鮮大使館の「パク・セングン」という人物だが、「他の北朝鮮の人間については知らない」という。おそらくこのパク・セングンが蓮河機械のロシア国内での代表者なのだろう。北朝鮮企業の海外での代表者が非合法活動を行うために外交官になりすますというのは、よくあるパターンだ。

このKORTEC社の元営業責任者の話も、矛盾なく、理にかなっているように聞こえる。だが、考えれば考えるほど、次から次へと疑問がわいてくるのだった。

・KORTEC社はまだ営業しているのか。もしそうであるならば、2013年以降はいったい誰が経営しているのか。そもそもどれほどの規模の会社なのか。

・KORTEC社は、ロシアと北朝鮮の最高指導者による国家的合意に基づく合弁企業なのに、ロシア側の責任者が知っている北朝鮮の人物は1名しかいないという。それは、あまりにも不自然だ。そもそもKORTEC社はホームページで、北朝鮮の専門的な技術者が集まっていると喧伝していたのだ。北朝鮮技術者たちはどこへ行ったのか。

・金正日の肝煎りの企業なのに、なぜ北朝鮮側で輸送や関税などの実務トラブルを解消できなかったのか。最高指導者の決定事項を実務担当者が妨げるなど、北朝鮮ではとても考えられない話だ。しかも、この程度の障害でロシアとの国家的事業を断念してしまうなど、あまりに北朝鮮らしくない。

・ロシア側から北朝鮮に対して、どのような自社製品を委託したのか。ロシアや台湾、またはその他の国々の最先端のCNC工作機械技術も流出したのか。

・KORTEC社はなぜ、台湾企業の工作機械を勝手に紹介していたのか。常識的には不正な行為だ。他の台湾企業の先端製品も、勝手に宣伝していたのか。実際に、取引関係があるのか。

・ＫＯＲＴＥＣ社が選んだ台湾企業の一つは２００６年に北朝鮮の蓮河機械が不正調達の相手として選んだ台湾企業だ。ＫＯＲＴＥＣ社は、この台湾企業の「ＭＨ－５００」型ＣＮＣ工作機械を宣伝している。これは２００６年11月に蓮河機械が台湾の「正輝国際貿易股份有限公司」を通じて不正に調達していた製品だ。これもまた偶然なのか。また、ＫＯＲＴＥＣ社のロシア人元営業責任者は、「蓮河機械の製品と台湾企業の製品が似ている」と言う。しかし、パンフレットを見る限り、台湾製品の方がはるかに優れていて、格が違うとしか思えない。

様々なことを聞きたかったが、ＫＯＲＴＥＣ社の元営業責任者からのメールは最後にこう書き添えられていた。

「今、私は地中海をボートで航海中です。インターネットがつながりにくいので、もし連絡をくれても返事がかなり遅れるかもしれない。よろしく」

国連在任中の、これが彼との最後の交信であった。

だが、後に思わぬ情報を入手する。彼は自身を「ＫＯＲＴＥＣ社の営業責任者」としていたが、当時の名刺の肩書は「常任理事」だったのである。「営業しか知らない」はずがない。さらに、ＫＯＲＴＥＣ社の登記情報を入手したところ、２０１３年７月時点で、彼はＫＯＲＴＥＣ社の株式の25％を保有していたのだ。つまり、「２０１２年末にＫＯＲＴＥＣ社と縁を切った」という彼の説明は真実ではない。仮に役員を退任していたとしても、株主として会社の経営について何も知らないということはありえないだろう。

また、このロシア人はＫＯＲＴＥＣ社以外にも機械販売会社と測定器機販売会社２社のロシア企業を所有していることもわかった。前者は、台湾や中国製のCNC工作機械や放電加工機などの販売会社で、後者はドイツや中国などの工具メーカーのロシア国内での販売代理店である。どうやらこのロシア人は、工作機械の世界である程度成功してきた実業家のようだ。しかも、先端製品調達のための国際ネットワークも持っている。だが、一見しただけでは、彼の企業と北朝鮮との関係を示す情報はもはや見当たらなかった。

ロシア側の説明にはまだまだ多くの疑問があるものの、入手可能な範囲に、KORTEC社と北朝鮮の蓮河機械との関係が2013年後半以降も継続していたことを示す情報はない。ということは、蓮河機械の「KORTEC」ブランドは、ロシアで用済みになった後、蓮河機械の中国での代理店「丹東易勝社」の「李毅」に移ったと推測される。私にKORTEC社のパンフレットを送ってきた李毅は、どこからそれを入手したのだろうか。

今一度、関係者の話を整理してみたい。

①KORTEC社は、北朝鮮とロシアの最高指導者同士の合意に基づいて設立され、蓮河機械とビジネスを行っていたにもかかわらず、北朝鮮側関係者として知られていたのは、在モスクワ北朝鮮大使館の「パク・セングン」、1名のみ。
②国家的プロジェクトにもかかわらず、なぜかそれは1年ほどで破綻してしまった。
③その時期がたまたま蓮河機械の国連制裁対象指定（2013年1月）の時期と重なっていたため、制裁違反は認められない。

話の筋道は立っているが、にわかには納得しがたい話ばかりだ。もっとも、ロシア政府の協力なしには、これ以上、捜査の進展は見込めない。台湾当局にも非公式に協力を要請したが、彼らはこれらの台湾企業に注意を促す警告を与えただけだった。捜査はここで行き止まりだ。ロシアがからむ案件は、いつもこうだ。せっかく捉えた端緒も、それ以上たどれなくなってしまう——。
ところが、話はここで終わらなかった。

画像検索で見つけた別名

２０１３年12月、チェコ政府が国連安保理に対して、蓮河機械には「ミリム・テクノロジー社」という別の名があると通報してきた。チェコの企業も蓮河機械の顧客の一つだった。その後、安保理はこの情報を制裁リストに追加する。

通報をもとに捜査を行ったところ、蓮河機械が決済に使っていたマネー・ロンダリング目的の銀行口座を見つけることができた。口座の名義となっている香港企業「香港叡峰有限公司」の代表は、２０１２年に韓国でミサイル関連物資が摘発された際、発注者となっていた「大連リャオシン社」の代表・富振海である。

その後、旧知の米国人研究者であるジェフリー・ルイス博士から連絡があった。彼は、米ミドルベリー国際大学院モントレー校で核不拡散プログラムの責任者を務める、名うての研究者だ。声が少し興奮している。

「カツ！　蓮河機械の中国のフロント企業をネットで見つけたぞ」

意外な話だった。蓮河機械に関する企業情報は徹底的に精査したはずだが、何か見落としていたのだろうか。

「蓮河機械は『ミリム・テクノロジー』という別の名で活動していたんだ」

なんということだ。この名称は中国でも使用されていたのか。やはり蓮河機械の中国国内のネットワークは、李毅の「丹東易勝社」以外にもまだ残っていたのである。

ジェフの説明によると、彼と部下とで、蓮河機械製工作機械の写真をもとに、ネットで画像検索したところ、同社の製品を大々的に宣伝している中国企業が見つかったという。社名で検索するのではなく、製品を画像検索するとは、クリエイティブな手法だ。

その中国企業は、蘇州市の「蘇州威漢数控科技有限公司（蘇州威漢社）」。CNC工作機械の製造・販売会社である。この会社のホームページをチェックしてみると、蓮河機械の本社敷地内の写真に始まり、かつて金正日がその工場を訪問した際の写真、そして蓮河機械の様々な製品の写真が多数掲載されていた。また、蘇州威漢社は、蓮河機械製の製品に自社ブランドを冠して販売すらしているのだ。そこには、私がビジネスマンを偽装して手に入れたKORTEC社のパンフレットに載っていた、蓮河機械の最新大型CNC工作機械も含まれている。さらに見ていくと、蘇州威漢社の工場内部の写真があった。そこには、なぜか蓮河機械の製品が新品の状態で梱包されたままずらっと並んでいる。蓮河機械の製品は蘇州威漢社の工場で製造されているようにも見える。しかし、そこに「蓮河機械」という文字はない。代わりに「朝鮮密林技術会社営業所」とある。「密林」は確かに中国語で「ミリム」と読める。

蘇州威漢社は、「北朝鮮最大の軍事企業・朝鮮密林技術会社の主要代理店」「朝鮮密林技術会社と協力して、強力なフライス盤や旋盤、工作機械を流通させることを主な仕事としています」と喧伝してもいた。

相手が北朝鮮の軍事企業であることを充分認識したうえで、その代理店を務めていたわけである。しかも「朝鮮密林技術会社」との密接な協力のもとで事業を展開していたという。これはもう言い逃れしようにもしようがない、国連制裁違反行為だ。

蘇州威漢社は、様々な放電加工機も製造・販売している。これらは、欧米や日本などで、核・ミサイル関連物資として輸出規制の対象とされている代物だ。こんな製品を扱う中国企業が、国連の制裁対象になっている北朝鮮の蓮河機械と密接につながっていたとは、極めて深刻な事態である。

制裁強化に備えた休眠会社？

蘇州威漢社は、ホームページ上のリンク先に、「朝鮮密林技術会社」の宣伝ビデオを貼りつけていた。クリックすると、２０１２年に丹東市で開催された、あの中朝経貿文化旅游博覧会の模様を報道した中国国営テレビ局のニュース映像が出てくる。２０１３年に大事件として日本のメディアが報道する前年の博覧会だ。しばらく見ていると、映像は会場内に切り替わり、蓮河機械のブースを映し出す。ほどなく、中国人記者が蓮河機械の代表者にインタビューする。その代表者は、「昇平進」。自らを金明哲と名乗っていた人物だ。丹東市内にオフィスを構えていた、「朝鮮蓮河機械公司代表」である。当時、彼は「昇平進」の本名で、中国国営テレビ局のインタビューを堂々と受けていたのである。

この映像から、蘇州威漢社は「朝鮮蓮河機械＝朝鮮密林技術会社」という認識を持っていたことがわかる。悪質の極みである。

　いやな予感がした。念のため、中国語の検索エンジンで「朝鮮密林技術会社」の情報を探ってみる。すると、やはり出てきた。この企業名で丹東市と北京市に企業登録がなされていた。蓮河機械の中国国内のフロント企業は、蘇州威漢社だけではなかったのである。

「朝鮮密林技術会社丹東代表処」は、２０１２年5月29日に企業登録がなされており、昇平進が法的責任者とされている。住所は、丹東市内のあのオフィスの近辺だった。後に、親しい友人からこの住所の写真を送ってもらったところ、そこは「檀君画廊」という朝鮮絵画の販売店の所在地だった。北朝鮮の非合法フロント企業は、しばしば朝鮮絵画の画廊や朝鮮レストランを住所として登録するのだ。

「朝鮮密林技術会社北京代表処」のほうは、２０１０年9月20日に企業登録されており、住所は、北朝鮮関係の複数の団体が入居するビルの中にあった。法的責任者は「尹日」という人物である。在北京北朝鮮大使館に「尹日龍」という似た名前の人物が駐在副武官として着任しているが、この人物と何か関係あるだろうか。そういえば２０１３年の春に、スカッド関連物資が平壌から航空貨物でエジプトへ送られるという事件があったが、その際、中継地の北京で輸送の手配を中国人に依頼した人物も「尹」と名乗っていた。しかも荷送人企業の住所と電話番号は、在北京北朝鮮大使館のものだった。

　中国各地に置かれた朝鮮密林技術会社の代表所は、設立から数年間、目立った活動は見られなかったが、２０１３年1月に蓮河機械が国連の制裁対象に指定されて以降、同社と入れ替わるようにして、丹東代表処が表立って活動を開始した形跡がある。これらのフロント企業は、将来、制裁が強化されたときに備えて、蓮河機械が温存していた「休眠会社」だったのかもしれない。

仮にそうだとすると、蓮河機械は実に巧みに制裁を逃れていたことになる。まず蓮河機械は、国ごとに会社の名前を変えていた。ロシアでは「Koryo Technological Corporation」と「KORTEC」という名前を使いながら、中国では「朝鮮密林技術会社」という名前でフロント企業を休眠させておく。後に蓮河機械が制裁を受けて、ロシアでKORTECブランドが使えなくなると、今度はそれを中国に移転して、事業継続を図った。国境を越えて、「偽名」を「輸出」することで、事業の連続性を保持できる。

また、中国では「朝鮮密林技術会社」の英語名をあえて公表しないことで、たとえ「ミリム・テクノロジー社」という英語での名称が制裁対象になっても、中国語表記の「朝鮮密林技術会社」との関係がわかりにくいようにする。欧米諸国では国連の制裁対象企業の英語名しか発表されないため、中国語表記がわからない場合が多い。このため制裁対象の北朝鮮企業は、たとえ英語名で制裁対象に指定されても、中国語名を変えずに活動を継続することができてしまう。

蓮河機械は実に巧妙に国際連携の抜け道を使っているのである。

それにしても中国当局は、いったい何をしているのだろう。

果てしない疑念

我々は、蓮河機械のロシアと中国国内のネットワークについて、捜査結果をまとめて国連安保理に報告した。その内容は、公式文書として専門家パネルの年次報告書で公表されている。一応、中国政府も何らかの対応を行ったようで、安保理の制裁対象リストにある「蓮河機械」の別名などに関する情報も専門家パネルの勧告にもとづいて更新された。

蓮河機械は、丹東市の博覧会にはもう出展していない。同社の製品情報も、私が知る限り、オンライン上では確認できなくなった。中国での同社代表・昇平進の姿も見かけなくなった。中国人の李毅が代表を務める中国代理店・丹東易勝社も、活動実態が確認できなくなっていた。ビジネス面で少なからぬ打撃を被《こうむ》ったのではないか。蓮河機械の製品を自社ブランドとしていた中国の蘇州威漢社も、早々と北朝鮮製品の取り扱いをやめ、社名まで変更して出直したようだ。KORTEC社もホームページ自体がなくなり、正式に閉鎖した模様である。国連の制裁に違反すれば、それなりの代償を支払わなければならない。

２０１５年12月21日、世の中はクリスマス休暇直前ですっかり休みモードに入っている。それにもかかわらず、私は複数の事件捜査を並行して行っていたため、連日徹夜が続いていた。激しい頭痛に動悸、ぎっくり腰、左腕から首筋にかけての激痛。身体が本格的に壊れ始めていた。

午前2時頃、少し頭を休めようと、朝鮮労働党の「労働新聞」を読み始めた時のことである。掲載されていた写真を見て思わず凍りついてしまった。金正恩が北朝鮮国内の機械工場を訪れた際の写真だが、目を奪われたのはその背景だ。そこには、これまでに見たことのない、数々の最先端CNC工作機械が展示されていた。中には、スイスのチューリヒに本社を置く、欧州の大手企業ABB社の産業用ロボットすら展示されている。北朝鮮はどうやってこんな先端製品を調達したのだろう。写真には、国際社会を嘲笑うかのように堂々とこのスイス企業のロゴが写っている。

しかも、展示されている複数の最先端ＣＮＣ工作機械には、忘れるはずのないあの文字が刻印されている。

「련하기계（蓮河機械）」

しばらく椅子に座ったまま放心状態に陥ってしまった。なぜこんなことが可能なのか。蓮河機械はしばらくの間、表舞台から姿を消していた。久しぶりに登場したと思ったら、いきなり最新型の製品を複数、自慢げに見せびらかしてきたのである。

思わず、日本のゲームセンターでよく遊んだ「モグラ叩き」が頭に浮かんだ。

（いったいなんなんだよ、こいつら）

２０１７年の夏。国連を離れて１年余り経過した頃のことである。トランプ政権のロシアゲート疑惑の報道を見ているうちに、ふとＫＯＲＴＥＣ社の、自称・営業責任者で実際は常任理事だった、あのロシア人のことが思い出された。

「地中海クルーズ、か……」

何気なしに、彼が所有していた機械販売企業のホームページにアクセスしてみた。と、ある場所で目が釘づけになった。かつてＫＯＲＴＥＣ社が宣伝していた台湾製やスペイン製の工作機械を、今やこの会社が取り扱っていたからだ。どうやらあのロシア人はＫＯＲＴＥＣ社の業務をここに移管したようだ。

（なるほど、ＫＯＲＴＥＣ社を捨てて、こちらで再スタートを切ったわけか）

さらによく見てみると、他にも懐かしい製品を紹介しているではないか。型番「ＤＫ７７３

2」の工作機械。社名変更しているが、間違いない。蘇州威漢社の製品だ。また、2006年に蓮河機械が不正調達していた台湾製の「MH－500」型CNC工作機械も宣伝されている。

　そこまで眺めて、ふと違和感が生じた。このロシア人の会社には、
①かつて蓮河機械に不正に製品を調達されてしまった台湾企業
②かつて蓮河機械と共同で事業展開を図っていたロシアの合弁企業（KORTEC社）の関係者
③蓮河機械と密接に事業を展開していた中国企業（蘇州威漢社）
が含まれている。こんな偶然が、あるものだろうか。すべてが蓮河機械がらみだ。しかも、このロシア企業の提携先には、「労働新聞」で見た産業用ロボット製造元の欧州大手ABB社も含まれている。しかし、このホームページのどこにも、北朝鮮との関係を示す情報は見あたらない。

そうなると、単なる偶然なのか……。

　ロシアには偶然があまりに多すぎる。そう感じるのは、私だけなのだろうか。

9　核とミサイル「最新技術」の情報源

弾道ミサイルのセット販売

第二次世界大戦中の欧州を舞台にした映画「プライベート・ライアン」。撮影で使用された兵器は、一人の男から購入したものだった。マイケル・レンジャー。１９４７年生まれの英国人だ。

彼は英国の武器商人である。自身の経営する英国企業「インペリアル・ディフェンス・サービシーズ」を通じ、ブルガリア、キプロス、ナイジェリア、オーストラリア、南アフリカ、ベトナムといった国々と、小火器、対戦車砲、地対空ミサイルなど多岐にわたる武器取引を展開する一方で、映画会社に骨董品とも言うべき旧式兵器を販売するなど、実に手広く商売を行っていた。

ただし、非合法武器取引にも手を染めていたレンジャーは、２０１１年3月14日、英国政府についに逮捕される。容疑は、英国政府が制裁対象国とするアゼルバイジャンに、携帯式地対空ミサイルシステム（ＭＡＮＰＡＤＳ）や多連装ロケット砲システム、小銃などの密売を画策していたことだ。

レンジャーはMANPADSの調達にあたり、北朝鮮のビジネスパートナーを巻き込んでいた。オ・ハクチョル。旅券には「1969年9月18日生まれ」とある。所属先は、北朝鮮の朝鮮鉱業開発貿易会社（KOMID）の子会社「彗星《ヘソン》貿易会社」。キューバやペルー、イエメンの北朝鮮大使館での勤務を経て、もっぱらマレーシアを拠点に活動するようになったという。この人物に、レンジャーは、70基から100基の北朝鮮製MANPADSの調達を打診していたのである。

レンジャーが初めて彼と会ったのは2004年、ネパールのカトマンズだった。会う際は、常に二人の北朝鮮人が一緒だったという。若手のパクと年配のリ。いずれもオ・ハクチョル同様、流暢な英語を話した。面会場所は、クアラルンプール市内のホテルやレストラン、バーなど。もっぱら会話をリードするのはオ・ハクチョルだったという。レンジャーは偽名で電子メールアカウントをつくって連絡を取り合い、英米当局の通信傍受を避けていたらしい。

レンジャーは、金のためであれば、顧客が誰であろうとかまわなかった。2005年には、米韓の情報機関のためにオ・ハクチョルたちを騙し、「最終需要者はグアテマラ政府」と信じ込ませて、北朝鮮製の多連装ロケット砲システムをフィリピン経由で韓国に輸送した。在マニラ米国大使館のCIA職員「ジム」という人物の要請を受けて、北朝鮮側の情報を流していた、とレンジャーの同僚は言う。

騙しあいも含めて、様々な取引についてやり取りするなかで、調達を依頼することもあれば、売り込みを受けることもあったようだ。2009年には、オ・ハクチョルから通信妨害装置《ジャミング》の販売を提示される。レンジャーが逮捕された翌12年の春、韓国の金浦《キンポ》空港や仁川空港を発着する民間航空機多数がＧＰＳの障害を報告する事態になったが、その原因となった装置と類似の製品だったようである。この装置を売り込むときのオ・ハクチョルは、とりわけ自慢気だったそうだ。驚いたことに、弾道ミサイルの販売まで持ち掛けられたという。ただ、３基以上まとめてでなければ売らないと言われたそうだ。提示された金額は、３基で1億ドル以上。射程距離３５００キロまでのミサイルであれば販売可能とのことだった。

北朝鮮がセットでの販売にこだわったのは、おそらく輸送費のためではないかと考えられる。関係国の情報機関の監視の目を潜り抜けるには、特別なチャーター機で複雑な輸送ルートを手配しなければならない。

また射程３５００キロといえば、中距離弾道ミサイル・ムスダンであろう。しかし、２０１６年には、ムスダンとみられるミサイルの発射実験を複数回行ったが、いずれも失敗したと考えられている。未完成品でも、販売攻勢をかけていたのだろうか。

他の弾道ミサイルの性能は着実に向上しており、北朝鮮はミサイル輸出をビジネスとして大胆に展開していたことは間違いない。

北朝鮮は制裁にもかかわらず、どうやって核兵器や、こうした弾道ミサイルに必要な技術を身につけていったのか。

狙われたウクライナ

一つのヒントがウクライナにある。

２０１１年7月27日、２名の北朝鮮外交官が、弾道ミサイル関連の機密情報を不正に取得しようとしていたところを現行犯逮捕された。逮捕されたリュウ・ソンチョルとリ・テギルは、北朝鮮貿易代表部所属で、ウクライナの隣国ベラルーシに駐在していた。ウクライナ対外諜報庁の調査によると、二人は北朝鮮の貿易会社「九月山（クウォルサン）」の社員だという。この会社は北朝鮮の特殊部隊の活動にも関与していたとのことである。

ウクライナは、冷戦時代、ソ連の弾道ミサイルの研究開発拠点だった。２０１０年以降、彼らはウクライナを頻繁に訪問し、同国の防衛産業の機密情報にアクセス権を有するウクライナ人に接触を図った。そして、ウクライナ国営の航空宇宙専門の設計事務所「ユージュノエ設計局」の職員に接近し、賄賂の見返りに弾道ミサイル関連の機密文書入手を画策したのである。

しかし、賢明にもこの職員は、ウクライナ保安庁に通報した。２名は、当局が事前に準備した偽の「機密文書」をカメラで撮影していたところを、現行犯で逮捕されたのだった。２０１２年５月、２名は懲役８年の判決を受け、ウクライナ国内の刑務所に収監されている。

彼らが入手を図っていたのは、弾道ミサイルの液体燃料式エンジンや、液体燃料の供給システム、そして関連するコンピューター・プログラムなど、弾道ミサイルの機密情報に関する論文だ。学術論文ながらも機密扱いの文書だった。中には無重力状態の宇宙空間におけるロケットの燃料タンク内の液体燃料の挙動に関する研究も含まれる。これらは、弾道ミサイルの弾頭やロケットによる人工衛星の軌道投入の際、軌道変換および姿勢制御の精度を向上させるうえで重要な機密情報である。より長い射程でより高い命中精度の液体燃料式弾道ミサイルを開発するために不可欠の情報なのだ。

彼らは他にも、ソ連の大陸間弾道ミサイル「ＳＳ－24（スカルペル）」の情報も集めようとしていた。これは、3段の固体燃料式のミサイルだ。液体燃料式と比べ、固体燃料式は、発射準備のための時間を大幅に短縮できて、奇襲攻撃能力が高い。

幸いにも、このスパイ行為は摘発されたが、これはおそらく氷山の一角であろう。

この事件の判決文によると、有罪となった二人は、2010年からウクライナ国内で弾道ミサイル関連情報の収集を始めていた。彼らの接触先には、ユージュノエ設計局の他の職員や、ドニエプロペトロフスク国立大学准教授、ウクライナ国立青少年航空宇宙教育センターの局長など、弾道ミサイル関連の機密情報にかかわる複数の専門家が含まれている。

二人は、専門家たちに、北朝鮮で「学生および若者」に弾道ミサイルやロケット、衛星にかかわる技術について「研修」を行ってほしいと打診していたという。裁判で証言した全員がこの招聘を断ったというが、他にこれを受けた専門家がいたのかもしれない。

国際研究機関という盲点

他方、北朝鮮は公然としたルートでも、臆することなく、核・ミサイル関連の情報を収集していた。その一例が2014年に見つかった。

「露、核研究所に北技術者　安保理決議違反の疑い」（「産経新聞」2014年11月30日付）

その記事によると、北朝鮮の原子力工業省が、ロシアの国際的な研究機関「ドゥブナ合同原子核研究所（JINR）」に研究者を派遣し、核技術を習得させてきたという。北朝鮮は1956年のドゥブナ設立時に加盟して以降、毎年、核物理学者らを派遣しており、2014年1月時点で、北朝鮮研究者6人が放射性物質の「核変換」などの技術習得のために滞在。3月に開かれたドゥブナの全体会議には北朝鮮外交官が出席していた。ドゥブナのニコライ・ルサコビッチ研究部長は、「現在、北朝鮮研究者2名がいると思う。何を研究しているか承知していないが、研究所に（安保理決議が禁じた）核技術はなく、従事しているのは基礎科学だ」とコメントしている。

２００６年以来、国連制裁で北朝鮮は原子力計画に関連したあらゆる活動を禁止されていたにもかかわらず、ロシア政府はまだこんなことを許していたのである。

ホームページによると、ドゥブナは国際的科学研究機関であり、ロシアをはじめとするかつての社会主義国を中心に、北朝鮮も含め18カ国が加盟している。その主な活動は、「素粒子物理学、原子物理学、物性物理学の理論的・実験的研究」であり、「広範囲にわたる国際科学技術協力」を謳っている。ドゥブナは「優れた科学学校」であり、「加盟国の数多くの科学者やエンジニアがここで訓練を受けた」と自己紹介している。

ドゥブナには、欧米諸国をはじめ日本からも研究者が派遣されている。様々な研究機関がドゥブナと科学技術協力を行ってきたのに、そこに北朝鮮人がいることが国連制裁違反であるとはだれも認識していなかったことになる。まさに盲点であり、「抜け穴」である。

ドゥブナの最高意思決定機関は、各加盟国の代表者から構成されていて、北朝鮮の代表者は１９９８年以降、一貫して「Mr. Li Je Sen」という人物がホームページに記されていた。どう考えても、これは、国連による制裁対象の北朝鮮原子力工業相・李済善（リ・ジェソン）だろう。

しかし、微妙に綴りが違う。安保理の制裁対象者リストには「Mr. Ri Je-son」とあるのだ。「Ri」と「Li」、そして、「Je-son」と「Je Sen」――だが、この問題も簡単に解決できた。制裁対象者リストのロシア語版と、ドゥブナのロシア語ホームページでは、RiとLiのフルネームは、ともに同じロシア語表記になっている。「ЛИ ЧЭ СОН」。もうこれで充分だ。どう見ても同一人物である。

英語の名前の表記をわずかに変える。たったそれだけのことが意外に有効で、これまで制裁の網の目を潜り抜けられてきたのだ。

ドゥブナのホームページを詳しく見ていくと、他にも北朝鮮人の情報が出てきた。まず、ドゥブナの科学諮問委員会の北朝鮮代表者として、「キム・ソンヒョク」という人物が、北朝鮮政府の「General Administration for Atomic Energy」所属の人物として記載されている。だが、北朝鮮国内にこうした名前の組織はない。どう考えてもこれは、国連制裁対象の「原子力総局（General Bureau of Atomic Energy（GBAE））」のことだろう。「Administration」と「Bureau」の違い。ロシア語の表記も異なっていた。これも、組織名を微妙に変えただけである。

国連制裁対象団体の関係者は全員、渡航禁止措置の対象となっている。それが全国連加盟国の義務だ。にもかかわらず、こんな姑息な方法で制裁を逃れていたとは、実に悪質である。

ドゥブナのホームページの英語版とロシア語版を徹底的に洗った結果、国連の対北朝鮮制裁が発効した2006年10月以降、前述の人物を含めて少なくとも10名の北朝鮮人の名前を見つけ出すことができた。彼らのドゥブナ内の所属先には、「情報技術研究所」「原子力問題研究所」「フレロフ核反応研究所」などが含まれている。

やりきれない思いである。ドゥブナでは、ご丁寧にもずっと北朝鮮人に核開発関連の研究や訓練を施していたことになるのだ。ダダ漏れもいいところである。

アクセス自在の科学技術コミュニティ

２０１４年12月、ドゥブナに公式に照会したところ、２０１５年1月になって研究部長から回答があった。

「ロシア連邦が国連安保理決議を一貫して履行している限り、国連制裁対象者はロシア国内に入国できないし、ドゥブナの活動にも参加することはできない」

「制裁対象者は参加しなかった」とは明言していない。微妙なニュアンスの回答である。そして、李済善（原子力工業相）のような国連制裁対象者の代わりに、在モスクワ北朝鮮大使館の一等書記官や二等書記官がドゥブナの最高意思決定会議に参加していたともあった。一等書記官や二等書記官というと、普通はかなり若手の外交官である。しかし、ドゥブナのホームページに掲載された写真を見ると、２０１４年３月の会議に参加していた北朝鮮代表はもっと年配の人物に見える。

研究部長によると、２０１５年1月2日時点で計4名の北朝鮮人がドゥブナに所属しているが、彼らの任期は3月20日で終わるという。加えて、北朝鮮は毎年の分担金を支払えなくなったので、ドゥブナは北朝鮮研究者の受け入れを停止するらしい。

しかし、これまで所属してきた研究者がドゥブナで受けた訓練や取り組んだ研究テーマ、北朝鮮国内での所属などについての情報は提供されなかった。また、こちらが問い合わせた北朝鮮人以外の情報や、北朝鮮の核関連の主要組織「原子力総局」との関係についても、具体的な返答はなかった。

同時に公式の照会をしたロシア政府からも回答があった。

「制裁対象の団体関係者や個人はロシア国内には一切入国していない」

いつもと同様の主張である。ドゥブナは「国際機関」であり、その「平和的な活動」は安保理決議の適用対象外であって、制裁違反はないという。たしかに、安保理決議は国連加盟国を法的に拘束するが、「国際機関」に対する法的拘束力はない。そのうえでロシア政府は、「北朝鮮を基礎科学活動から除外するべきではない」と主張する。最後は常套句の「本件はこれにて終了とみなす」。本件ではもう照会してくるな、との事実上の警告だ。

北朝鮮を基礎科学活動から排除するべきではない、との考え方自体を否定するつもりはない。将来、北朝鮮が核・ミサイル開発を放棄すれば、関連する科学者や技術者を別の科学技術領域に転身させなければならなくなる。そのための受け入れ先は必要だろう。

だが、今は、一般的な基礎科学の話をしているのではない。問題は、北朝鮮がロシアのドゥブナに参加していることなのだ。そもそも国連安保理決議では、北朝鮮は原子力関係の「いかなる活動」にも従事することが禁じられている。この研究所の活動目的がいかに「平和的」であっても、「原子力」という科学技術領域に北朝鮮人が関わっていたこと自体が国連制裁違反なのである。

たとえ「国際機関」のドゥブナが国連決議の適用対象外であっても、ロシア政府が北朝鮮の原子力関係者の入国を認めた時点で、アウトなのだ。さらに、北朝鮮はドゥブナに対し、２０１３年に40万ドル、14年に47万ドルの分担金を拠出していたという。北朝鮮による原子力研究目的の資金移転も、国連安保理決議で禁止されている。つまり、本件は二重三重に国連の制裁に違反しているのである。

北朝鮮は基礎科学研究などの名目で、原子力関連の科学技術コミュニティに入り込み、そこから様々な情報を得たり、技術者や専門家たちと人間関係を構築したりすることで、さらなる情報収集ネットワークを確立してきた。

２００９年７月、国連の制裁対象に指定された北朝鮮企業「南川江貿易会社」は「原子力総局」の傘下で、主に核関連物資の調達に関わっていた。日本から真空ポンプを調達し、ドイツからウラン濃縮用のアルミニウム合金などの調達を画策したことがある。

この企業の代表者「ユン・ホジン」も、同時に制裁対象に指定された。１９９３年から１９９８年にかけてオーストリアの在ウィーン北朝鮮代表部の代表を務めていたユンは、国際原子力機関（ＩＡＥＡ）に自由に出入りして、図書館での文献渉猟や様々な会議への参加などを通じて原子力関連の情報を積極的に収集し、専門家たちとのネットワーク構築に努めていたという。

こうした絶え間ない〝努力〟により得られた科学技術の蓄積こそが、北朝鮮の核・ミサイル開発を支えてきたのである。

ほどなくして、このような事例は他にも存在することが判明する。

単独制裁が義務化されたが

２０１２年４月13日、北朝鮮は「銀河３号」ロケットの発射を初めて試みた。失敗はしたが、ロケット発射には弾道ミサイル技術を用いる以上、これは安保理決議が禁止する北朝鮮の弾道ミサイル技術の使用に該当する。

銀河３号の発射にあたり、北朝鮮では「朝鮮宇宙空間技術委員会」なる組織が、世界中からメディアを平壌に呼び集めて、大々的な宣伝を繰り広げていた。この組織が平壌の衛星管制指揮所を指揮しており、明らかに今回のロケット発射計画の責任主体である。世界中の耳目を集めたうえで、これ見よがしに制裁に反する行為を行ったわけだ。

当時、北朝鮮制裁委員会の専門家パネルは設置から3年も経っておらず、制裁の対象とすべき団体について安保理に勧告した前例はなかった。一人目の中国人の同僚が、そのようなパネルの積極的な動きを阻止していた事情もある。だが、海外で行われる国際会議が大好きな彼は、この時も何かの国際会議に参加すると称して海外出張していた。好機到来である。他の同僚たちと、朝鮮宇宙空間技術委員会を含む制裁対象団体の候補リストを作成し、安保理に勧告した。

欧米や日韓の政府も追加的制裁対象候補の団体リストを安保理に提出したが、中国とロシアが、「ロケット発射は失敗しているので、制裁は不要」との議論を展開し、残念ながらすべて見送られることになった。中ロ両国はいつも、北朝鮮が性能を上げたロケットの発射に成功してから、ようやく制裁強化に同意する。本来、制裁とは、北朝鮮のロケット発射を防ぐための、事前に強化すべきものであることは説明するまでもない。

２０１２年12月、北朝鮮は８カ月前に失敗した銀河３号の発射に成功する。それを受けて翌年1月、中ロ両国も制裁強化に同意し、決議２０８７号が採択された。この決議で、ようやく朝鮮宇宙空間技術委員会は制裁対象に指定されたのである。同時に、平壌の衛星管制指揮所所長「ペク・チャンホ」も対象に指定された。

これが、専門家パネルの制裁対象勧告が安保理に採択された初の事例となった。いったんこのような「前例」ができると、専門家パネルが制裁対象にすべき団体や人物を安保理に勧告しやすくなる。中国人の同僚も、今後は専門家パネルの制裁対象勧告に反対できなくなるだろう。国連のような究極の官僚機構では、これは重要な一歩だった。

中国とロシアが、勧告の採択にやすやすと同意するようになったわけではない。だが、専門家パネルは、新たな武器を手に入れた。２０１３年３月に採択された安保理決議２０９４号で、国連加盟国が制裁違反と認めた場合、独自の判断で単独制裁措置を科すことが義務化されたのだ。今や単独制裁も国連加盟国の義務になったのである。専門家パネルや制裁に積極的なアメリカ政府などは、個々の加盟国に対して直接働きかけることで、安保理における中ロ両国の「サボタージュ工作」に対抗することができるようになった。

朝鮮宇宙空間技術委員会は、この後、鳴りを潜めた。沈黙が破られたのは1年後のことである。２０１４年３月、朝鮮中央通信が突然、「国家宇宙開発局（ＮＡＤＡ）」なる新組織を大々的に報道した。

これは、朝鮮宇宙空間技術委員会の後継として、大幅に拡充された新組織のようだ。国連制裁にもかかわらず指定対象組織は、「委員会」から「局」へと〝成長〟を遂げたのではないか。

すぐに情報収集を開始した。情報源を選別しながら、国家宇宙開発局が朝鮮宇宙空間技術委員会の後継組織である証拠を慎重に集めていき、その結果をまとめて、２０１５年1月に、安保理へ提出する専門家パネルの年次報告書に、国家宇宙開発局を含む北朝鮮の関連団体の制裁について勧告した。

しかし、中ロ両国はまたもや、制裁対象をできる限り絞り込もうとして、この勧告を受けつけなかった。国家宇宙開発局はさらなるロケット発射計画を堂々と謳い、着々と準備を進めている。

我々は安保理の膠着状態を歯がゆい思いで見守るしかなかった。

それにしても、北朝鮮はなぜあれほど短期間にロケット技術を高めることができたのか。そのヒントはインドで見つかった。

基礎研究の名のもとに

「……というわけで、今、本件に関して、国連宇宙部とインド政府に公式に照会しているところです」

２０１５年のある日のこと。毎週行われる専門家パネルの定例会議で、フランス人の同僚が発見したばかりの制裁違反事案について、概要を説明し終えた。彼はエリックの後任で、エリックと同じく、仏国防省出身である。優秀な技術官僚で、弾道ミサイル関連事件を担当している。彼の発見は我々を驚かせるに充分なものだった。

「こんなところにも北朝鮮技術者がいたのか」

インド政府が自国内に設立した組織「アジア太平洋地域宇宙科学・技術教育センター」で、複数の北朝鮮技術者が訓練を受けているというのである。ここは、アジア太平洋諸国による宇宙開発に対して技術支援を行うための訓練所であり、複数の国々と協力して運営されている。ウィーンにある国連宇宙部がセンターのアドバイザリー委員会の議長を務めてもいる。この時点で、少なくとも2名の北朝鮮人がセンターに所属しており、さらに数カ月後には4名が加わる予定だという。その中には北朝鮮の国家宇宙開発局の技術者も含まれていた。

センターでは受講者に対して、宇宙科学技術に関わる大学院レベルの講座を9カ月間教えている。主な内容は、遠隔探査技術、地理情報システム、衛星通信技術、宇宙空間・大気科学、衛星気象学と地球温暖化、全地球航法衛星システムである。講座の内容を精査すると、ロケット発射技術やロケット航法管理関連技術（高度管理、遠隔測定法、追尾、情報処理など）といった、北朝鮮のロケット発射に直接関連する内容が多数含まれている。北朝鮮技術者たちは、こともあろうに国連宇宙部の提携先で堂々と技術を学んでいたのだ。

１９９６年に北朝鮮がセンターに参画して以降、30名以上の北朝鮮人がここで訓練を受けてきたこともわかった。銀河３号ロケットの発射成功に伴い制裁対象者とされた、平壌の衛星管制指揮所所長ペク・チャンホも、１９９９年から２０００年まで、ここで衛星通信技術に関する訓練を受けていたのである。

センターによれば、受講者選定は国連安保理の制裁対象リストを踏まえて行っており、自分たちは国連制裁には違反していない、という。確かに、ここで訓練を受けている北朝鮮人は自らの所属先を、北朝鮮の国家科学院や国家宇宙開発局と申告していた。これらの組織は中ロのせいで、まだ制裁指定されていない。しかし、北朝鮮によるロケット発射は制裁違反である。そのような活動に寄与しうる個人に対しては、たとえ安保理が制裁指定していなくても、２０１３年３月に採択された安保理決議２０９４号に基づいて加盟国は渡航禁止措置を科すことが義務とされている。つまり、インドおよびセンターは彼らの入国を認めてはならないのだ。認めれば即、制裁違反となる。

専門家パネルの指摘を受けて、センターは新たな北朝鮮技術者の受け入れ停止を決めた。わずかだが一歩前進だ。

それでも、インド政府は頑なだった。

「そもそもセンターで教えている内容は、非常に一般的なものばかりであり、教材も公開情報ばかり。短期講座でもあり、参加者がここで特殊技能を習得するわけではない」

国連宇宙部も同様の見解であった。

センターで提供される講義内容は、一般的なものかもしれない。しかし、少なくともそのうちのいくつかは、間違いなく北朝鮮の弾道ミサイル開発に転用可能な教育に該当していた。また、ここでの活動を通じて、北朝鮮は世界各国の様々な宇宙関連技術に関する情報も収集し、アジア太平洋各国とのネットワーク構築もできたはずだ。もしかしたら、北朝鮮製ロケット（ミサイル）の顧客開拓にも役立ったかもしれない。実際、このセンターの協力国には、イランのような、北朝鮮から兵器を密輸し、弾道ミサイルを開発中の国も含まれている。

それでもなお、インド政府は、「国連制裁には何も違反していない」との主張を繰り返していた。インドの外交的メンツの問題になってしまっている。さらに、専門家パネルに対し、センターの活動にネガティブな内容を年次報告書に記載しないよう、何度も執拗に圧力すらかけてきた。「基礎的な科学技術協力」という名目のもと、果たしてどれだけの大学や研究機関に北朝鮮技術者がもぐりこんでいるのだろう。数カ月後には、中国国内に、また別の「アジア太平洋地域宇宙科学・技術教育センター」が新設されるという――。

２０１６年3月になって、ついに北朝鮮の国家宇宙開発局（ＮＡＤＡ）が国連制裁対象に指定された。我々が安保理に国家宇宙開発局の制裁を勧告してから1年以上が経ち、中ロがついに同意したわけだ。だが、この前月には、国家宇宙開発局は新たなテポドン２改良型ロケット「光明星」の発射に成功していたのである。

中ロ両国のせいで、国連安保理の対応はいつも後手に回っている。北朝鮮が核・ミサイル開発を進めた後になって制裁を強化しても、北朝鮮はそれ以前の状態には戻らない。国連安保理は北朝鮮の攻撃力増強を拱手傍観《きょうしゅぼうかん》していたと言っても過言ではない。


2009年6月に採択された安保理決議1874号では、核・ミサイルにかかわりうる特殊訓練を北朝鮮に供与してはならないし、北朝鮮から受けてもならないとされてきた。ところが実際は、北朝鮮は「基礎研究」などの名目で、原子力やロケット関連の研究機関に入り込んでおり、数多くの国連加盟国が「このような科学技術協力は安保理決議では禁止されていない」と誤解もしくは意図的に曲解してきた。国連制裁には非常に大きな抜け穴が存在していたのだ。

専門家パネルは、安保理やアメリカ政府などに、「機微技術」の対北朝鮮供与の取り締まり強化の必要性を訴えてきた。その結果、2016年3月と11月に採択された2本の安保理決議では、新たな科学技術制裁措置が盛り込まれることになった。

その、国連安保理決議2270号・第17項と決議2321号・第10項で、「北朝鮮の拡散上機微な核活動及び核兵器運搬システムの開発に寄与し得る分野」に関して、「北朝鮮国民に対する専門教育又は訓練」を「防止する」ことが義務化されたのだ。このような「機微技術」領域には、「応用物理学、応用コンピューター・シミュレーション及び関連するコンピューター科学、地理空間ナビゲーション、原子力工学、航空宇宙工学、航空工学」および「先端の材料科学、化学工学、機械工学、電気工学及び産業工学」などが含まれることも明記された。

つまり、最低でもこれらの科学技術領域については、北朝鮮国籍をもつ留学生も研究者も受け入れてはならないこととされたのだ。ようやく包括的な「科学技術制裁措置」が導入されて、北朝鮮の科学技術活動を幅広く取り締まることが義務化されたのである。しかし、問題はその履行だ。

ワキが甘い欧州諸国

私が２０１６年４月に国連を離任して以降、同僚が科学技術制裁違反事件の捜査を継続した。その結果、いくつかの重要な事実が発覚している。

イタリアには、「国際理論物理学センター」と「先端研究国際大学院大学」という研究機関がある。これらの組織には、北朝鮮の金日成総合大学から複数の学生が留学していることがわかった。国際理論物理学センターは、国際原子力機関（ＩＡＥＡ）とも提携して頻繁に原子力関連のワークショップなどを開催している。これほど重要な研究機関の博士課程や修士課程に北朝鮮からの留学生が入り込み、高エネルギー物理学などの研究に従事していたのである。２０１６年採択の決議で禁止された「機微技術」に該当しうる研究領域だ。専門家パネルの指摘を受けて、これらの研究機関では、彼らを説得して、研究領域を数学に変更してもらったという。

また、ルーマニアのブカレスト工科大学でも、物性科学や電子通信技術の分野で４名の北朝鮮留学生の存在が発覚した。専門家パネルの指摘を受けて、留学生を説得し、彼らの専攻を制裁対象分野から、農業・食料用の特殊機械の研究へと変えてもらったという。他にも、スウェーデンの大学で２名の北朝鮮留学生が博士課程で生物学を研究していることが判明しており、制裁違反に該当するか捜査が行われている模様だ。欧州諸国は、かなりワキが甘いと言えよう。

２０１７年6月1日、米財務省が北朝鮮の「朝鮮コンピューター・センター」を含む八つの団体と2名の個人に対して金融制裁を科した。同センターは、ドイツ、インド、中国、シリアのほか中東諸国にも拠点を有し、ソフトウェア開発やプログラミングで得た外貨を北朝鮮の軍需工業部に貢いでいたという。

軍需工業部は、北朝鮮の兵器全般の開発・製造を担う組織である。ＩＣＢＭなどをはじめとする弾道ミサイルの発射実験や、２０１６年1月の「水爆実験」と称する核実験を準備・指揮したのもこの組織だ。我々専門家パネルが、２０１６年1月に軍需工業部への制裁指定を安保理に勧告し、3月に指定された。

朝鮮コンピューター・センターは、２０１０年7月と12月に、日本からノートパソコンを含む「奢侈品」を不正調達している。日本政府からの証拠文書が得られずに、取り締まり損ねたことがつくづく悔やまれる。

さらに、国連専門家パネルの２０１７年の年次報告書には、北朝鮮の「金日成総合大学」「平城理科大学」「金策工業総合大学」「国防総合大学」は、核・ミサイル開発に貢献する主要機関との情報があるとのことだ。中国とロシア国内にも、これらの大学と学術提携している大学・研究機関が少なくとも計6施設、見つかっている。専門家パネルは、これらの学術提携が制裁に違反していないか、加えて、北米、中東、欧州の大学や研究機関で同様のケースがないか、捜査を行っている。

一連の捜査ではっきりしてきたのは、科学技術分野で、北朝鮮はまったく孤立していなかったということである。だからこそ、核・ミサイル開発を進めてこられたのだ。果たしてどれほどの北朝鮮研究者が、世界各国に散らばっているのだろうか。

底が抜けたバケツ

２０１７年9月7日、ウォール・ストリート・ジャーナルが興味深い調査結果を報じた。「北朝鮮の核、急速な技術進歩に隠された『謎』 国連制裁をかいくぐり、海外で技術を吸収する科学者の卵」

この記事によると、記者たちが中国政府教育部の出版物を調査した結果、２０１５年には１０８６名の北朝鮮人が中国の大学院に留学していた事実が判明したという。２０１１年から２０１６年の間、海外の学術誌に寄稿した北朝鮮の学生による学術論文を調べたところ、その約6割が、中国国内の大学や研究機関に所属中か過去に所属していたこともわかった。彼らの専攻分野は、応用数学、物理学、物性科学、金属工学、工学など、多岐にわたり、安保理決議が禁止した科学技術分野にかかわる者もいたという。

主な留学先の一つが、黒竜江省にあるハルビン工業大学だ。国防や宇宙開発部門の研究も行われている、工学分野で中国トップクラスの大学である。同大学も金日成総合大学と２０１１年に「友好協力関係」を結んでおり、金日成総合大学の幹部がたびたび視察や交流に訪れている。

ハルビン工業大学では、２０１７年6月まで、12名の北朝鮮人が在籍していた。そのうちの一人が「キム・キョンソル」だ。彼の研究テーマは、高速飛行物体における衝撃吸収の技術「磁性流体ダンパー」に関するものだった。将来的には、複数の分野での応用が可能とされており、超高速で飛ぶミサイルの本体を振動から保護する目的にも応用されうる内容とのことである。

指導教官は、国防分野での研究プロジェクトに携わっており、２０１２年から２０１５年までの間、超音速飛行物体における振動制御技術の研究開発を行っていた。指導教官とキムは、２０１７年２月、研究成果の著作権を中国当局に申請しており、その応用分野の一つに「宇宙」を挙げていた。また、キムは同年３月に共著で論文を出版していたが、共同研究者は中国軍部の宇宙プロジェクトに携わる工学系研究者であった。これは明らかに先端の機械工学や航空工学に該当する研究内容であり、安保理が禁止した弾道ミサイル関連の「機微技術」に該当する。中国のトップクラスの研究機関が、国連制裁に違反していたわけである。

さらに、同年５月16日には、ハルビン工業大学の図書館で、北朝鮮人学生９名が、校内規則に反して、５万７０００点もの学術論文をダウンロードするという事件も起きていた。

北朝鮮は、中国の大学で堂々と核・ミサイル関連の「機微技術」を学んだうえ、世界中の先端的な科学技術研究の成果を大量に吸い上げていたというわけだ。

「制裁網」の実態は、「底が抜けたバケツ」だったのである。

諦めの悪い人たち

２０１１年のウクライナでの摘発から６年後の２０１７年、北朝鮮は中距離弾道ミサイル（ＩＲＢＭ）や、米国に届く大陸間弾道ミサイル（ＩＣＢＭ）の開発を大幅に加速させた。新型ＩＲＢＭ「火星12型」と新型ＩＣＢＭ「火星14型」のエンジンは、かつて北朝鮮が機密情報を盗み出そうとしていたユージュノエ設計局が製造していたＲＤ－２５０型を改良したものと考えられている。ウクライナ政府の発表によれば、このエンジンの在庫はすべてロシアに輸出したということだ。

北朝鮮はどこからエンジンの実物またはそのデザインを入手したのだろうか。

２０１７年10月、この疑問について調べている知人から連絡が入った。

「ウクライナ国家統計局のホームページを見てみろ」

そこにはウクライナに入国した外国人の数が年別・国別に報告されていた。いまだに北朝鮮人の訪問者が多数いるではないか。

北朝鮮スパイ摘発の翌年（２０１２年）には、５０２名もの北朝鮮人がウクライナに入国していた。その後、２０１３年から２０１５年の間の入国者は報告されていないが、２０１６年でも１０８名が入国していた。知人によると、２０１７年は10月末までの時点で２０９名が入国していたという。また、２００６年から２０１２年までの間、計15名の北朝鮮人がウクライナへの移民ビザを取得していた。

彼らはウクライナでいったい、何をしているのだ。

灯台下暗し

２０１７年８月23日には、最高指導者・金正恩が国防科学院化学材料研究所を訪問した際、３段式の弾道ミサイル「火星13型」の図面の前で部下と談笑している写真を、朝鮮中央通信が公開した。写真には、ミサイルの１段目に使用される固体燃料の収納容器らしき物体も写っている。炭素繊維で製造された軽量型容器のようだ。

もう一枚の写真には、金正恩が部下と談笑している真横に、さまざまな状況下で素材がどうなるかを調べる「環境試験機」が写っている。ハイスペックの機器であれば、ミサイル関連物資として安保理の禁輸品リストに載せてあるものだ。しかし、写真の環境試験機は、一世代前の日本製品に酷似している。中古品として、どこかから調達したのかもしれない。

もし日本製ならば、北朝鮮はどうやってこの機器を見つけたのだろうか。

ふと、私が国連を離任する前のことを思い起こした。

2016年1月、ニューヨーク。私はタイムズスクエア近くのホテルのラウンジで、情報機関関係者である知人とコーヒーを飲みながら話していた。

「日本で発電機を製造している企業らしいんだが、この名前、聞いたことあるか?」

その企業は、日本でも大手の発電機メーカーだ。

「それがどうしたの?」

「ここの発電機が、北朝鮮の寧辺の原子力施設に導入されたという情報がある」

同社の発電機は、東日本大震災後、一般家庭や工場などで幅広く使用されているが、原子力施設仕様ではない。あとで日本の原子力関係者に聞いたところ、「普通、それは原発では使いませんよ」とのことだった。安全面でも深刻なリスクが考えられるらしい。だが、北朝鮮ならば平気でやりかねない。

知人が続ける。

「ところでもう一つ。日本国内の研究機関で、北朝鮮関係の研究者がスーパーコンピューターを使って、核関連の何らかのシミュレーションを行っていた可能性がある」

冬のニューヨークの寒空が、さらにどんよりと暗く感じられた。

日本国内には、たしかに北朝鮮関係の「核・ミサイル技術者」が存在する。2016年2月10日に日本政府が「我が国独自の対北朝鮮措置」として発表した中の一つに、「在日外国人の核・ミサイル技術者の北朝鮮を渡航先とした再入国の禁止」が定められているのだ。彼らは北朝鮮に渡航しない限り、日本からの出入国が可能なのである。

だが、安保理決議1718号（2006年10月）第8項（e）と2094号（2013年3月）第10項では、そんな甘い対応は認めていない。核・ミサイル技術者の出国自体が禁止されていなければならないのだ。日本政府の措置は安保理決議に基づく義務を満たすものではない。

これらの「核・ミサイル技術者」は海外で、果たしてどのような活動を行っているのだろうか。国際的制裁網の大きな「抜け穴」は、一番身近なところにあるのかもしれない。

10　食い荒らされるマレーシア

日本生まれの工作員

目の前の写真の中で、一人の中年女性が途方にくれたように事務机の上を見つめている。そこには米ドルとユーロの札束が積み上げられており、足下にはそれを隠していた旅行鞄が二つ置いてある。彼女の後ろから二人の男たちが不安そうに成り行きを見守っている。

これは、２０１４年2月17日、クアラルンプール国際空港の警察執務室での取り調べの様子だ。彼女の名前は、「リャン・スニョ」。北朝鮮政府発行の彼女の旅券には、「１９５９年8月11日」の「日本生まれ」とある。2名の男性は、「１９６９年12月22日生まれ」の「キム・ピョンチョル」と「１９６９年8月30日生まれ」の「ペ・ウォンチョル」。いずれも北朝鮮国籍で、彼女の仲間だ。彼らはクアラルンプール発北京行きの旅客機で、45万米ドル（約４６００万円＝当時）以上の現金を無申告で持ち出そうとしていたところを、マレーシア警察に一時拘束されたのである。

我々がこの事件を察知したのは、2014年2月24日付の毎日新聞で報じられた「北朝鮮：当局者、145万ドル所持　マレーシアで3人拘束」という記事だ。西岡省二記者に対北朝鮮情報関係者からもたらされた話によると、「北朝鮮の軍事関連会社がマレーシアにあり、違法な武器取引などで得た資金を持ち出そうとした疑いがある」という。武器取引関係であれば、国連の制裁違反に該当する。

しかし、現金と武器取引の関係を示す証拠は見つからなかった。リャンたちは、マレーシア警察に対し、現金は在クアラルンプール北朝鮮大使館のもので、平壌の外務省本省に届けるように頼まれた、と説明している。現金の国外持ち出しを空港税関に届け出ようとしたが、どこに受付があるのかわからなかったそうだ。マレーシア側もそれ以上追及する材料がなく、ほどなく彼らを釈放することになった。後日、押収した現金も北朝鮮大使館に返還されたのである。

本件は制裁違反には当たらない——一時はそう考えられた。

事態が急転したのは、それからおよそ4カ月が過ぎた頃のことである。これら3名の北朝鮮人は、自らの所属をシンガポールにある北朝鮮企業「パン・システムズ社」と名乗っていたという情報が寄せられたのだ。

これは重要な情報だった。なぜなら、ある国連加盟国が2012年4月に、この企業を北朝鮮の工作機関「偵察総局」のフロント企業であると国連安保理に報告し、制裁の対象に指定するよう勧告していたのである。

偵察総局は2016年3月に国連により制裁対象に指定された組織であり、その任務は多岐にわたる。北朝鮮の主な武器密輸企業で、2012年5月に制裁対象となった「青松連合」を傘下に置き、武器密輸も展開している。さらに、世界各地で情報収集活動を展開したり、マネー・ロンダリング目的でフロント企業を設立して陰の金融ネットワークの構築を図ったりするなど、様々な非合法活動に従事してきた。リャンを含む3名の北朝鮮人が偵察総局の海外要員ならば、2月に摘発された事案は、やはり制裁違反に当たる現金持ち出し事件だった可能性が高い。

国連の内部にも

北朝鮮の工作員は、在外の北朝鮮大使館や領事館に赴任する外交官に偽装したり、国際機関や現地企業に雇われたりする形で、海外に拠点を築く。

例えば、ドイツ連邦政府の情報機関「連邦憲法擁護庁」の2008年から2013年にかけての報告書によると、偵察総局は在ベルリン北朝鮮大使館に代表者を配して、軍事技術や貿易に関する情報や、欧州連合の輸出管理規制対象品目である印刷や金属加工など先端的機械類の情報を収集していた。情報収集活動のため、北朝鮮の工作員はドイツ国内などで政財界の主要人物との関係を構築し、さらにドイツに留学している北朝鮮国籍の留学生や学者も活用している。

北朝鮮による軍事関連技術の情報収集活動は、国連の制裁に明らかに違反している。ドイツ政府から詳細な情報提供があれば、専門家パネルとしても具体的に捜査を行えたが、それはかなわなかった。

偵察総局が海外で非合法な工作活動を展開するにあたり、家族ぐるみでチームを組むことがある。最も信頼のおけるパートナーであり、効率的な活動が期待されるからだ。リーダーである最年長の男性工作員が英語を話せないため、妻や娘が通訳として彼を手助けしていたケースもあった。

２０１４年2月には、フランス政府が偵察総局の北朝鮮工作員3名に対して単独制裁を科し、仏国内の資産を凍結するという事案が発生した。この3名は、父親、娘、息子からなるチームで、父親の「キム・ヨンナム」は、「１９４７年12月生まれ」とある。１９８９年以降ずっと国連教育科学文化機関（ＵＮＥＳＣＯ＝ユネスコ）のパリ本部に勤務していて、情報通信システムの専門家だ。２００９年まで20年間にわたって本部職員として勤務したうえ、その後もユネスコのコンサルタントとして継続勤務していた。国連機関在職中、彼は世界中の国々で行政府内などの業務のオンライン化、つまり電子政府のプラットフォーム構築を支援するなど、世界各国の情報システム構築を支援していた。北朝鮮の工作員が、世界各国の情報システムの構築に携わっていたわけである。１９７４年から１９７７年の間には、ロシアのドゥブナ合同原子核研究所でもコンピューター技師として勤務しており、原子炉データの情報処理システムの開発チームに所属していた。さぞかし貴重な情報を収集できたことであろう。

彼の息子の「キム・スグァン」は「１９７６年8月生まれ」とされる。彼も情報システムの専門家として世界食糧計画（ＷＦＰ）に勤務していた。通信暗号化技術に長《た》けており、国連職員の身分をまといながら、欧州を訪問する偵察総局の工作員たちに様々な支援を行っていたという。

娘の「キム・スギョン」は、「朝鮮連合開発銀行」の国際渉外局の責任者を務めていた。この銀行は、朝鮮軽工業省の傘下にあり、２０１６年11月に国連の制裁対象に指定された。フランス政府が制裁を科した２０１４年2月より以前に、キム・スギョンが欧州で活動していた頃には、金正日の妹の金敬姫《キムギョンヒ》が軽工業省のトップを務めていたことからも、最高指導者に直結する重要な金融機関であったことが推測される。キム・スギョンは北朝鮮在住ながら、2011年末ごろから、主にフランスとイタリアを中心に欧州域内を頻繁に移動するようになる。朝鮮連合開発銀行の欧州域内の秘密金融ネットワークづくりを主導していたものと考えられている。ビザ取得にあたり、国連機関職員の肩書を持つ父親と弟に支援してもらっていたようだ。

このように偵察総局の工作員は、ITや通信関連の仕事で外国に赴任する事例が散見される。彼らは堂々と国連機関に所属し、その立場を活かして、国連内部や世界各国から様々な情報を収集したり、ネットワークを構築していたのである。

専門家パネルはキム親子3名の足取りを追跡したが、ほとんど捕捉できなかった。いったんシェンゲン協定（ヨーロッパの協定参加国間において国境検査なしに国境を越えることを認める協定）の圏内に入ると、越境記録などが残らないのである。唯一、娘が最後にロシアに渡航したことは確認できたので、ロシア政府に情報提供を要請したところ、予想どおり、「他国の単独制裁はまともに取り合わない」として、一切協力してもらえなかった。信頼できる情報筋によれば、偵察総局の海外工作拠点はロシアにあるという。

ちなみに、私が知るだけでも、ユネスコのほかにユニセフなどの国連機関にも工作員がいるとの告発が相次いだ。情報提供があれば、もちろん捜査はするが、証拠など容易につかめるものではない。国連組織に通信傍受能力などはないのだ。

北朝鮮が国連加盟国である以上、北朝鮮の人間を国連機関から排除するわけにはいかない。個々の北朝鮮人が制裁対象団体の関係者かどうか見極めるのは、国連当局にとって至難の業である。それに彼らは北朝鮮国内の所属団体名など、いくらでもカムフラージュする。見極め自体がそう意味をなすとも思えない。通信傍受能力を有する国連加盟国に頼るほかないが、国連への通報自体は彼らの裁量次第なのだ。

「真っ当な会社」の裏の顔

偵察総局は東南アジアでも、複数のフロント企業を設立・運営してきた。そのネットワークの起点となっているのが、シンガポールに本社を置く企業「パン・システムズ社」だ。２０１４年2月にクアラルンプールの空港で拘束されたリャン・スニョらが自らの所属先と説明していた企業である。

ただ、このシンガポール企業と北朝鮮との結びつきを示す情報は一見、見当たらない。会社の登記簿やホームページなど、あらゆる情報を精査したが、真っ当な会社としか見えないのだ。ホームページによると、アメリカの大手ＩＴ企業に勤務していた人物が１９７３年に設立し、ＩＴビジネスをふりだしに、駐車場のセキュリティシステムや貿易業務など、幅広く事業展開している。マレーシアはもちろんのことベトナムにも支社や関連企業がある。数年前からベトナムの漢方薬輸出も手掛け、日本の駐車場管理システム会社と業務提携もしているという。相手の日本企業も至極普通の会社だった。

ところが捜査を始めると、北朝鮮との関係が見えてきたのである。

２０１１年12月に金正日が死去した際に、この会社は弔辞を送っていた。北朝鮮との関係が濃くなければ、一企業がこのようなことをするはずがない。さらに、２０１４年9月26日付の「朝鮮中央通信」の記事に、平壌の国際商品展覧会に参加している同社の社長の、北朝鮮への賛辞が掲載されている。

「我々はすでにここを何度も訪れている」「この国の経済は間違いなく成長する」「様々な変化がみられる」「経済がより一層ブームになりつつあることがわかる」

さらに捜査を進めると、ある国連加盟国から情報が寄せられた。1990年代よりパン・システムズ社は北朝鮮とコンピューターや医薬品、日用品などの取引を行ってきたという。同社は、取引拡大のため、1996年頃に平壌支社を設立したとのことだった。

そこに目をつけたのが、偵察総局である。偵察総局はパン・システムズ社の平壌支社を自らの管理下におき、軍事用通信機器を中心とする軍事関連物資の密輸やマネー・ロンダリングなど、数々の非合法取引を展開するためのフロント企業として利用したと考えられている。平壌支社は、通信機器類製造のため、中国からさまざまな材料を調達しており、このために中国にも代表者を配置している。

シンガポール本社が平壌支社の活動をどこまで把握していたのか、不明である。「支社」といえども、外国にある本社の管理下にあるわけでは必ずしもない。本社が、その活動実態を把握しきれていないことは珍しくない。

例えば、北朝鮮と海運ビジネスを行っていたイタリアの「ＯＴＩＭ社」も平壌支社を設立したが、支社には北朝鮮側が選んだ人物が1名いただけだった。本社は平壌支社の人事権を持たず、この北朝鮮人の素性も把握していなかったのである。ある日突然、北朝鮮当局から連絡が入り、「彼が交通事故で死亡したので、新しい人物が着任した」、と一方的に通告されたという。

２００９年5月、ＯＴＩＭ社の平壌支社が「荷送人」として中国経由でイラン向けに輸出した

10個のコンテナは、7月にアラブ首長国連邦（UAE）で摘発され、中から大量の武器が発見された。同年10月に平壌支社が運送業者として輸送を手配していたコンゴ共和国向けの2個のコンテナは、11月に南アフリカ共和国で摘発され、その中からも武器関連物資が発見された。いずれの事件でもイタリアの本社は、平壌支社が非合法貨物の輸送に関与していたことを把握していなかった。

パン・システムズ社のシンガポール本社も、平壌支社の活動を把握していなかった、あるいは意図的に調べようとしていなかった可能性はある。ある国連加盟国から得た情報によると、平壌支社は、非合法取引のためマレーシア国内にも「グローコム社」というもう一つのフロント企業を設立し、ここを通じて軍事用通信機器を中東や南アジアに輸出しているという。これも重要な情報だった。グローコム社も、２０１２年４月にある国連加盟国が制裁対象指定を勧告してきた企業である。

もしこれらの情報が確認されれば、偵察総局は制裁回避のために、平壌―シンガポール―マレーシア―中国をまたぐ広域の非合法ネットワークを構築していたことになる。そして、その中核にいるのが例の女、リャンらしい。彼女こそ、パン・システムズ社平壌支社の責任者のようだ。その他の主要人物として、少なくとも7名の北朝鮮人が浮上してきた。これらの北朝鮮人が軍事関連物資の取引に関わっていれば、明白な制裁違反事件となる。

だが、今あるのは他国の情報機関からもたらされた情報だけだ。しかも、この２０１４年10月の時点ではまだ偵察総局は制裁対象に指定されてはいなかった。これだけでは、制裁違反とは断定できない。しっかりとした証拠を固める必要があった。

先の国連加盟国からの情報によると、パン・システムズ社のシンガポール本社は軍事関連物資の取引に関与しているわけではは必ずしもなさそうだ。今後の捜査の突破口は、マレーシアのグローコム社となるだろう。リャンをはじめとする北朝鮮人チームがグローコム社を通じて軍事関連物資を取引していることが証明できれば、違反を立証できる。そうなれば、国連決議に基づいて、リャンたちが所属するパン・システムズ社のネットワークも一網打尽にできるはずだ。

鍵を握るのはマレーシアのグローコム社である。

グローコム社もやはり、まともなホームページをもっていた。企業としての体裁を整えるのは、フロント企業の偽装の基本だ。ホームページを見ると、軍事用通信機器や軍事用通信システムなどを主に取り扱う企業とわかる。陸軍や海軍用の指揮命令システムまで扱っていることも大々的に謳っていた。連絡先として記されているメールアドレスはリャンの部下と見られる「ピョン・ウォングン」のものである可能性が高かった。つまり、このアドレスの持ち主が北朝鮮人であることさえ立証できれば、彼らが安保理決議で禁止された軍事用通信機器の販売にかかわっていることになり、制裁違反が成立する。思ったよりも早く片づけられるかもしれない。

グローコム社の連絡先には、別のマレーシア企業の名も載っている。クアラルンプール市内の「インターナショナル・ゴールデン・サービシーズ社」だ。

ネットで調べてみても、ほとんど情報が出てこない。ただ、SNSサイトで、この会社の責任者と名乗るマレーシア人を見つけることができた。彼の名は「ファリーク・カエル」。写真で見る限り若そうだが、マレーシアの軍事大学校卒とあり、他にもマレーシア企業2社のディレクターと記されている。いったい何者なのか。

至急、マレーシア政府にこれまでの情報を伝え、捜査を正式に依頼しなければならない。

内偵

２０１５年２月、クアラルンプール市内はうだるような暑さだった。私は、ダウンタウンからタクシーで30分ほどの地区にあるカフェテリア兼レストランにいた。敷地内には地元料理の屋台が並んでいる。隣には同僚が１名。向かいにはマレーシア外務省と警察の担当者が１名ずつ。

「……というわけで、北朝鮮がマレーシアのグローコム社を通じて軍事用通信機器の取引に関与している可能性が極めて高いと考えています。つきましては、グローコム社の経営実態について、特に勤務している北朝鮮人について、ぜひとも捜査協力をお願いします」

説明を終えると、マレーシア側の二人が話し合っている。

「北朝鮮人の就労ビザの情報は別の省の管轄だ。あそこから情報を取り寄せるのは難しいだろうなあ。電子化されてないだろう」

警察の担当者が少し顔をしかめている。彼らの管轄する情報ではないにしても、こちらの説明を聞いて、国連からの要請の重要性はおそらく理解してもらえたはずだ。

昨年の夏以来、国連マレーシア政府代表部を通じて、マレーシアにグローコム社に関する情報提供を要請していたものの、なぜか返答を得られなかった。そこで別件の捜査と抱き合わせることにして現地に来たのだ。

マレーシア政府からの情報提供を、指をくわえて待ち続けるわけにもいかない。翌日、グローコム社の住所を一人で訪ねることにした。

タクシーに乗り込み、行き先を告げる。運転手が携帯電話の地図検索サイトに目的地の住所を打ち込んで、車を動かし始めた。ところが、数分間、検索システムをいじっていたかと思うと、突然、「そんな住所は登録されていない」と言い始めた。グローコム社のホームページを彼に見せると、そのサイトを自分で実際に確認して「やっぱりおかしい」と言う。

「住所がわからない場合、先方へ電話をして場所を確認するので、電話番号はホームページに載っているはず。だけど、この会社は電話番号がどこにもない」

運転手も違和感を抱き始めている。目指す住所は、宿泊先のホテルからそう遠くないはずだ。タクシーで15分強走った頃、運転手が口を開いた。

「もしあるとしたら、この通りのどこかなんだけどな……」

通りをゆっくり流しながら、建物の番号表示を確かめていく。通りの一番端に来た時、運転手が角にあるビルを指差した。

「ここみたいだね」

目の前にあったのは、5階建てほどの老朽化した建物だった。入り口の扉は重厚そうながらも古びた木製の観音開きで、閉じている。扉の手前には、横に引く鉄製シャッターがある。こちらは半開きだ。扉横の住所を見ると、確かにグローコム社のものと同じだが、表札や看板はどこにもない。運転手も気味が悪そうだ。

「……本当にこんなところを探してたのかい？」

圧倒的に嫌な感じがした。それでも何もしないまま帰れば、必ず後悔するだろう。私がここに来たことを知っているのは、この運転手しかいない。もし、私が中で拘束されて出てこなくても、他の誰にも気づかれないだろう。運転手だけが頼りだ。

「ビルから出てくるまで待っててくれないかなあ」

「もちろん、待つよ。気をつけろよ」

扉を開けると軋《きし》む音がした。中に入る。薄暗い玄関スペースは狭くて人影はない。郵便受けがあるだけ。2階からスピーカーだろうか、音が響いてくる。上の気配に注意を払いながら、ゆっくりと階段を上がると、鉄格子に守られたオフィスらしき入口があった。その向こうにさらに、曇りガラスのドアがある。そのドアの向こう側から、ひっきりなしにマレー語らしきアナウンスが大音量で放送されてくる。内容はさっぱりわからない。音量の大きさの割には、人の気配がない。何をしているオフィスなのか、およそ見当もつかない。

さらに階段を上り、3階に至る。ここだ。このフロアにはオフィスが二つしかない。グローコム社の住所は奥のほうだ。ドアの左側にドアホンがあるだけ。会社名を示すものは何もなかった。ここも人の気配は感じられない。もはや空室なのか、それともこの向こうに誰かいるのか。ドアホンを押すべきか、しばしの間、逡巡する。恐怖が先に立った。もし偵察総局の関係者がいたら……。万が一、引きずり込まれたら……。

逡巡した挙句、4階に行って3階の入居者について聞いてみようと思い浮かぶ。しかし、これより先、途中の踊り場には鉄格子があって、鍵がないとドアホンまで辿り着けない。まるで部外者の来訪を拒んでいるかのようだ。そういえば2階も、ドアホンは鉄格子のはるか先だった。

(いったいどういうビルなんだ)

しかたなく、グローコム社の部屋の郵便受けを覗いてみると、個人宛の郵便物でいっぱいだった。一つずつ宛名を確認してみたが、北朝鮮人と思われる名はない。宛名の人物はグローコム社の関係者か。それとも新たな借り主なのか。

今回の内偵はまったくの不発に終わってしまった。

マレーシア政府にたびたび協力を要請したが、得るものは何もなかった。マレーシアは2015年1月から2年間、国連安保理の非常任理事国だったにもかかわらず、である。

群居するエージェント

この頃、私はマレーシアがらみで別の事案も抱えていた。2014年7月に国連の制裁対象となった北朝鮮最大の海運会社「オーシャン・マリタイム・マネジメント社（OMM）」の件である。OMMの貨物船がかつてマレーシアのペナン港に寄港した際、「パク・インス」と名乗る北朝鮮人が同国内でOMMの代理人「ミラエ・シッピング香港（香港ミラエ社）」の現地代表窓口として貨物船の寄港手配を行っていたのである。私が新橋に捜査に行った疑惑の会社も香港ミラエ社とつながっていた。その代理人がマレーシア国内にいるようなのだ。

その後の捜査で、パクはクアラルンプール近郊にある小さな貿易会社に所属していることが分かった。石炭や鉱物を取引している会社のようだ。つまり、北朝鮮人が現地企業の社員になりすまして、OMMの貨物船のマレーシア寄港を当地で手配していたのである。明らかに捜査すべき対象だった。

この貿易会社に対して公式書簡を送り、パクの勤務実態について照会したところ、3カ月後にようやく返信がきた。パクとの雇用契約を解消したという。思わぬ展開だ。情報収集中である以上、細心の注意を払って書簡を書き上げたのに、あまりに唐突な話だ。雇用主からの返答には、肝心のパクの人物や仕事内容に関する情報は何も書かれていなかった。経緯がわからないので、今回のクアラルンプール訪問で、社長とも面会することにした。

だが、面会には応じたものの、社長の口は極めて重かった。パクは解雇される際、会社の自らのコンピューターに残っていたデータをすべて消去したので、彼にかかわる記録は何一つ残っていないとのこと。パクはオフィスにはあまり来ずに一人で仕事をしていたので、彼の行動や連絡先、取引先、銀行口座など、一切わからないという。まるでパクは存在していなかったかのようだ。クアラルンプールの怪人《ファントム》と呼ぶべきか。

不審の念を押し隠して穏やかに会話を進めていくと、社長は少しずつ話をするようになった。当初は「北朝鮮を訪問したことがある」「北と取引をしたことがある」程度の説明しかなかったが、よくよく話を詰めていくと、どうやら対北朝鮮貿易を主としているようだった。パクは北朝鮮との仲介役として雇用されていたという。

国連の制裁は、北朝鮮との貿易を全面的に禁止しているわけではない。この時点では、石炭などの天然資源の取引もまだ禁止されていたわけではなかった。だから率直に話してほしいと、丁寧にそう説明したのだが、こと北朝鮮との関係になると、社長の口は重いままだった。

ちなみに、「解雇」後もパクがこの会社に出入りする姿を、他社の関係者が目撃していた。社長がようやく話した言葉のなかにも、嘘が含まれていたのだ。

一連の捜査を終えニューヨークに戻ってから、パクについての新たな情報を入手した。彼はクアラルンプール市内の別の会社で仕事をしているらしい。ちょうど数週間後にクアラルンプールを再訪する予定がある。

（この「別の会社」からも、パクの行動について話を聞くことにしよう）

いよいよクアラルンプールで、「別の会社」の社長たちとの面会にこぎつけた。ここも、石炭など天然資源の取引を主な業務とする、小規模の会社だ。公言はしないが、明らかに北朝鮮と取引しているようだ。マレーシアにはこのような企業が多いのだろうか。この社長もやはり最初は、「北と取引をしたことがある」と説明する程度だったが、話を進めるうちに、豊富な取引実績があると確信した。

話のなかから、いくつか有益な情報が得られた。まず、パクはいわば独立したビジネス・エージェントで、この会社は、北朝鮮との貿易で彼に実務処理を依頼していたという。貨物船の入港や貨物の通関など、北朝鮮との取引ではとにかく手続きが遅れて頻繁にトラブルが発生するのだそうだ。そうした事態を避けるために、北朝鮮人の仲介役が事前調整にあたるのである。いわば、対北朝鮮貿易の「便利屋」である。社長によれば、パクのような北朝鮮人エージェントは、「自分が知っているだけでもクアラルンプール市内に１００名はいる」とのこと。

社長はしだいにうちとけてきたものの、ビジネスの話になると、注意深く言葉を選んでいる。肝心のことは、「あとでメールで情報を送る」と言ったが、情報を提供してくれることはなかった。どうやらマレーシア国内の貿易業者の間では、北朝鮮との取引についてあまり口外しないという暗黙の了解があるようだ。

不実な非常任理事国

ホテルに戻って、メールをチェックすると、意外な人物から連絡が入っていた。パク本人である。彼に何度か面会を申し入れていたのだが、ようやく返事が来たのだった。

「自分はＯＭＭとは関係ない」「(ちゃんと説明するために) 会ってもいい」

願ってもないチャンスだった。もしかしたら今は、本当にＯＭＭと関係がなくなっているのかもしれない。ＯＭＭとのかかわりを示すような最近の活動に関する情報が何も出てこないからだ。もしそうであるならば、彼の容疑を晴らす必要もある。

午後3時半。パクと約束したとおり、グランドハイアット・ホテルの高層階ロビーの真下にあるバーラウンジへ同僚と一緒に赴いた。待つことおよそ40分。なかなか来ない。彼の携帯電話やメールに何度か連絡を入れるが返事はない。

やがて50分が過ぎた頃、メールの返信があった。

「私との面会については、わが方の政府に正式に要請してもらいたい。あなた方との面会には、政府の許可が必要です」

政府とは、北朝鮮政府のことだ。北朝鮮大使館から警告されたのであろう。文面から、パクの警戒レベルが一気に上昇していることがわかる。

パクには聞きたいことが山ほどあった。例えば、香港ミラエ社以外にも、決済に関わっていた香港の会社がもう一つあった。彼はマレーシアの企業に対して、北朝鮮への支払いを、米ドル建てで香港の「ナイス・フィールド社」の銀行口座へ送金するよう指示していた。アメリカ政府は北朝鮮関連の取引でのドル通貨の使用を禁止しているため、これは、アメリカの対北朝鮮単独制裁違反である。ただ、それ自体はアメリカの国内法のからみなので国連が取り扱う話ではない。だが、ＯＭＭ関連の貨物船への出資を追跡する捜査でも、この香港企業の名が浮上してきたのである。うまくすれば、そちらの解明も進められるかもしれなかった。あともう少しだったからこそ、諦めきれない。

待ちぼうけを食った翌日、パクの自宅を訪問することにした。以前入手した情報によれば、ダウンタウンからタクシーで30分弱の地区に暮らしているはずだ。

実際に訪問してみると、一角には2、3階建ての住居用ビルがひしめいていた。コンクリートの外壁には無数のひび割れがあり、いずれも黒ずんでいて、南国なのに、クーラーの室外機は見当たらない。パクの住まいはどこなのか。タクシーでぐるぐると10分ほど回り続けているうちに、ようやく目当ての建物が分かった。いささか目立つ7階建てのアパートである。

さっそくアパートの管理人に聞くが、部屋は現在空室だそうだ。彼は数カ月前までここで妻と大学生の娘と3人で暮らしていたが、転居先は知らない、娘は北朝鮮に戻ったとのことだった。どう見ても、裕福とはほど遠い暮らしぶりだ。

東南アジア有数の世界都市クアラルンプールで暗躍する北朝鮮人エージェント。その実態は、どうやら必死に生きている生身の人間だった。海外で家族を養いながらさまざまな仕事で食いつなぎ、ようやく稼いだ金のほとんどは平壌に〝上納〟するのだろう。パスポートの写真などから思い描いた「制裁対象者」という概念が、肉体を持った人間へと一気に変化する。そんな人物を私は追っているのだ――。

結局、マレーシア政府にいくら情報提供を要請しても、なしのつぶて。繰り返すが、国連安保理の非常任理事国だったにもかかわらず、協力拒否の回答すらない完全な黙殺であった。

マレーシア国内には、他にも注目していた企業が複数あった。例えば、北朝鮮国営の朝鮮中央通信で頻繁に言及されていたマレーシア企業「ドンボ・エンタープライズ」。朝鮮中央通信が引き合いに出す外国企業の多くが、国連の制裁違反容疑で捜査対象となっていることを考えると、もっとしっかり調べておきたかった。

だが、そうした企業の捜査はすべて頓挫したまま、私は２０１６年４月に国連を離れることになる。捜査の継続を、３人目の韓国人の同僚ヤンワンに託して。

「青松連合」が食い込む独裁国家エリトリア

ここでもまた、後日譚がある。国連の捜査には時間がかかるのだ。

２０１６年7月、中東の空港で中国発エリトリア向けの貨物45箱が押収された。エリトリアは「アフリカ版北朝鮮」の独裁国家としばしば評される、国連安保理の制裁対象国だ。押収された貨物の中からは、高周波ラジオ、暗号化通信機器など、軍事用途の通信機器類や、それらを兵士が携行するための迷彩模様を施したバックパックなどが発見された。軍事用の通信機器や包装箱には、製造元のロゴマークが貼り付けられていた。「グローコム社」だ。北朝鮮「偵察総局」のフロント企業ネットワークの一端が、ついにしっぽを掴まれたのである。

実は、その5年前にも、エリトリアはレッドカードを突きつけられていた。

２０１１年5月、ある東アフリカの国連加盟国が、寄港中の貨物船に積まれていたエリトリア向けのコンテナ貨物を検査したところ、旧式の工作機械３台が出てきたのだ。これ自体は特に怪しい貨物ではないため、当局は貨物を解放《リリース》しコンテナはエリトリアまで届けられた。

ところが、この後、問題が発生する。国連ソマリア・エリトリア監視団から、これら工作機械がエリトリア軍の兵器の維持・補修を担う工場「Eritrean Department of Governmental Garages（ＥＤＧＧ）」に搬入されたという情報が寄せられたのだ。そしてこの工場に、北朝鮮の武器密輸企業で、国連によって制裁対象に指定されている「青松連合」が人を派遣して、軍事技術支援を与えていたという。

エリトリア政府はこの情報を全否定した。そればかりか、国連ソマリア・エリトリア監視団に対する非難を始める始末だ。我々には他の筋からも、青松連合がエリトリア海軍の艦艇の補修整備を行っているとの情報が寄せられていたが、いかんせん証拠がつかめない。また、エリトリアと親密な関係にあるロシアの外務省から出向してきた二人目のロシア人同僚も、国連ソマリア・エリトリア監視団の捜査担当者への批判を始めた。我々も迂闊《うかつ》な捜査はできなくなった。

しばらくの間、捜査は行き詰まりを見せていたが、２０１５年に入ってヤンワンが、一通の手紙のコピーを入手した。日付は２０１０年3月19日。差出人は当時の青松連合の代表者「リ・ハクチョル」で、宛先はＥＤＧＧの代表者である。

「我々は喜んで、Tzahaye Mokonen Zerom を団長とする貴殿の派遣団に公式招待状を送ります。２０１０年4月中に1週間、貴殿の派遣団を受け入れる予定です。私たち双方の間で実質的な協力を始めるうえで、貴殿の訪問が非常に重要な契機となることを望みます」

手紙には署名と青松連合の社印が押されていた。ついにビンゴである。

専門家パネルの公式照会に対してエリトリア政府は、「国連安保理決議１７１８号と１８７４

号に違反した個人または団体とは取引をしていない」という短い回答を寄越してきただけだった。もはやそれ以上の言い逃れはできないようだ。しかし、これでエリトリアが北朝鮮との制裁違反と認められる取引をやめたわけではなかったのだ。

２０１１年５月と２０１６年７月、この二つの事件を結びつけた人物がいる。２０１１年５月に東アフリカで検査されたエリトリア向け貨物は、中国・上海港で船積みされていた。荷送人は、北京の「光彩偉興貿易（北京）有限公司」。中国の企業登記情報を見ると、代表責任者は「朴永漢」だ。また、商業ネット情報では、「裴民浩」という人物が同社の連絡先として掲載されている。

２名とも中国人で、他にも「北京成興貿易有限公司」という企業の経営・所有にもかかわっていて、この企業こそ、２０１６年７月に中東の空港で摘発されたエリトリア向け航空貨物の荷送人である。彼らは、偵察総局傘下の青松連合の中国国内ネットワークにおける主要人物であり、北朝鮮とエリトリア間の非合法取引にかかわる重要な仲介者である実態も浮き彫りとなった。

中国の商業向けネット情報で、北京成興貿易と光彩偉興貿易の2社は、北朝鮮の無煙炭や鉄鉱石をはじめとする鉱物の販売も謳っている。石炭と鉄鉱石は２０１６年の国連安保理決議で禁輸品とされたにもかかわらず、である。北朝鮮にとって、２名の中国人は外貨獲得でも重要な役割を果たしていたのだろう。

エリトリア向けの貨物45箱が押収された２０１６年７月の事件を機に、専門家パネルはマレーシアのグローコム社の捜査を本格化させることとなる。

金正男暗殺事件が炙り出したもの

２０１７年2月13日午前9時ごろ、思わぬ事件が発生する。マレーシアのクアラルンプール国際空港で、金正男が女性2名に致死性のＶＸを含む液体を顔面に塗りつけられ、殺害されたのだ。北朝鮮の最高指導者・金正恩の異母兄である。

その直後、日本のメディア各社が一斉にマレーシアに取材チームを派遣した。国連を離れていた私も、関連情報としてグローコム社をはじめ数社の「懸念企業」について情報を提供した。

私は、日本のメディアが入手した情報と、専門家パネルの報告書の捜査結果を重ね合わせてみた。すると、北朝鮮「偵察総局」のフロント企業ネットワークの全貌と、強まる国際社会の監視網から必死に逃れようとしてきた北朝鮮の姿が浮き彫りとなったのだ。

まず、偵察総局はシンガポールの「パン・システムズ社」の看板と、平壌支社を利用した。さらに非合法取引のために、マレーシア国内に、グローコム社を含むフロント企業を3社も立ち上げて、東南アジアを拠点に非合法活動を展開していたのである。

２０１４年2月にクアラルンプールで一時間拘束されたリャン・スニョらが最初にマレーシア国内に正式な拠点を築いたのは、２００５年11月のことである。彼らはマレーシア人協力者数名と共同出資して、同国内に「インターナショナル・グローバル・システムズ社（グローバル社）」を設立した。これは正式に登記された企業である。登記簿を見れば、リャンたちが株主・経営者として記載されている。

その後、彼女らは、この「グローバル社」を「連絡先住所」とするもう一つの企業「グローコム社」を立ち上げた。こちらは正式に登記されておらず、あくまでペーパーカンパニーのようなものだ。登記簿がなければ、誰が経営者なのかも判らない。

その後しばらくの間、リャンたちは、この「グローコム社」を前面に押し立てて、軍事関連物資の取引を行っていた。つまり、偵察総局はパン・システムズ社の平壌支社のために、まずはマレーシア国内で「グローバル社」というフロント企業を興し、さらにそれを連絡先とする別の「グローコム社」という登記情報がないフロント企業をもう一つ積み上げて、北朝鮮人の関与をいっそう見えにくくしたわけだ。

繰り返すが、シンガポールのパン・システムズ本社が平壌支社の活動を把握していたのか、真相は不明である。それでも２０１２年4月、国連安保理の中でパン・システムズ社とグローコム社の名前が制裁違反企業として浮上する。当時、失敗したとはいえ北朝鮮による「銀河3号」ロケット発射を受けて、制裁対象候補として両社の名が挙がったのである。つまり、偽装工作にもかかわらず、この時点ですでにネットワーク企業は一部の関係諸国の監視対象となっていたことになる。

国際的な監視網が強化されるなか、２０１２年6月に、リャンたちは次の一手を打つ。「グローバル社」を休眠させたのだ。代わりに、もう一つのフロント企業として、類似の名をもつ「インターナショナル・ゴールデン・サービシーズ社（ゴールデン社）」をマレーシア国内に正式に設立する。マレーシア人「ファリーク・カエル」と名乗る人物が責任者とされる企業である。

その後、この「ゴールデン社」が「グローコム社」の連絡先窓口となり、「グローコム社」が「ゴールデン社」の後ろに隠れる構図となった。偵察総局はフロント企業ネットワークの「表の顔」をつけかえたわけである。

北朝鮮の工作機関である偵察総局は、パン・システムズ社の平壌支社を通じて武器密輸の商売を行っており、そのためにマレーシアとシンガポールの拠点を利用していた、というのがその構図である。さらに偵察総局は、国際的監視網から逃れるために次々と似たような名前の企業を立ち上げて、ネットワークの厚みを増していったわけである。

このネットワークは武器密輸のみならず、北朝鮮のためのマネー・ロンダリングでも重要な位置づけとされていた事実が、専門家パネルの捜査で明らかになっている。

専門家パネルは、パン・システムズ社の平壌支社の決済情報を入手し、それらの分析結果についても安保理に報告している。判明したところによれば、同社は、軍事関連物資の調達と販売のために、中国、マレーシア、シンガポール、インドネシア、シリアなどに工作員を配し、フロント企業を立ち上げ、海外の銀行に口座を設けて、広範囲にわたる非合法取引ネットワークを築き上げていた。

リャン・スニョは、このネットワークを駆使して中国本土や香港の取引相手と、米ドルまたはユーロを用いた外貨決済を行いつつ、軍事取引を展開していたのである。具体的には、中国、インドネシア、マレーシア、中東の仲介業者に定期的に外貨送金を行うとともに、マレーシアの大手銀行に設けた口座などから、多額の資金を何度も平壌に送金していた。

また、北朝鮮の「青松連合」関係者で、2015年に米国から軍用暗視ゴーグルを不正に調達しようとし、米連邦捜査局のおとり捜査にひっかかって米国で逮捕・収監された金成日（キム・ソンイル）が経営していた「香港青松国際有限公司」は、2010年と2013年にパン・システムズ社平壌支社より香港経由で資金を受け取っていた。偵察総局傘下の青松連合とパン・システムズ社平壌支社は、資金洗浄でも協力していた実態が垣間見える。

さらに金融規制が強まると、リャンたちは、マレーシアで現金を引き出して、平壌まで現金を持ち運ぶようになった。彼女らが２０１４年2月17日にクアラルンプール国際空港で警察に一時拘束された際に所持していた現金は、まさにこのような金だったのだろう。北朝鮮大使館の指示・支援のもと、北朝鮮工作員は身体を張って現金輸送を行っていたのである。

マレーシアは文字どおり、北朝鮮に食い物にされてきたのだ。

マレーシアの北朝鮮利権

２０１７年2月、国連専門家パネルの年次報告書にマレーシア国内で暗躍する偵察総局のフロント企業グローコム社に関する捜査結果が公表されると、マスコミからの問い合わせがマレーシア警察に殺到した。そこでマレーシア警察はついにプレスリリースを出すことになる。

「そのような企業は存在しない」

たしかに、グローコム社はマレーシアでは登記されていない。しかし、同社はネットや「防衛産業展示会」などで、長年にわたり公然と軍事用通信機器の販売を続けていたのである。常識的に考えれば、実体のわからない企業が軍事用通信機器を宣伝販売していれば当然、取り締まりの対象になりそうなものだが、マレーシア政府はそうはしなかった。

しかも、マレーシア警察は、「これからグローコム社を捜査する」と説明した。つまり、国連の捜査協力要請にもかかわらず、これまで何もしていなかったわけだ。

とても「普通の国」の警察ではない。

日本のメディアの現地取材で、さらに重要な情報が出てきた。驚いたことに、グローコム社の設立・経営にあたっては、マレーシア議会の与党大物政治家が協力していたというのだ。マレーシアの最大政党「統一マレー国民組織」のムスタファ・ヤクブである。彼の息子もまた、この件に関与していた。

日本のメディアのインタビューに対してムスタファは、相手が「（北朝鮮の）工作員だとは思わなかった」「北朝鮮のラジオは性能がよく、内外で売れると思った」などと述べている（「産経新聞」２０１７年3月1日付）。

この記事を読んだ時には、開いた口が塞がらなかった。グローコム社が販売していたのは、普通の「ラジオ」ではない。軍事用通信機器である。国連決議では、あらゆる武器関連物資は北朝鮮がらみの取引が禁止されている。しかも、グローコム社はネットでも、マレーシアの「防衛産業展示会」でも、これらの製品が軍事目的である旨を大々的に宣伝していたのである。ムスタファとその息子は確信犯なのか、あるいはよほどの無知なのか。いずれにせよ、与党の大物政治家がこのありさまでは、マレーシアという国の制裁に向けての意気込みは推して知るべしである。

おそらくマレーシアでは、北朝鮮利権とも呼ぶべき既得権益の構図があるのではないか。それこそが、マレーシア政府が国連に対して沈黙した真の理由ではないだろうか。

２０１７年1月、グローコム社は、新たなホームページを立ち上げて、しぶとくも商売を続けていた。7月には、自社で扱う軍事用通信機器製品の新たなプロモーションビデオをYouTubeにアップロードしていたが、数カ月後にプロバイダーにより削除される。グローコム社のホームページからは連絡先が消され、新たな拠点をどこに移したのかわからなくなった。しかし、この会社がそう簡単に活動を止めるとは到底思えない。

暗殺犯「雇用主」の正体

２０１７年2月18日、マレーシア警察は、金正男暗殺容疑で、４人目を逮捕したと発表した。それは、マレーシア在住の北朝鮮人「リ・ジョンチョル」で、彼はクアラルンプール市内の企業に勤めていたとされる。その企業名を見たとき、ふと既視感を覚えた。どこかで聞き覚えのある名だ。

「トンボ・エンタープライズ」

データベースを検索してみたが、一致する名前はない。気のせいかと思ったときに、ふと類似の企業名を思い出した。

「ドンボ・エンタープライズ」

北朝鮮国営の朝鮮中央通信に頻繁に取り上げられていた、マレーシア企業だった。ハングルでは、「トンボ」と「ドンボ」は同一の名前とみなされる。

改めて、朝鮮中央通信の記事を見てみる。ドンボ社の社長は「チョン・チンチー」とある。他方、トンボ社のホームページでは、同社の社長は「チョン・アーコウ」だが、別名が記されていた。いわゆるニックネームである。それが「チョン・チンチー」。やはりそうだ、同一人物である。「トンボ社」と「ドンボ社」は同じ会社だった。

チョン社長は、逮捕されたリ・ジョンチョルについてメディアから質問攻勢を受けたようだが、同社での勤務実態がなく、就労許可証の取得を支援するために会社の名義を貸していただけ、とさらりと説明している。

「彼はここでは働いていない。必要な時に呼び出すだけだった。この2年間はほとんど会っていない」「給料を払っておらず、ビジネスパートナーでもない……（リ容疑者が）どうやって稼いでいたのかも詳しく知らない」

雇用者であるにもかかわらず、雇った人間について何も知らないというのだ。以前、別のマレーシア企業の社長たちから聞かされていた言い訳と、実によく似ている。

チョン社長によれば、彼が１９９７年に平壌を訪問した際、リ・ジョンチョルの親族と知り合いになり、それ以降、頻繁に北朝鮮を訪問してきたという。さらに、リ以外にも、10名もの北朝鮮人の就労許可証取得に協力してきたそうだ。トンボ社は北朝鮮にとって絶好の「隠れ蓑」だったのだろう。

しかし、社長はメディアに肝心なことを説明していない。それは、彼が熱烈な金正恩政権の支持者であり、マレーシア国内で金日成追悼委員会の委員長など重要なポストを歴任してきた過去についてである。チョン社長とドンボ社は、朝鮮中央通信で頻繁に紹介されており、２０１０年10月以降に限っても、少なくとも30回は登場している。

「金正日閣下が、人生の最後の瞬間まですべてを人民のために捧げてくれたおかげで、朝鮮民主主義人民共和国は、勝利への確信とともに経済大国の建設を加速させつつ、同時に、難攻不落の軍事大国としての自らの力を証明している」「５０００年の歴史の中で初めて朝鮮人民が喝采する金日成主席と金正日総書記は、国家の指導者であるばかりでなく、無比の愛国者であり、また人々の優しい父である。母国、人民、そして革命について、彼らと同じ見解をお持ちであられる金正恩将軍のおかげで、彼らの偉業は今やさらにまぶしく輝いている」

この発言の主が、金正男暗殺事件の容疑者を雇用していたのだ。白々しい言い訳は、やめてもらいたい。もしこれが日本であれば、彼の行為は入国管理法違反容疑で徹底的に取り調べられるだろう。マレーシアはなんと野放図な国であることか。

ベトナムはなぜ〝人気〟なのか

マレーシアやシンガポールには、他にも「懸念企業」が存在する。

マレーシアと北朝鮮の合弁企業「マレーシア・コリア・パートナーズ・グループ・オブ・カンパニーズ（ＭＫＰグループ）」は、朝鮮中央通信に頻繁に取り上げられた企業だ。道路や建物の建設、銅像やモニュメントの建造、鉱物取引、金融など、幅広く商売をしている。

報道によると、ＭＫＰグループも、マレーシア国内の建設事業への参入を図る目的で、元海軍長官や元国会議員などを経営幹部に迎え入れている。やはりマレーシアと北朝鮮の間には癒着の構造が存在するようである。

ＭＫＰグループの経営責任者は「エドワード・ハン」という北朝鮮人で、報道によれば、北朝鮮がらみのビジネス界では有力者らしい。移動に北朝鮮大使館の外交官車両を使用していたとか、アフリカを訪問した際には駐在する北朝鮮大使が表敬したとか、様々な話があるが、金正男暗殺事件の後には所在不明となっている。

専門家パネルは、２０１７年の最終報告書で、平壌にあるＭＫＰグループの子会社「インターナショナル・コンソーシアム銀行」を、安保理決議による金融制裁に違反した容疑で捜査中である、と述べている。また、ＭＫＰグループの行う銅像などの建造は、安保理が禁止した「北朝鮮による銅像の輸出」に該当する可能性もあるとしている。さらに、船舶建造を主要事業の一つとする同社のホームページでは魚雷艇らしき船も紹介されていて、北朝鮮との「武器及び関連物資」の取引を禁じた国連の制裁に違反しているかもしれないのだ。

さらに、北朝鮮の別の「企業」もマレーシアに食指を伸ばしている。

２０１６年12月、クアラルンプールで開催された国際貿易展示会「ブランディング・ショーケース」に、複数の北朝鮮企業が参加した。その中には、エジプト向けのスカッド・ミサイルの密輸や日本からの奢侈品などの不正調達に関わった、北朝鮮企業の「ルンラド貿易会社」も含まれていた。このような企業がマレーシア国内では自由に活動しているのである。

しかし、東南アジア地域で北朝鮮のネットワークが張りめぐらされているのは、マレーシアとシンガポールだけではない。

２０１６年、国連安保理が制裁対象に指定した北朝鮮人の中には、駐ベトナム北朝鮮大使館に駐在しながら制裁対象の北朝鮮金融機関の業務を行っていた三等書記官と事務職員がいる。この数年、制裁対象の北朝鮮企業が持つ、マレーシアやタイ、シンガポールなどの拠点が摘発されると、ベトナムへ拠点を移すパターンが見受けられる。どうやらベトナムは、東南アジア域内で拠点の「引っ越し先」として人気があるようだ。

また、駐ミャンマー北朝鮮大使「キム・ソクチョル」も制裁対象に指定された。彼は、ミャンマーの軍部と北朝鮮の武器密輸企業「朝鮮鉱業開発」との取引を仲介していたのである。

タイでも以前、制裁対象企業がバンコク市内に活動拠点をおいていたが、その後どうなったのか。タイ政府は捜査への協力を拒否しているため、実態が把握できていない。

カンボジアでは北朝鮮人にパスポートを与えていたことが発覚したが、これまでに何名の北朝鮮人に旅券を発給したのか、公表を拒んでいる。カンボジアが例外なのではない。そもそも、これまでに何カ国が北朝鮮人に対してパスポートを与えてきたのかすら、わからないのだ。

東南アジアでは近年、「ASEAN経済共同体」として、域内のヒト・モノ・カネの自由な移動ばかりが議論されてきた。その結果、域内では北朝鮮が、かなり自由にヒト・モノ・カネを動かすことができるようになっている。

東南アジアでも、北朝鮮はまったく孤立などしていないのである。

11　制裁違反者は今日も世界を飛び回る

観光名所にあった〝根城〟

２０１１年4月、ロンドン。私は王立公園ハイドパークにほど近いシェパード・マーケットにいた。18世紀前半から続く由緒あるショッピングモールという触れ込みのとおり、歴史を感じさせるタイル造りの建物が並んでいる。小体《こてい》ながらも魅力的な店がたくさん軒《のき》を連ね、オープンテラスのカフェレストランも多い。

澄みきった空の下、我々はこの観光名所へ悪質な業者を探しにやってきた。その名は「オフィス21」。ロンドン中心部、しかもこんな穏やかな雰囲気の市場のど真ん中に、武器密輸業者の関連企業が堂々とオフィスを構えているという。あまりにも大胆にして不釣り合いだ。半信半疑の思いである。

「ここだな」

同僚のエリックが歩みを止めた。目の前にあるのは、レンガ造りの建物。どうみてもオフィスビルとは思えなかった。1階には、大手ビジネスコンビニのフランチャイズ店がある。郵便物の発送受付やコピー、私書箱業務などを行っている会社だ。だが、2階以上はどう見ても住居にしか見えない。

「本当にここか?」

「うん、間違いない」

そう言いながら、彼も半信半疑の表情である。建物に入るには呼び鈴を押してドアを開けてもらわなければならないが、そもそも「オフィス21」という表示など、どこにもない。もうどこかに引っ越したのだろうか。ビルの入口の前をしばしうろうろしたが、どうしようもない。ビジネスコンビニに入って尋ねてみる。

「知人がこの建物の中の『オフィス21』に勤務しているはずなんですが、どのフロアにあるかご存じですか?」

若い女性店員は突然の質問に一瞬あっけにとられた後、にっこりと微笑む。

「もちろん、知ってますよ」

やはり名の通った企業なのか。

「本当ですか! どこですか?」

「ここよ」

彼女が指さした先には、壁一面に郵便受けが並んでいる。200はあるだろうか。

「そこの私書箱21番のことよ」

彼女が指さす先を見る。たしかにその郵便受けの扉には「21」とあった。

「みんな、起業するときとか、うちの私書箱を会社の連絡先として登記するのよ。連絡先の住所が『オフィス○○』だったら、『ちゃんとしたところにあるんだな』って取引相手にも受けがいいみたいね」

彼女は微笑みながら親切に説明してくれた。たしかに、これなら武器密輸業者にとってもさぞかし都合がいいことだろう。私とエリックはあっけにとられて、まじまじと私書箱21番を見つめていた。

（わざわざここまで郵便受けを見に来たのか……）

念のため、「21」の所有者について聞いてみたが、今は使用されておらず、以前の使用者の情報はすでに破棄したという。追跡の糸はここで途切れてしまった。我々が追っている会社が実在するのか、もしそうであるならば本当の活動拠点はどこなのか、いずれにしろ別ルートで探るしかない。

ことほど左様にペーパーカンパニーの設立は簡単だ。私設私書箱さえ使えば、あっという間にできてしまう。申し込みの際に提示する本人確認書類の写しは保管期間も短いので、ペーパーカンパニーを閉鎖して1年も過ぎれば、追跡できなくなってしまう。このようなサービスは、多くの国にある。

我々が、制裁に違反した企業を特定するよりも、圧倒的に早いスピードで、相手は新しいペーパーカンパニーを簡単に、多数、設立できる。タックス・ヘイブンとして知られる国々で、まずペーパーカンパニーを立ち上げ、さらにその企業の株主や経営者にも別のペーパーカンパニーを登記させる。こうやって、多重構造を築かれると、捜査は実に面倒になる。そもそも取り締まる側にとって、これは非常に不利なゲームなのだ。

あらゆる会社がペーパーカンパニー

「オフィス21」は、タイ当局が摘発した大量の通常兵器密輸事件の捜査の過程で浮上してきた。密輸の手配に関連した複数の企業のうちの1社が、会社の連絡先として登記していたのだ。この事件はエリックが捜査を担当していたが、実に複雑な事件だった。

２００９年12月11日、１機のイリューシン76大型輸送機が、北朝鮮からイランに向かっていた。その途中、給油のためバンコクのドンムアン空港に立ち寄った。積んでいた貨物は北朝鮮の高麗航空から受け継いだもので、航空貨物運送状には中身が「機械部品」と記載されていた。しかし、タイ当局が、他国からもたらされた情報をもとにこれらの貨物を検査したところ、２４０ミリロケット砲、携帯式対戦車擲弾《てきだん》発射機、携帯式防空ミサイルシステム、手榴弾など、１４５個の木箱に収められた総重量約35トンもの通常兵器が出てきたのである。

この輸送機はチャーター便であることがほどなく判明するが、実行犯の特定は困難を極める。輸送機の依頼主や持ち主、貨物の送り主など、貨物に関わるあらゆる会社が、ペーパーカンパニーだったからである。複数の国をまたいで、重層的にペーパーカンパニーが存在していたため、捜査はまさに、玉ねぎの皮を1枚ずつむくようにして進められた。

これらのペーパーカンパニーは、アラブ首長国連邦（ＵＡＥ）や香港、ニュージーランド、オーストラリア、イギリス、グルジアなど、複数の国によって登録されていた。例えば、輸送機はグルジア（現ジョージア）で登録されていたが、所有者はUAEの企業であった。これが香港のペーパーカンパニーにリースされ、ここからさらに香港の別のペーパーカンパニーにチャーターされて……といった具合で、輸送機の乗員たちですら、真の依頼者を知らなかったようである。

問題の輸送機は北朝鮮の平壌の空港でこれらの兵器を積んだわけだが、もともとはウクライナから北朝鮮へ来ていたことが分かっている。しかし、ウクライナを出発して北朝鮮に至るまで、アゼルバイジャン、スリランカ、タイを中継するなど、奇妙な飛行ルートを辿っていた。おそらく目的地が北朝鮮であることを攪乱《かくらん》する目的があったのではないか。

結局、捜査対象は12カ国にも及ぶこととなった。同僚のエリックがあたかも糸を手繰《たぐ》るようにペーパーカンパニーのネットワークを解明していったところ、3名の武器密輸業者が主犯格として浮上してきた。カザフスタン人1名とウクライナ人2名からなるチームで、アフリカのソマリアでも、非合法な武器供給活動に従事した疑いがもたれている。後に、専門家パネルは彼らを制裁違反者として制裁対象とするよう、安保理に勧告する。

北朝鮮のビジネスパートナーには、このようなプロの武器密輸業者がいる。彼らは、法規制の緩い国々を狙って、ペーパーカンパニーを次々と立ち上げ、それをフロント企業に仕立てて正体を隠す。その摘発は、並大抵のことではなし得ないのだ。

中国企業も食いものに

北朝鮮の武器密輸企業「青松連合」もまた、しかり。青松連合の関係者と思われる人物のうち、カンボジア人になりすまし中国を拠点に活動していた金成日（キム・ソンイル）は、兵器関連物資を調達しようとして2015年にアメリカで逮捕されたが、これだけで青松連合の中国国内ネットワークが消滅したわけではない。それどころか、様々な別名を用い、活発に活動している模様だ。その典型例が2011年5月と2016年7月に軍事関連物資をエリトリア向けに輸出した「光彩偉興貿易」と「北京成興貿易」の朴永漢と裴民浩である。彼らも青松連合の中国における主要人物だ。両名は他にも、「北京新科技貿易公司」というペーパーカンパニーを使って、2015年にアンゴラ海軍の船舶用エンジンや様々な補修物資およそ4・5トンを密輸していたとの情報もあった。

フロント企業群の陰に隠れる青松連合は、かつて中国・北京市に合法的に代表所を構えていたことがある。「朝鮮青松連合会社北京代表処」が2003年2月13日に中国で企業登録されていた。国連安保理が青松連合を制裁対象に指定したのは2012年5月のことだ。少なくとも9年余りの間、青松連合は合法企業として、中国国内で堂々と活動していたのである。

同年12月11日に、中国当局はこの北京代表処の営業許可を取り消した。ただし、問題なのはこの後である。「朝鮮青松連合会社北京代表処」の法定責任者として、登録されていた「朴元日（パク・ウォンイル）」と「崔光赫（チェ・クァンヒョク）」は、同社が活動停止した後も、活動を続けていたのである。

まず、「朴元日」は、2014年1月10日に「朝鮮銀星貿易会社北京代表処」の代表者として、正式に登録されていた。これは、北朝鮮の合法的な企業の北京事務所である。つまり、青松連合の関係者が、そのまま他の北朝鮮企業の中国支社で活動を継続することが許されていたわけだ。ちなみに住所は、北京にある北朝鮮大使館のすぐ隣である。

この貿易会社は2016年10月19日に瀋陽にも代表所を開設し、北京・瀋陽のいずれの代表所にも、「林永煥（イム・ヨンファン）」と「金永煥（キム・ヨンファン）」という人物が経営責任者として着任している。名前からして北朝鮮人である可能性が高い。商業ネット情報によれば、朝鮮銀星貿易会社は、2016年に国連によって禁輸品目に指定された鉱物なども輸出している。明らかに「懸念企業」である。

もうひとりの「崔光赫」は香港の登記簿に自らを「KOREA」の旅券保有者として登録しているが、旅券番号は韓国のものではない。明らかに北朝鮮人である。崔には「楊堅民」と「楊寧」という2名の中国人パートナーがいる。

彼らは中国国内で少なくとも10社の経営または所有に携わっている。このうち中国政府が営業停止処分としたのは3社のみ（2017年7月26日時点）。残りのうち少なくとも5社については正式に企業登録がされたままで、今もおそらく営業中なのだろう。以下は、そのリストである。

①香港金海龍国際貿易有限公司（Hong Kong King Helong Int'l Trading Ltd.）（香港登録）／営業停止処分（「香港金海龍国際貿易有限公司」の「金海龍」はハングル読みが「クムヘリョン」となる。安保理の制裁対象リストによると、青松連合は複数の別名を持つとされるが、この中に「クムヘリョン株式会社」が含まれる）
②香港金海龍国際貿易有限公司北京代表処（北京登録）／営業停止処分
③丹東金海龍国際貿易有限公司（丹東）／丹東市での企業登録を確認できず。非正規の企業と思われる。

④北京金光海龍国際貿易有限公司（Beijing King Helong International Trading Ltd.）／登録継続中
⑤北京金光海龍国際貿易有限公司欧美聯義歯分公司／営業停止処分
⑥北京金光海龍科技貿易有限公司／北京市での企業登録を確認できず。非正規の企業と思われる。
⑦金光海龍（香港）国際貿易有限公司（King Helong Group（Hong Kong）International Trading Co., Limited）（香港）／登録継続中
⑧朝鮮銀河水貿易会社北京代表処／登録継続中
⑨H&Y Global Industry Ltd.／登録継続中
⑩Austen International Trading Co., Ltd.／登録継続中

リストを一瞥しただけでは、混乱してしまうだろう。語順を入れ替えてみたり、漢字を一文字増やしてみたり、一部違う単語が使われていたり……。それでいて、漢字の表記は微妙に変わっているのに、英語名は同じ会社と印象づけるようなものだったりもする。

こうした手口は、北朝鮮がよく使う偽装手段である。名称を微妙に変えることで、法的には制裁対象企業とは別の法人格を装いながら、一方で英語表記はそう変えずに、ビジネスの継続性を担保しているのである。

①から⑩の企業のうち、②③⑧は同じビル内に住所が登録されている。そのうち営業停止になったのは②のみである。⑧については、後に国連専門家パネルの２０１７年２月に安保理に提出された年次報告書で名指しされたのだが、そのおよそ２カ月後に法定責任者と住所を変えただけで合法的に存続している。

さらに、青松連合の北京での責任者の一人、崔の中国人協力者「楊堅民」と「楊寧」については、香港で同名の人物が登録している企業が複数あり、これらにもかかわっていると推測できる。これらの他にも「丹東金海龍経貿有限公司（Dandong King Helong Trading Co., Ltd.）」という、まぎらわしい名称の会社がある。これもおそらく同じ企業ネットワークに属するものと思われるが、登記情報が確認できないため、経営者や株主の情報がない。

国連安保理決議によれば、制裁対象団体の関係者の資産をすべて凍結し、制裁に抵触するいかなる取引も行ってはならないし、また関係者に対して渡航禁止措置を科さねばならない。つまり、中国政府は、単に青松連合の北京代表処と関係企業2社だけを営業停止にすればそれですむわけではないのである。本来、安保理決議の義務に基づいて中国政府が執るべき制裁措置は、より抜本的なものでなければならず、最低でも次の措置を科すべきであった。

①青松連合関連企業の関係者のうち、すべての北朝鮮人を国外退去処分とし、中国人協力者の海外渡航を禁止する。
②これら企業の資産一切について凍結する。
③青松連合関連企業の取引相手（特に北朝鮮企業）の情報まですべて捜査する。
④青松連合に関係する中国人らが新たに企業を立ち上げても、それらの取引が国連の制裁決議違反ではないことを徹底的に確認する。あるいは新たな企業の設立・経営を容認しない。

だが、中国政府にはこれらの制裁措置を徹底的に行うだけの意思も能力も完全に欠如していたといわざるを得ない。

公平を期すために付け加えるならば、これらの措置を講じるのは、どの政府にとっても容易なことではない。そもそも、北朝鮮企業は中国の相手企業を騙すことが常である。

北朝鮮から亡命したある元貿易業者によれば、北朝鮮企業は偽装倒産して中国企業の売掛金を踏み倒すことが一般的だという。こうすれば、同一の北朝鮮人が新たに別の企業を立ち上げたところで、中国側は企業の所有・経営の連続性を証明することができず、借金を踏み倒された中国企業は泣き寝入りすることが多いらしい。ましてや、中国においては北朝鮮との取引は原則として合法であるため、北朝鮮からしてみれば、その中に非合法取引を紛れ込ませることはいとも容易《たやす》いのである。

従って、青松連合の関係者が新たなフロント企業を通じて中国側と取引を再開しようとする場合、中国側がそれを非合法と判別するためには、徹底した捜査を行う強い意思と高い実務能力が不可欠である。しかし、いずれも著しく欠如しているのが実情だ。

合法取引の衣をまとって

青松連合の関係者が中国で経営する企業の中でも、「北京金光海龍国際貿易有限公司（北京金光海龍社）」（前出④）の活動には特筆すべきものがある。

同社のホームページによると、設立は２００６年。香港と中国本土に多数の支店を有しており、中東とアフリカを中心に、30カ国以上と取引をしているという。建物の装飾材、機械器具、電子機器、鉱物資源、航空宇宙関連機材、セキュリティ関連サービス、そして生活必需品など、幅広い分野でビジネスを展開しているようだ。軍用艦艇や豪華ヨット用の資材販売まで宣伝しているが、これらの船舶の写真を見ると、以前、青松連合がアンゴラなどに輸出していた哨戒艇や、北朝鮮がイタリアや英国から調達を図っていた豪華ヨットを彷彿とさせる。また、北京金光海龍社はイランにも数々の船舶関連機材を輸出しているという。北京金光海龍社と同じファクス番号を使用している「北京金光海龍科技貿易有限公司」（前出⑥）に至っては、取り扱い商品として「防弾装備」や「軍事物資」すら、ネット上で堂々と掲載していた。

さらに懸念されるのは、北京金光海龍社がアメリカ、イギリス、韓国などとの取引も喧伝していて、ドイツのある大手工具メーカーの代理店も務めてきたと誇示している点だ。彼らが自慢する主力商品のひとつに、海上使用目的の赤外線監視カメラシステムがあるが、この製品を製造しているアメリカ企業の中国総代理店を務めているともいう。取引相手として名前を挙げられたドイツやアメリカの企業はいずれも健全な企業のようであり、もしこれらの謳い文句が事実であるならば、相手が青松連合につながる中国企業とは知らずに取引を行ってきたのであろう。北京金光海龍社の担当者は、「アンディ」や「ニール・ヤング」といったニックネームで取引を行っており、親しみやすい印象も演出している。

これらは、北朝鮮の非合法企業の関係者が、合法取引の衣をまといながら、いかに先進諸国と取引関係を維持してきたかの好例である。

青松連合の別名やフロント企業はこれだけではない。他にも様々な名前を用いて活動してきたことが、国連安保理や関係諸国により報告されている。一つが制裁対象に指定されれば、別の名前で活動を開始する、という感じだ。

国連による制裁にもかかわらず、青松連合は核関連物資の販売すら行っていた。２０１６年には、フロント企業の一つ「General Precious Metal Complex」が北京市内の連絡先を用いながら、核関連物資の「リチウム６」をインターネット上で宣伝・販売していた。リチウム６（リチウムの同位体＝同じ原子番号で質量数が異なるもの）はトリチウムの原料物質となり、核融合反応の中性子吸収材にも使用される。水爆やブースト型核分裂兵器（強化原爆）にも用いられる。リチウム６は、国連安保理により対北朝鮮取引禁止品目に指定されているにもかかわらず、こうしたものまで青松連合が北京を拠点に販売していた。この会社の連絡先担当者は「チョル・ヨン」と記載されていたが、同姓同名の人物が２０１２年９月時点で在北京北朝鮮大使館に赴任していたため、同一人物の可能性は高い。

また、青松連合は、エジプトでも大使館ぐるみで制裁違反行為をしてきたようだ。２０１３年12月には、北朝鮮政府がエジプト政府にわざわざ書簡を送り、在カイロ北朝鮮大使館所属の外交官として「アン・チョンヒョク」が赴任する旨、通知している。書簡の中で彼は、「セインピル・トレーディング・カンパニー（生必貿易公司）」の代表と記されているが、この企業も青松連合の別名の一つである。エジプト政府が、変名を使った青松連合と、堂々と制裁違反の取引を継続してきたことが窺われる。ちょうどこの半年ほど前に、エジプト向けのスカッド・ミサイル関連物資が他の国連加盟国に摘発されたばかりにもかかわらず、である。おまけにエジプトは、２０１６年１月から２年間、素知らぬ顔で安保理非常任理事国に就任しているのだ。

専門家パネルの捜査によれば、青松連合は北京市内に、「朝鮮資源開発投資公司北京代表処」というフロント企業を構えているようだ。これは正式に企業登録された企業で、瀋陽にも支店を開設している。２０１２年に、北朝鮮の鉱物資源採掘のためオーストラリア企業と、イギリス領バージン諸島で合弁企業「TTS Resources Limited」を設立していた。国連の制裁にもかかわらず、青松連合は偽装しながら海外に協力者を得て、活発に活動を展開していたわけである。まさに、「やりたい放題」としか言いようがない。

名指しされた制裁違反者たち

このような制裁違反を積極的に取り締まろうとしてきた筆頭が、アメリカであることはいうまでもない。もっとも、アメリカ政府はしばしば個人や団体を単独制裁の対象として指定してきたが、その根拠はなぜか示さない。そのためロシアと中国は、これらアメリカ発の情報を「言いがかり」とか「証拠がない」とか批判し、「専門家パネルは制裁違反を特定する際、信頼性の高い証拠だけを用いなければならない」と主張する。専門家パネルが欧米発の情報だけに依拠して結果を導き出したりしないように牽制しているのだろうが、アメリカの情報を「言いがかり」というのは、それこそ根拠がない主張である。

中国とロシアは、「我々の政府が公式に伝達する情報は、高い証拠能力に裏付けされているから、専門家パネルはこれをもとに捜査をするように」「加盟国の政府が提供する公式情報には高い正当性がある」などと言い張る。

この言い分を逆手に取れば、アメリカ政府が発表する公式情報も、それを鵜呑みにせず、それをもとに公式に捜査を行うことに、当然ながら中ロも反対できないわけである。つまり、アメリカの公式発表を捜査の契機にすることに、問題はないはずなのだ。

２０１５年1月2日、オフィスで作業中、ショッキングな情報が飛び込んできた。米財務省が、国連による制裁対象企業の関係者として、10名の北朝鮮人に単独制裁を発表したのだ。

米財務省の記者発表を読むと、この中には、北朝鮮の武器密輸企業である「朝鮮鉱業開発貿易会社（ＫＯＭＩＤ）」の海外駐在代表者7名と「檀君貿易」の中国駐在代表者1名が含まれている。

・キル・ジョンフン（ナミビア駐在）
・キム・クアンヨン（ナミビア駐在）
・チャン・ソンチョル（ロシア駐在）
・キム・ヨンチョル（イラン駐在）
・チャン・ヨンソン（イラン駐在）
・リュ・チン（シリア駐在）
・カン・リョン（シリア駐在）
・キム・クワンチュン（檀君貿易公司の中国・瀋陽駐在代表者／２０１２年5月に韓国が摘発したシリア向けミサイル関連物資を手配した人物）

国連の制裁対象となっている北朝鮮最大手の武器密輸企業がナミビア、ロシア、イラン、シリア、中国に拠点を置いて堂々と活動しているというのである。

しかし、アメリカ政府は、制裁指定した根拠や証拠は、今回も公表していない。おそらく通信傍受記録などの「機微情報」が含まれているからだろう。もちろんロシアや中国は、すでに反発しているに違いない。「単独制裁には反対する」「あくまでも国連制裁の枠組みに従うべき」——。このままでは、せっかくアメリカが制裁したのに徒労に終わりかねない。何とか活かす術はないものか。

いろいろと考えあぐねているうちに、ある考えを思いついた。

（制裁対象者の海外渡航歴を調べればいいじゃないか）

北朝鮮の朝鮮鉱業開発の海外駐在代表者ということであれば、拠点国を中心に周辺諸国をも飛び回っているに違いない。どこを訪問しているのか、それがわかれば朝鮮鉱業開発が狙う現在の重点地域を把握できるはずだ。しかも、米財務省の発表内容には、氏名のほかに、生年月日、旅券番号なども記されている。この情報をもとに渡航履歴を調べればよいではないか。「アメリカ政府の公表情報を検証する」という名目で世界中の関係国に照会すれば、中ロも反対はできまい。しかも、国連加盟国に対して直接、注意を喚起することもできる。

私はすでにほかの複数の事件捜査で手いっぱいなため、これは、航空担当の同僚の主導で進めることにした。こうして、世界中の３００社をはるかに超える航空会社を対象に、該当者の搭乗履歴を照会したのだった。

驚愕の渡航履歴

航空各社からの回答が出揃ったのは、２０１５年10月のことである。米財務省が制裁対象指定を発表してから９カ月。当然というべきか、中国やロシア、イランなど、多数の国々の航空会社からは回答が得られなかったが、それでも充分な情報が集まった。

調査対象期間は２０１２年1月から２０１５年10月まで。その結果は驚くべきものだった。国連による制裁対象企業の代表者たちは全員、何の障害もなく世界各地を飛び回っていたのである。制裁はほとんど効果がなかったということになる。しかも、彼らのほぼ全員が、アメリカ政府による単独制裁後も、それまでと変わりなく世界中を移動していた。

まず、イランを見てみよう。

アメリカ政府の発表どおり、「キム・ヨンチョル」と「チャン・ヨンソン」という2名の北朝鮮人が確かにイランに駐在していたことが確認できた。彼らの渡航履歴を見ると、アラブ首長国連邦（ＵＡＥ）、イラン、パキスタン、中国、マレーシア、シンガポールなどを訪問していた。シンガポールは飛行機の乗り継ぎのために経由していたようである。両名は駐イラン北朝鮮大使館に経済商務担当の二等書記官と三等書記官として赴任中の外交官だった。つまり、朝鮮鉱業開発の代表者は外交官の立場を利用して、制裁を回避していたということだ。

両名は、ほとんどの場合、行動をともにしていたようである。同じ便に搭乗して諸外国に渡っており、とりわけ頻繁にアラブ首長国連邦（ＵＡＥ）を訪問していた。チャンは２０１３年２月から２０１５年9月までの間に計78回、キムは２０１２年10月から２０１５年10月までの間に少なくとも66回は訪問していた。両名ともに毎週または隔週という頻度だった。

関係国の情報当局者によると、彼らは現金の運び手として、イランとＵＡＥとの間を往復していたものと考えられている。アメリカの金融制裁によって、イランでは外貨取引が困難となり、ＵＡＥで資金洗浄していたのであろう。せっかく米財務省が単独で金融制裁を科しても、イランとＵＡＥがこのような有様ではまったく意味がない。

さらに懸念されるのは、両名がパキスタンを定期的に訪問していたことだ。チャンは２０１３年４月から２０１４年10月までの間に計６回、キムは２０１２年12月から２０１４年10月までの間に計８回確認できた。パキスタンは、近年、急速に核・ミサイル戦力を増強させている。北朝鮮の最大手の武器密輸企業の代表者が、何の目的でイランとパキスタン間を往復していたのか。

そして、より根本的な疑問がある。そもそも両名はイランで何をやっていたのか、ということだ。二人はほぼ毎週の頻度で、海を隔てた隣国のＵＡＥを訪問し、資金洗浄していたものと思われる。おそらく朝鮮鉱業開発は大掛かりな非合法活動をイラン国内で展開し、大金を動かしていたのだろう。北朝鮮、イラン、パキスタン。果たして彼らはこれら３カ国で何をしてきたのか。

キムは２０１３年に２度、マレーシアも訪れている。またしてもマレーシアだ。

次に、シリア駐在の「リュ・チン」と「カン・リョン」の渡航歴を見てみよう。

彼らは中国、レバノン、ウガンダ、エジプトを訪問していた。「北朝鮮―中国―レバノン」と飛行機を乗り継ぎ、陸路でレバノンとシリアの間を往復していた模様である。だが、２０１４年に渡航していたウガンダとエジプトが、ともに北朝鮮と緊密な軍事関係を有する国であることからすれば、シリアとこの両国で朝鮮鉱業開発が軍需物資の取引を行っていたと推測できる。

ナミビア駐在の「キル・ジョンフン」と「キム・クアンヨン」は、ともに駐南アフリカ北朝鮮大使館の外交官であった。イランのケースと同様に、制裁対象企業の代表者たちは、外交官に偽装して海外に赴任し、大使館ぐるみで非合法活動を展開していたのだ。彼らは、南アフリカはもちろんのこと、中国とジンバブエも訪問していた。「北朝鮮―中国―南アフリカ」と飛んで、南アフリカとナミビアの間を頻繁に往復していた模様である。

ロシア駐在の「チャン・ソンチョル」は２０１４年に少なくとも2度、スーダンを訪れていたことがわかった。だが、ロシア国内における活動は一切不明だ。ロシア政府が我々の公式照会に一切協力しなかったためである。

いずれにせよ、アフリカではジンバブエとスーダンでも朝鮮鉱業開発が軍需物資の取引を展開している可能性がある。事実、スーダンでは、後に専門家パネルの捜査で、朝鮮鉱業開発が２０１３年8月にスーダンの軍事企業と多額の兵器売買契約を締結していたことが明らかとなっているのだ。

今回の我々の調査ではアメリカ政府の発表どおり、制裁指定された北朝鮮人が当該国に赴任していたことが確認できた。あとは彼らを朝鮮鉱業開発の関係者と断定できれば、これらすべての国々において、制裁違反が行われてきた、と結論づけることができる。

ちなみに、朝鮮鉱業開発関係者は、２０１２年10月から２０１５年10月の間に、少なくとも59回は中国を経由していた。北朝鮮の武器密輸業者にとって、中国がいかに重要な中継地点であるか、改めて思い知らされる。

また、イラン、シリア、ナミビア、ロシアは、朝鮮鉱業開発のために恒常的に拠点を提供していたこともわかった。中でも、イランとシリア、そしてイラン駐在の2名が定期的に訪問していたパキスタンは、核やミサイル開発で世界的に強い懸念がもたれている国々である。これらの国々と北朝鮮との結びつきは、やはり「核」または「ミサイル」だと容易に推測できる。

２０１５年12月、深夜の国連オフィスで彼らの渡航履歴をまとめながら、深い絶望感に打ちのめされた。

単独制裁の限界

２０１５年のクリスマス休暇の前日。私は同僚2名と、ニューヨークである国連加盟国の代表団との公式会合に臨んだ。相手は、朝鮮鉱業開発の代表者が頻繁に訪問していた国の政府代表団である。

外はどんよりとした曇り空。この頃、私は首のあたりから左手にかけて激しい神経痛に悩まされていた。息切れや動悸といった症状もひどい。休日返上の勤務と睡眠不足が常態化し、心身を蝕んでいた。

「あなた方の指摘を受けて、我々はこれらの北朝鮮人をブラックリストに載せました。今後、彼らが私たちの国に入国することはありません。この人たちが国連による制裁対象企業の関係者だとは、あなた方の指摘を受けるまで、まったく知りませんでした」

先方の外交官が、新たに講じた制裁措置について真摯に説明してくれている。一歩前進と思えた。

しかし……。我々が加盟国に提供した朝鮮鉱業開発関係者の情報というのは、11カ月も前に米財務省が公式発表した公開情報に過ぎない。専門家パネルが伝達するまで、出入国管理当局はこれを知らなかったということなのか。

理由はおおよそ見当がつく。そもそも米財務省の単独制裁は、金融制裁に関わる措置だ。従って、世界中の金融機関や金融規制当局には、この情報は迅速に伝わったはずだ。だからと言って、それが各国の出入国管理当局にも共有されたわけではない。ほとんどの国において、金融制裁と出入国管理とは次元が違う話なのである。いわゆる「縦割り行政」というやつだ。国際社会というのは、呆れるほど実直に縦割りにすぎるのではないか。

よくよく考えてみると、欧米諸国がこれまで何名もの北朝鮮人に対して単独制裁をかけてきたのに、「この人物がうちに入国しようとしたので阻止しました」と報告してきた国はひとつもない。おそらく大多数の国で、出入国管理当局に伝わっていないのだろう。

外交官の「自己満足」で終わらせないために

それから2週間後の2016年1月6日、北朝鮮は4回目の核実験を強行した。それからさらに1カ月後の2月7日には、テポドン2号改良型ロケットの打ち上げに成功した。

この一連の挑発行為を受けて、3月2日、国連安保理は新たな決議2270号を採択し、新たな制裁対象者を発表した。その中には平壌の1名とイラン、シリアに駐在していた4名の朝鮮鉱業開発関係者が含まれている。ようやく、アメリカの単独制裁ではなく、国連による制裁対象者に〝格上げ〟されたわけだ。

ロシア駐在の朝鮮鉱業開発の代表者は、ロシア政府の反対で指定が見送られることになった。ナミビア駐在代表者も、制裁対象には指定されなかったが、専門家パネルや米国、韓国などの働きかけで、すでに国外退去処分となり、北朝鮮に帰国していたようだ。

しかし、いかに国連が制裁対象に指定しても、北朝鮮人は国ぐるみで名前や生年月日を変えて、簡単に偽造旅券を作ってしまう。あるいは、他国の国籍を違法に取得して別人になりすまし、海外を飛び回っているかもしれない。つまり、国連安保理が制裁の対象に指定しても、いくらでも彼らはすり抜けてしまうのだ。

国連決議に基づく渡航禁止措置に実効性を持たせることは、意外に難しい。だが、アメリカを始めとする安保理参加国の外交官は、この点があまり理解できていないようである。制裁対象に指定しただけで、「仕事は終わった」と勘違いしている向きが多い。本当に困難なプロセスはここから始まるのだ。

制裁対象者を捕捉するには、写真、指紋といった個人認証のための情報が不可欠である。これらの情報を国際刑事警察機構《インターポール》に集約して、そこから加盟国に情報発信してもらわなければ話にならない。さもないと、国連の制裁対象や渡航禁止措置の発表は、せいぜい「絵にかいた餅」、率直に言うならば、外交官の自己満足のための「ショー」に過ぎなくなってしまう。欧米諸国は、単独制裁対象者についても、これらの情報をインターポールに通報すべきだ。テロや組織犯罪対策では当たり前のことが、なぜ北朝鮮制裁では誰も動かないのだろうか。

アメリカ政府を始め、関係諸国の当局者に、様々なルートでそう提言し続けた。

私が国連を離れてからおよそ1年後――。

２０１７年2月、古巣である国連専門家パネルの２０１７年の年次報告書が公表された。それを読むと、制裁対象者の渡航先調査がその後も継続されていることがわかった。少しだけ、頬が緩む。

北朝鮮の武器密輸業者の世界を股にかけた非合法活動は、依然として続いているようだ。報告書によると、２０１２年から２０１６年の間に朝鮮鉱業開発の議長とされる「カン・ミョンチョル」なる人物が、イラン、ウガンダ、ベトナムを訪問していたという。また、青松連合の代表者である「リ・ハクチョル」についても、アンゴラ、エジプト、イランを訪問していたことが報告されている。武器密輸企業のトップが、堂々と海外を渡り歩いていたわけである。そして、彼らの渡航先も相変わらずだ。やはり、北朝鮮にとってこれらの国々は重要な取引相手であり続けている。中でも、イランは特に警戒しなければならないだろう。

また、報告書によれば、朝鮮鉱業開発の新たなシリア駐在代表者として「リ・ウォンホ」という人物が着任したようだ。やはり北朝鮮の対応は素早い。別の工作員にすげ替えたのだ。この人物は、エジプトやオマーンも訪問していたらしい。オマーンとは初耳である。新たに開拓した取引相手なのかもしれない。

北朝鮮の制裁対象者の多くが、中国やマレーシア、エジプト、UAE、イランなどで航空チケットを購入していたという。フランスが2014年、北朝鮮「偵察総局」の工作員とみられる親子3人に単独制裁を科したが、そのうちの娘キム・スギョンも、同様にUAEで購入していたとのことである。こちらも「ワキの甘さ」ではなじみの深い国々ばかり、いったいいつになったら、身を入れて取り締まるつもりなのだろうか。

年次報告書が公表されてから半年後の2017年8月5日、7月の2度にわたる北朝鮮の弾道ミサイル発射実験を受けて、国連安保理がまた新たな決議2371号を採択した。

朝鮮鉱業開発のロシア駐在代表者「チャン・ソンチョル」が制裁対象に指定されている。ロシアがようやく譲歩したわけだ。しかし、北朝鮮が弾道ミサイル技術を急激に向上させたこの1年の間、この人物は果たしてどこで何をしていたのだろうか。ロシア政府が障害となり、彼の海外渡航は充分に取り締まれなかったはずだ。

決議を読み進めていくと、その第23項に目が留まった。次のようにある。

「23. インターポールに対し、指定された個人に関する特別手配書を発行することを要請するとともに、委員会に対し、そのための適切な措置を立案するためにインターポールと協働することを指示する」

私が訴え続けてきた提言がようやく反映されたようだ。本来、これは5年前に導入しておくべき措置であった。遅きに失した感は否めないが、とりあえずの前進である。

ただ、まだ安心できるわけではない。制裁対象者の写真や指紋などを、国連加盟国が果たして提供するだろうか。

そもそもこの決議では9名の北朝鮮人が新たな制裁の対象に指定されたわけだが、全員が、すでに米財務省から単独制裁の対象者とされていた。アメリカ政府の公開情報によると、彼ら全員がロシアまたは中国国内で、国連制裁対象団体を代表して活動していた人物だという。ロシアと中国がいかに彼らの活動を野放しにしてきたか、改めて思い知らされる話だ。これらの人物が果たして中ロでいかなる活動を行っていたのか、今後、解明されなければならないが、おそらく両国は協力よりも隠蔽に勤《いそ》しむであろう。

正念場はこれからである。

12　キューバ発「戦闘機密輸船」の黒幕

狙われた退役戦闘機

２０１２年２月のある日の午後のこと。私は国連専門家パネルの同僚３名とともに、ニューヨークからはるか遠い国にいた。そこは極寒の地だ。ホテルから一歩足を踏み出すと、生命の危険すら感じる。

午前中から、各省庁と個別に会合を開いているが、外務省をはじめどこへ行っても、「制裁違反事件はありません」という話ばかり。ここは内陸国ながらも、北朝鮮と長らく緊密な外交関係を保っており、北朝鮮がここで何もしていないというのは信じがたい話だった。

だが、我々がいま向き合っている人物は、他の官僚たちとは違うようだ。彼女は、この国の情報機関「総情報局」で対外関係管轄部門の責任者を務めている。通訳する部下の英語はつたないが、力強く説明する彼女の話はかろうじて理解できた。

「2009年後半のことです。現役を退いたミグ21－PFM戦闘機32機が、我が国からあるロシア企業に輸出されようとしていました。しかし、これらの退役した戦闘機が、ロシアへ輸出された後、北朝鮮に転売される可能性があると、我が外務省から連絡を受けたのです。安保理決議を損なうことになりかねないので、私たちはこの輸出を差し止めました。このように、総情報局と政府は安保理決議の履行に全力を尽くしているのです」

彼女の語り口には、自信がみなぎっていた。その傍らで、「我が国に事件は何もない」と言い続けていた外務省の責任者が口をポカンと開けたまま固まっている。実際に彼は、何も知らされていなかったのだろう。初めて訪れた私にすら、省庁間の連携だけでなく、外務省内の連携も悪そうに見える。

我々が驚いていることに、話を終えた彼女はきょとんとしている。何かまずいことでも話してしまったのか、そう自問している様子だ。

ソ連製のミグ21は、1950年代末に就役した旧式の戦闘機である。ミグ21－PFMはその改良型で、1960年代後半よりソ連が輸出していた戦闘機だ。この輸出未遂事件では、特にロシア企業の関与について、詳しく聞かねばならなかった。細部を問うが、通訳がひどすぎて発言の内容が今一つよく理解できない。質問を正確に理解できているのか、それも怪しい。らちがあかないので、「安保理に本件について報告してはどうか」と勧めてみる。すると、外務省と総情報局の責任者とが母国語で話し始めた。間をおかず、彼女の顔がこわばり始める。

「これらの戦闘機がロシアを通して北朝鮮へ迂回輸出されることになっていたという確たる証拠があるわけではありません。本件については、すでに包括的にご説明申し上げましたので、これ以上、国連への報告は差し控えたいと思います」

さきほどのオープンで自信に満ちた話し方から打って変わって、トーンダウンしている。外務省の責任者が割り込んできた。

「国連に報告すると、我が国と北朝鮮との二国間関係を損ねることになりかねないので、ちょっと……」「これは安保理決議違反ではなくて、我が国がソ連とかつて交わした、『ミグ21戦闘機を他国に転売しない』という二国間の取り決めに関わる話です」

思いきり腰が引けている。総情報局の責任者も、もはや何も話そうとしない。押し問答の末、時間切れとなってしまった。

「追って公式書簡で質問事項をお伝えしますので、本件の詳細をぜひともお話しください」

公式書簡で連絡を取り合うことについては、先方の確約をとることができた。だが、書簡に対する返信が送られてきたのは2年半後の2014年8月のことである。北朝鮮の「コリア・ウルシル・トレーディング・コーポレーション」がミグ21を調達しようとしていたとのことだが、ロシア企業の情報など、事件の詳細は不明な点が残されたままだった。

北朝鮮は、廃棄されたに等しい旧式戦闘機を手に入れていったい何をする気なのか。

この国を訪問してからおよそ1年半後、私は再び同じ疑問に直面することとなった。

「アルマゲドン作戦」発動

2013年4月8日、貨物船「チョンチョンガン（清川江）号」が北朝鮮の興南《フンナム》港を出港した。同国の清津《チョンジン》港、ロシアのヴォストーチヌイ港と寄港し、17日にはそこからキューバのハバナ港に向けて出港したのである。

チョンチョンガン号はいわくつきの貨物船だった。２０１０年1月には、実弾や麻薬など非合法物資を積載していたところをウクライナ当局が摘発。船長以下数名の北朝鮮人乗組員が逮捕され、有罪判決を受けている。

それゆえ、このたびの動きも関係国によって注意深く監視されていた。チョンチョンガン号が日本海を南下し、太平洋側に出る姿を捉えた日本の海上保安庁は、さっそくアメリカ政府に通報した。

キューバに向かうには、パナマ運河を通らなければならない。チョンチョンガン号が運河を通過したのは6月1日のことである。その後、同船は6月4日から9日にかけて、キューバのハバナ港で積み荷を下ろした。

さらにキューバからの貨物を積載するため、ハバナから40キロ西方のマリエル港へ向かった。ここで積み込むのは、特別な貨物だ。船長は、貨物の積載方法について在ハバナ北朝鮮大使館の責任者の指示を仰がねばならない。指示を待ってから6月20日にマリエル港に着岸したチョンチョンガン号は、2日間かけて貨物を積み込む。トレーラー6台とコンテナ25個である。6月22日に同港を出港すると、24日から7月5日までキューバのプエルトパードレ港に寄港し、今度は大量の砂糖の袋を積載した。7月11日にはパナマ中部のコロン港へ寄港し、再びパナマ運河に入る。

この時、チョンチョンガン号の船長がまだ知らなかったことがある。マリエル港沖を回遊する同貨物船の不審な動きは、関係各国のさらなる関心を引いていたのだ。ある国がパナマ政府に警告した。

「その貨物船は、何らかの非合法貨物を積載している可能性が高い」

情報はすぐさまパナマの麻薬犯罪取り締まり当局に伝えられ、同国政府は「アルマゲドン」と名づけた作戦を発動した。チョンチョンガン号が運河に入る前日の、7月10日のことである。

運河に入ったチョンチョンガン号に、パナマ当局は北朝鮮側の猛烈な抗議をはねつけて貨物検査を開始する。大量の砂糖の袋を何日間もかけて取り除くと、その下から、計31のトレーラーとコンテナが現れた。一部のコンテナやトレーラーは、砂糖の袋の重みに耐え切れず、屋根がへこんでいた。

そして、パナマ当局が苦労の末にようやく取り出した大量のコンテナの中からは、驚くような貨物が摘発されたのである。

コンテナの中から戦闘機が

私が本件を知ったのは、一時帰国して東京にいた時のことである。7月15日、パナマのリカルド・マルティネリ大統領が「北朝鮮貨物船から大量の通常兵器を摘発した」とツイートしたのだ。大統領がツイッターに投稿した写真の中には、コンテナの中に格納されたミグ21戦闘機や地対空ミサイルのパーツが写っている。ただ、コンテナの上には大量の砂糖の袋が載っていて、まだ貨物の一部しか調べられていないという。

これは、間違いなく大事件になる。ニューヨークにいる専門家パネルの同僚に連絡すると、すでにメンバー8名のうち6名がパナマに行くつもりになっているとのことだった。私は、すでに複数の案件を抱えていて、この事件に関わるのは不可能だったから、後方支援に徹することに決めた。

パナマ当局による貨物の積み下ろし作業と検査は、ひと月後の8月12日まで続いた。貨物船には砂糖の袋だけでも20万個も積まれ、発見された通常兵器の重量も過去最大だった。チョンチョンガン号の貨物スペースは5区画あり、そのうち中央の三つの区画の底に兵器を収納したコンテナとトレーラーが隠されていたのである。

コンテナにあった通常兵器の中で、最も大きな場所を占めていたのは、地対空ミサイルシステムである。アンテナやミサイル追尾装置など、あらゆるパーツが揃っていた。トレーラー6台も、地対空ミサイルシステムのための車両で、レーダーシステムやアンテナ、電子機器、発電機などを搭載している。その他に、分解されたミグ21戦闘機2機、そのエンジン15基や、銃器や対戦車砲など様々な通常兵器類があった。これだけ大きなものがコンテナに収められていたというのは、つくづく驚きである。

パナマ当局による貨物検査に抗議して、チョンチョンガン号のリ・ヨンイル船長は自殺を図ったが失敗した。リ船長は34名の船員とともにパナマ当局に拘束され、取り調べを受けることとなった。

開き直るキューバ

これら密輸兵器の仕出地《しだしち》であるキューバ政府の対応は、素早かった。パナマのマルティネリ大統領がツイッターを投稿した翌日の7月16日、キューバ外務省は声明を発表する。

「この貨物船の主な貨物は砂糖だ」

彼らはそう主張しながらも、２４０トン分の旧式兵器も北朝鮮に向けたものだったことをあっさり認めたのである。そのうえで、これらの兵器は、20世紀半ば過ぎ頃に製造された「旧式の防衛用兵器」であり、北朝鮮で修理した後、キューバに戻す予定だったと説明し、自国の「国家的主権の保持のための防衛能力維持に必要」と自己弁護までしてみせたのである。

北朝鮮外務省もキューバ政府に歩調を合わせて、17日に、これらの兵器はキューバのものであり、キューバとの取り決めに基づいて北朝鮮が修理するために輸送中であったとの声明を発表する。両者は、「北朝鮮に売却する兵器ではないので、キューバの自衛権上、この輸送は許される」との主張を展開し始めたのである。

10月末には、キューバ政府は国連安保理に50ページにも及ぶ長々とした書簡を送り、自らの法的な立場の正当性を強調している。安保理決議は、北朝鮮への兵器の「移転」を禁止しているが、キューバ政府はこの「移転」という言葉を「所有権の移転が伴う行為」と定義づけている。今回摘発された兵器は、北朝鮮に売却するわけではないので、兵器の所有権は依然、キューバ政府が有している。従って、安保理決議が禁止するところの「移転」には当たらず、国連による制裁には違反しない、というのだ。なんともユニークな解釈である。

また、安保理決議では北朝鮮による兵器の「メインテナンス（maintenance）」も禁止されているが、キューバ政府が北朝鮮に依頼している「修理（repair）」は「メインテナンス」とは異なり、決議で禁止された行為には該当しない、とまで主張している。なるほど、キューバでは「メインテナンス」と「修理」は法的に大きく違うらしい。額面どおりに受け取れば、キューバ国内の業者は、例えばエレベーターを「メインテナンス」しても「修理」しない場合が多々あるのだろう。個人的には、そんな面倒くさい国には住みたくない。

キューバの、苦し紛れの〝法律論〟に従うならば、「核や弾道ミサイル関連の物資であっても、北朝鮮に対してそれらを『リース』するのであれば、所有権は移転しないから、いくら供与しても構わない」ということになる。

そんな屁理屈はまかり通らない。安保理決議は、もとより北朝鮮の核・ミサイル関連活動の全面禁止を目的としているのだ。「遠心分離機を北朝鮮にリースするだけなら問題ない」などと言われても、そもそも決議では北朝鮮のあらゆる核関連活動を禁止しているわけだから、やはり制裁決議違反なのである。所有権の移転の有無など関係ない。

ロシアや中国もそうだが、社会主義の土壌がある国には、この手の歪んだ解釈で、「自分たちは国際法に違反していない」とする国が多い。彼らは、決議の条文から一部を抜き出して、それを極限まで狭義に解釈することで、自らの行為は条文には反しないとするのだ。いわば「重箱の隅作戦」である。その解釈の取り違えや誤謬《ごびゅう》をこちらが指摘すると、彼らはだんまりを決め込むか、中国のように「我が国は国連安保理決議を真摯に履行しており……」と、同じ言葉をひたすら呪文のように唱え続ける。

ちなみに、キューバの主張のとおり、押収されたのは、旧式の兵器がほとんどだった。だが、修理目的で北朝鮮に送ったとの説明には首をかしげざるをえない。押収された兵器のうちのS－125地対空ミサイルの発射台を例にとると、その基盤部分はもともと円形なのだが、これをコンテナに収めるために、円形の左右を切断している。もしキューバの説明が本当なら、彼らは修理に出すために、わざわざ兵器を毀損《きそん》していることになる。これではあまりに説得力がない。常識的に考えれば、北朝鮮はこれらの兵器が欲しかったのだろう。私は、事件の1年半前に極寒の地で聞いた件を思い出していた。北朝鮮は、あの国で調達できなかったミグ戦闘機を、ついにキューバから調達するところまで来ていたのだ。これらの旧式兵器を自衛目的で使用するつもりだったのか、あるいは部品をアフリカや中東諸国所有の旧式兵器の補修に使うつもりだったのか。

今回の事件を主導した人物は誰なのか。キューバ政府は、「北朝鮮側との合意文書の内容には守秘義務があるので開示できない」の一点張りで、開示を全面的に拒み続けた。

ただしキューバは、国連専門家パネルからの照会や捜査協力の要請には、それなりに対応していた。意味ある情報は何ら提供しなくとも、専門家パネルのチームをハバナに招聘して、公式協議を行っている。そのため、中国やロシアは、「キューバ政府がパネルの捜査に協力している事実が重要だ」と、キューバを擁護することができた。この辺りは、だんまりを決め込んでしまうマレーシアやタイなどの東南アジア諸国とは対応が大きく異なる。さすが、キューバ危機を潜り抜けた経験はダテではないのかもしれない。

この事件から2年後の2015年7月にアメリカとキューバが国交を回復した後も、キューバ政府は制裁違反者に関する情報を開示することはなかった。それでもキューバは、今回の事件でどこからも制裁を受けることがなかったのである。結果的にうまく逃げきったわけだ。国連安保理は実に寛大である。

隠蔽指示書を入手

もちろん専門家パネルは、ただ手をこまねいていたわけではない。チョンチョンガン号から同僚たちが入手した大量の書類の中からは、密輸を指示する通信記録などが複数、見つかった。それらは、外国人には解読が困難なものばかりだった。傍受されても、内容がなかなか分からないようになっている。朝鮮語の読みをアルファベットで表してあって、日本語で例えるなら、「北朝鮮の密約」を「kitachousennomitsuyaku」と記すようなものだ。しかも、北朝鮮が使用するハングルは、韓国のハングルと微妙に異なっている。それでも、韓国人の同僚が苦労して解読を続けた結果、チョンチョンガン号の船長が兵器の積載・隠蔽方法について、「極秘」扱いの指示を外部から受信していたことが判明したのである。

船長宛の指示書には次のような内容が記されていた。

《以下の……指示は、キューバから北朝鮮へ持ち帰る追加の貨物に関するものだ。この内容を伝達するのは、船長と政治局員および保安要員のみに限ること。

……ハバナ港で積み荷を下ろした後、長さ20フィートのコンテナ26個を積載せよ。最初にコンテナを積み、次の港で砂糖1万トンを積載せよ。コンテナが見えなくなるように覆い隠すこと。

……今後の通信では、以下の用語を用いるように。

『コンテナ』→『機械パーツ』

『台数』→『箱の個数』

例えば、『26箱の機械パーツを積載した』などというように使うこと。

……原則として、コンテナについてはパナマ当局に申告しないこと。……どうしても申告が必要になれば、以下のとおり申告せよ。
荷送人／ハバナ企業『Metal Co』
通知先／『Ferrous Export and Import Co』
荷受人／発注者
貨物／発電機
数量／26箱、127トン》

偽装申告について船長に詳細に指示を出している。言い逃れようのない「隠蔽指示書」だ。「26箱」は、すなわちコンテナ26個である。

ちなみに通知先の会社は、実在の「Ferrous Metals Export and Import Corporation（鉄金属輸出入会社）」を指すものと思われる。この会社は2012年8月に日本政府が検査した、ミャンマー向けの核関連物資である強化アルミニウム合金の棒の販売元またはその関係企業ではないかと疑われている。

また、船長は、兵器密輸の立役者と思われる複数の人物の連絡先を記した手書きメモも保管していた。そこには、在ハバナ北朝鮮大使館の公使と参事官の電話番号や、匿名の「キューバ軍人」の電話番号があった。キューバ国内で、密輸に向けた準備に当たっていた者たちだろうが、残念ながら、個人名を示す情報は見当たらなかった。スペイン語に堪能な国連事務局のメラニー政務官が試しに電話をしたところ、いったんは出たもののすぐに電話を切り、二度と応答することはなかった。

隠蔽工作などについて、船長に具体的な指示を出していたのは、「Ocean Russia」または「ＯＣＲＵ」というハンドルネームを用いる人物であった。船長は、彼とやりとりする電子メールを「本部」と称する「ＯＣＫＰ」にも同時に送っていた。ＯＣＫＰは「Ocean（Maritime Management Company）Korea Pyongyang」あるいは「ＫＰ」は「Korean Peninsula」の略であろうか。「本部」のメールアドレスは、北朝鮮の「オーシャン・マリタイム・マネジメント社（ＯＭＭ）」の代表メールアドレスだった。北朝鮮最大の海運会社が、兵器密輸という非合法取引を堂々と仕切っていたのである。

国際海事機関（ＩＭＯ）の船舶データベースをみると、チョンチョンガン（清川江）号の所有・運航会社は、北朝鮮の「清川江号船舶会社」と登録されている。しかし、チョンチョンガン号から押収された数々の書類や通信記録を読み解くと、リ船長に対して隠蔽や運航など、指示を出していたのは、ＯＭＭであることが明らかとなった。この貨物船を運航しているのは間違いなくＯＭＭだ。つまり、清川江号船舶会社は、ＯＭＭのフロント企業ということになる。

今回の密輸事件の黒幕が、ようやく表舞台に出てきた瞬間だった。

主犯はウラジオストクにいた

今回の密輸でリ船長に指示を出していた中心人物は、ＯＭＭのロシア・ウラジオストク駐在代表者だったことも判明した。船長は、パナマ当局による拘束中に、「チョンチョンガン号の運航会社の責任者と連絡を取りたい」とメモで要求している。連絡先として記されていたのは、ロシア・ウラジオストクにいる「ミスター・ハン（Mr. Han）」という人物だ。メモには、この人物のロシア国内の電話番号も書かれてあった。

彼のフルネームは、「ハン・ヨンキュ」。ウクライナの国立海洋大学校へ留学した経験があり、同校の卒業生データベースに、現職が「ＯＭＭウラジオストク代表」と載っている。ビンゴだ。

専門家パネルの公式照会に対して彼は、ＯＭＭがチョンチョンガン号の所有・運航会社であることは認めたものの、兵器や「極秘指示」に関しては何も知らない、「砂糖を積み込むよう指示しただけ」と、しらばっくれた。さらに追及すると、言い逃れができなくなったのだろう、返信が途絶えてしまった。

チョンチョンガン号事件の主犯の一人は、彼とみていいだろう。安保理決議に基づいて彼を渡航禁止対象にするためには、生年月日、顔写真など、個人情報が必要だった。名前自体は簡単に変えられるので、あまり意味がない。我々は、ロシア政府に対し、ハンとＯＭＭのウラジオストク代表所について公式に照会した。

通常、ロシア政府は自国内に制裁違反者がいることを絶対に認めたがらない。しかも、ロシアは北朝鮮のことを徹底的にかばう。だが、さすがに今回は、彼らもＯＭＭのことは守り切れまい。何せチョンチョンガン号の船長が「ウラジオストクのハン氏と連絡を取りたい」といって電話とファクス番号までパナマ当局に渡している。そのうえ、船長の様々な通信記録に「Ocean Russia」が明記されているのだ。

ところが、返信は、相も変わらぬ非協力的な内容だった。ロシア政府によると、確かにＯＭＭはかつてウラジオストクに代表所を有していたが、それは２０１０年までのことだという。２０

10年以降、OMMの代表所や支店はロシア国内では登記されておらず、OMMはもはやロシアでは活動していない。ハンについては、ロシア国内にビジネスビザで初入国したのが2012年6月15日のことで、それ以降は3回ロシアを訪問しただけ。さらに、ハンはOMMとは公的には無関係、とダメ押ししてある。いつもの全否定だ。

リ船長が連絡を取りたがっていたOMMのウラジオストク代表所が登記されていないのであれば、OMMの活動は非正規ということになる。なぜそのことを追及しないのだ。

シンガポールのマネー・ロンダリング・ネットワーク

ロシア側の反応はさておき、専門家パネルが粛々と捜査を進めると、今回の事件には、OMMの複数の拠点が関わっていたことがわかってきた。貨物船の運航全般に関わる指示を出していたのは、OMMの平壌本部。この本部と連携を取りながら、船長に密輸の具体的な指示を出していたのがOMMのウラジオストク代表所。さらに積載していたキューバ向けの「圧延鋼板」などを手配したのは、OMMの大連代表所だった。

また、貨物船がパナマ運河を通行する際は、地元の船舶代理店に業務委託する必要があるが、チョンチョンガン号の場合、その手数料をパナマの代理店に送金したのは、どういうわけかシンガポールの「チンポ・シッピング・カンパニー（チンポ社）」という会社だった。

（まてよ、この社名は聞いたことがあるな）

過去の情報ファイルを探してみると、3年前の2010年10月に、「アジア調査機構」の加藤健代表が、「シンガポールの北朝鮮密輸ネットワーク」として名指ししていた海運会社である。

加藤代表のブログによると、チンポ社は同国の北朝鮮大使館とオフィスを共有しているという。

シンガポールの企業登記情報を確認してみると、北朝鮮大使館が入居するビルで、大使館の隣室がチンポ社の住所となっている。この隣室には他にも北朝鮮がらみでシンガポール企業2社が登記されている。加藤代表によると、大使館とこれら企業のオフィスは内部でつながっていることがわかった。

専門家パネルの照会にチンポ社は、「自分たちはＯＭＭとロシアの代表所のために、シンガポールで船舶代理業務を行っている」とだけ認めた。

ただし、船がキューバ→パナマ→北朝鮮と動いているのに、金の流れはそれとは関係なくシンガポール→パナマだ。シンガポールからドル建てでパナマに送金する際、目的について記されていなければ、どこの国の金融規制当局もこれが北朝鮮関連の送金であるとは把握できないだろう。典型的なマネー・ロンダリングの手法だ。こうやってＯＭＭはアジアの金融拠点シンガポールで資金洗浄していたわけである。専門家パネルの公式照会を受けて、シンガポール当局はチンポ社とその責任者に対する捜査を正式に開始した。その結果、約2年後の２０１５年12月には、彼らに有罪判決が下るのである――。

ロシア、キューバ、中国の協力がなくとも、専門家パネルは、ＯＭＭが今回の密輸未遂事件の主犯格であることを示すだけの充分な証拠を収集することができた。

事件発覚からおよそ半年余りが経過した２０１４年2月、我々は、捜査結果を国連安保理に報告するとともに、ＯＭＭを制裁対象にするよう、勧告した。

だが、中国とロシアの抵抗により、安保理はこの勧告をなかなか採択することができなかった。

ＯＭＭが制裁対象に指定されたのは、それから半年近くが経過した、２０１４年７月のことである。

真の操船者を突きとめた

キューバからの武器密輸工作でＯＭＭは、ウラジオストク、大連、シンガポールの代表所またはフロント企業を動員し、在ハバナ北朝鮮大使館の大使館員と連携して、平壌本社から指揮・統括していた。複数の関係国をまたぐネットワークを駆使して、制裁の回避を狙った手口からすると、かなり手慣れていると言わざるを得なかった。

ＯＭＭは自社の貨物船チョンチョンガン（清川江）号を「清川江号船舶会社」というフロント企業を通じて動かしていた。もし専門家パネルの捜査がうまく進んでいなければ、このフロント企業しか摘発できなかった可能性がある。本当に貨物船を操っているのは誰か。これを立証するのは、困難を極める作業になる。仮にＯＭＭが他にも多数の貨物船を同様の仕組みで管理しているならば、これらの貨物船とＯＭＭの関係をすべて立証するのは容易ではなかろう。

ＯＭＭは、北朝鮮の刊行物で次のように紹介されていた。

・ＯＭＭは、北朝鮮で最大の海運会社であり、用船契約や船舶の管理、船員の派遣、船舶の保険、修理、船舶の売買を行っている。
・ＯＭＭは、平壌、松林《ソンニム》、羅先《ラソン》、海州《ヘジュ》、興南、南浦、清津、元山《ウォンサン》という北朝鮮の主要港にある多数の船舶代理店を通じて取引を行っている。

・ＯＭＭは海外にも代表所を設け、バンコク、大連、リマ、ポートサイード（エジプト）、シンガポール、ウラジオストクで貨物の積み下ろしを監督している。

つまり、ＯＭＭは、文字どおり北朝鮮の国内外で大々的に海運業を展開しているのだ。となると、これまでにどれほどの非合法活動が行われてきたのだろうか。

例えば、ＯＭＭに数多くの貨物船を引き継いだ「朝鮮東海海運会社（東海海運）」は、日本にとってもいわくがある。１９９６年、化学兵器の原材料として輸出規制されていたフッ化ナトリウムとフッ化水素酸を、日本国内の企業と結託して日本から不正に調達した。この事件を受けて、日本政府は２００９年と２０１２年の２度にわたり、国連安保理に対して東海海運の制裁対象指定を勧告したが、中ロの反対で実現しなかった経緯がある。

日本政府の目と鼻の先にも

２０１２年４月には、ＯＭＭの貨物船「オウンチョンニョン号」が南浦港とキューバとの間を、どこにも寄港せずに往復していたことが確認されている。この貨物船も、キューバのハバナ港やプエルトパードレ港の沖合を３週間も回遊するという、チョンチョンガン号と同様の不審な動きを見せていた。その間、同貨物船の自動船舶識別装置のスイッチが切られていたため、どこにいたのかも実際は不明である。

パナマ当局から提供された書類には、運河通行料を支払った企業の名前が記載されていた。「ミラエ・シッピング香港（香港ミラエ社）」。

別の書類には、同社が２０１１年2月にも別のＯＭＭ貨物船のために、通行料を香港からパナマへ送金していたことが記録されている。また、チョンチョンガン号から押収した通信記録でも複数回、この会社名が言及されていた。船長はこの香港企業とも連絡を取り合っていたのである。香港ミラエ社も、間違いなくＯＭＭネットワークの一員であろう。チンポ社同様、ＯＭＭの資金決済を担っていたようだ。

２０１４年1月、香港ミラエ社の登記簿を入手してみると、株主や代表者の項になんと、「ＪＡＰＡＮ」の文字があるではないか。

（……いったい、どういうことだ）

代表者の名は「ハヤト・エミヤ」（仮名）とされている。

（日本人じゃないか！）

この人物の連絡先として登録されていた住所は、東京都港区新橋1丁目。霞が関の目と鼻の先だ。

なぜこんな東京のど真ん中に、北朝鮮の制裁違反企業の関係者がいるのか。

（この人物は何者だ？）

時刻は夜の10時過ぎ。すでにオフィスの暖房は切られてしまっていたが、寒さはまったく感じない。

（東京の友人に、確かめなければ……）

オフィスの電話は盗聴されている。急いで自宅に戻ることにしよう。

しばらくして、東京の友人から連絡がきた。

「お土産、送っといたから」

さすがに仕事が早い。さっそく、「お土産」を開けてみる。そこには、香港ミラエ社の代表「ハヤト・エミヤ」、すなわち「衛宮準人」（仮名）が代表取締役を務める日本企業の登記簿の写しが入っていた。

「株式会社近洋海運」。この会社は、朝鮮総連のホームページには、総連の「事業体」として掲載されていた。ホームページで、かつては、こう説明されていた。

「1982年9月1日設立。共和国船舶の総代理業務を担当する」

今や忘れられがちだが、2006年に日本が対北朝鮮制裁を大幅に強化するまでの間、約半世紀以上にわたって、日本こそが北朝鮮の対外活動拠点だった。当然、北朝鮮の海運業も、日本に堂々と拠点を置いていた。先の朝鮮総連の説明によると、近洋海運は北朝鮮船舶の「総代理店」だったという。北朝鮮のあらゆる船舶の運航などに関わる業務を一手に引き受けていたということだ。このような会社を引き継いだエミヤは、北朝鮮の海運業における重要人物なのだろう。

近洋海運は東京・新橋駅前のビルにオフィスを構えていたが、2014年2月、日本に一時帰国した私が訪ねた直後に引き払っていた。オフィスを共有していたもう一社はオーシャン社。企業登記を調べてみると、衛宮は2003年3月時点で、同社の取締役として登記されていた。オーシャン社も、かつて北朝鮮関連の船舶が日本に寄港した際、寄港の手配などを行っていたという。北朝鮮制裁の強化を声高に唱える日本政府の目と鼻の先に、OMMの関係者は堂々と活動拠点を構えていたのである。

13　三つの顔を持つ男

ＯＭＭネットワーク壊滅作戦

２０１４年7月のある日、専門家パネルの同僚が突然、耳打ちをしてきた。

「近く中国政府がＯＭＭ（オーシャン・マリタイム・マネジメント社）の制裁対象指定に同意するらしい」

チョンチョンガン号の一件からほぼ1年。アメリカ政府の忍耐強い働きかけがようやく功を奏し、中国政府もついに折れたわけだ。北朝鮮が核・ミサイル開発を継続しているというのに、ずいぶんと悠長な話ではある。

すでにかなりの時間が経過してしまったが、それでもこの制裁指定には大きな意味があった。これを最大限に生かせば、ＯＭＭ本社だけでなく、世界中のネットワークを一気に壊滅することができる。北朝鮮の海運業は大打撃を受け、自国にとって最も重要な兵器密輸ネットワークを失って、外貨収入で大きな損害を被《こうむ》るはずだ。

ただし、そのためには、不必要に時間がかかる安保理の判断を待たずに、国連加盟国に迅速かつ積極的に制裁措置を発動してもらう必要があった。

大多数の国連加盟国がいまだによく理解していなかったようだが、前年の2013年3月に採択された安保理決議2094号では、制裁対象の範囲が大幅に拡充されていたのである。それ以前の決議では、その対象は、もっぱら安保理が指定した企業や個人などに限られていた。しかも、中国とロシアが制裁強化に否定的で、安保理での対象指定がほとんど進まなかったため、制裁対象は極めて限定されていた。制裁の実効性に疑問が投げかけられるようになって、アメリカ政府は安保理の遅々とした対応に業を煮やしていたのである。

そこで、アメリカは決議2094号に、新しい仕掛けを仕込んだ。2094号では、国連加盟国が制裁違反と認める団体や個人に、独自の判断で単独制裁を科すよう義務づけたのだ。それは、制裁対象を決めるのに、安保理の決定を待つ必要がなくなったことを意味する。この決議を法的根拠にして、有志連合の国々が協調して単独制裁をかけていけば、悪質な企業や個人に共同で制裁を実施することができる。安保理が機能不全に陥っていても、制裁の実効性を一定程度、担保することができるのだ。非常に重要な進展だった。

OMMが安保理で制裁対象に指定されれば、安保理決議に基づいてOMMの代理店や代理人も自動的に制裁の対象とされなければならない。しかし、安保理がこれらの代理店などを制裁対象に指定するには、さらに時間がかかるだろう。その間に、OMMは新たなフロント企業を立ち上げてネットワークを再構築し、再び水面下に潜ってしまいかねない。

そこで、安保理の対象指定を待たずとも、制裁を科すべき企業や個人について加盟国に独自で判断を下してもらい、すばやく制裁をかけてもらうことが重要となる。こうして新たな決議に基づいて意欲ある国連加盟国が単独で資産凍結、渡航禁止、取引禁止などの制裁措置を科せば、世界中に張り巡らされたＯＭＭのネットワークを機能停止にすることができるはずだ。もちろんそのなかには日本政府も含まれる。

加盟国における制裁の履行を支援するためにも、専門家パネルとしてＯＭＭ関連の企業、個人、船舶を調べ上げる必要があった。

ところが、専門家パネル内で意外な問題が発覚した。ＯＭＭについて、海運分野担当の同僚が捜査を継続していたはずなのに、実際は何もしていなかったのだ。我々が安保理にＯＭＭの制裁対象指定を勧告したことで、仕事はすべて終わったと勘違いしていたのである。彼には、何度か継続捜査を催促していたのだが、私の進言は無視されていたようだ。

制裁の範囲が拡張するにつれ、それを監視する立場の「専門家」の資質がおおいに問われる事態になっていた。そもそも専門家でもない人物が、関係国の政治任用で国連に「専門家」として赴任しているというのが安保理の現実だ。これではとても、したたかな北朝鮮には太刀打ちできない。

急遽、パネル内の有志を集めて、ＯＭＭネットワークの一斉捜査を開始することにした。今回は、私がリードする。ＯＭＭが潜伏する前にできるだけ多くの情報を摑み、関係各国と協力して壊滅に追い込む必要がある。時間との戦いだ。

原点は「朝鮮東海海運会社」

ＯＭＭのネットワークを解明するヒントは、様々なところにあった。そもそもＯＭＭは北朝鮮最大の海運会社として、世界に向かってその実績を喧伝してきた企業である。それはもちろん、真っ当な生業もあったからだ。従って、世界中のあちらこちらに「足跡」を残している。

ＯＭＭには直営の貨物船団がある。国際海事機関（ＩＭＯ）やロイズリスト・インテリジェンスなど、様々な船舶関連のデータベースを精査すると、過去にＯＭＭの貨物船として、少なくとも35隻が正式に登録されていた。すでに廃船となった船舶が大半だが、２０１４年7月時点でまだ14隻が稼働中だった。

まず、個々の貨物船について、過去の世界各地での全寄港記録を調べてまとめ上げた。さらに、各港でＯＭＭ貨物船の寄港手配を行っていた船舶代理店を探し出し、そこから寄港手配の依頼者を聞き出した。ほとんどの場合、これらの「依頼者」こそ、ＯＭＭの人間だったのだ。

また、世界各地の海上保安当局による保安検査記録も精査した。当局は保安検査の際、船内に立ち入って、船舶の正式な登記書類をチェックする。そこには、ＩＭＯに申請されたのとは別の船舶会社が、貨物船の運航責任者として登記されていることがしばしばあった。表には出てこない「真の運航会社」だ。

加えて、チョンチョンガン号から収集してきた資料も徹底的に解析した。ここには、船長が長年にわたって頻繁に連絡を取り合っていた取引相手の名前や連絡先が記録されている。そこで、メールアドレスや電話番号の登録主について、一つずつ調べていった。

急ピッチで捜査を進めるにつれ、ＯＭＭがロシアや中国、エジプト、バングラデシュ、ギリシャ、シンガポール、ウクライナ、ブラジル、ペルーなど、世界各地に拠点を有していたことが分かってきた。もとより、北朝鮮の刊行物でＯＭＭは、バンコク、大連、リマ、ポートサイド（エジプト）、シンガポール、ウラジオストクに海外代表所がある旨、記していた。我々の発見とも符合する。これらの諸国には、ＯＭＭの海外代表所が今もある可能性が高い。

こうした過程で、気づいたことがある。ほとんどのＯＭＭ貨物船が、もとを辿れば、１９９０年代末ごろまでは「朝鮮東海海運会社（東海海運）」の貨物船だった。１９９９年以降、徐々にＯＭＭや「西海船舶会社」「大同江船舶会社」「東海船舶会社」といった、複数の北朝鮮の船舶会社が東海海運の役割を分担して引き継ぐようになる。１９９０年代後半以降、東海海運は、化学物質の密輸事件で摘発されており、関係諸国からの監視が厳しくなっていた。貨物船を他の北朝鮮企業に「移管」することで、これらの貨物船はもはや非合法活動とは無関係との偽装を図ったのだろう。

さらに２００８年以降になると、これらの貨物船はすべてＯＭＭの管理下に移された。ただし、表向きは必ずしもＯＭＭ本体ではなく、そのフロント企業に移されたケースが目立つ。例の「チョンチョンガン（清川江）号」は、表向きには「清川江船舶会社」の貨物船としてＩＭＯに登録されている。これと同様に、ＯＭＭのフロント企業１社につき貨物船１隻がぶら下がる形にしてある。こうすれば、たとえいずれかの貨物船が問題を引き起こしても、ＯＭＭに法的な問題が及ぶことを避けられるのだ。責任を問われるのは、あくまでもＯＭＭのフロント企業１社のみ。ここを閉鎖すれば、海外の密輸事件で摘発されてもＯＭＭは責任を逃れられるし、また支払いや罰金を踏み倒すこともできよう。すでに２００８年頃からＯＭＭはこのようなフロント企業ネットワークを築いて、関係各国による摘発や規制の回避を図ってきたようだった。

過去における貨物船の移管時期は、北朝鮮の核実験やミサイル発射などの挑発行為の時期と相前後していた。おそらく、北朝鮮が挑発行動に出るたびに、世界的に北朝鮮船舶に対する締めつけが厳しくなることを想定して、ＯＭＭは「船舶会社1社につき貨物船1隻」という戦略を徐々に本格化させたのだろう。さらに貨物船を「香港ミラエ社」のような外国企業にあてがうことで、自国船を外国船に偽装してもいる。

ＯＭＭは長期間かけて、制裁逃れの手口を進化させてきたと言えよう。

（これは厄介な相手になりそうだ）

ＯＭＭのネットワークは世界中に拡散している。捜査で照会すべき加盟国政府や企業、国際機関の数は１５０カ所にも及んだ。並大抵の労力ではないが、できるだけ迅速に行わねばならない。

だが、歯がゆいことに、専門家パネル有志とのチームワークがうまくいかない。海運分野担当者は、自分の領分を侵されたとでも思ったのか、こちらがお願いしてもなかなか行動を起こさなかった。「この船舶代理店に連絡して、この資料を取り寄せてくれ」と頼んでも、連絡してくれない。「連絡した？」と何度も確認し続けて、ようやく重い腰を上げるといった感じだ。

別の同僚は、外部に発送するための公式書簡さえまともに起草できなかった。英語の文法が間違っていたり、文章の区切りに〝句読点〟がなかったり。ある時は、文章が途中で切れていて、文章の体をなしていなかった。本人に聞くと、「ああ、それは意図的にそんな感じに書いたんだ」という。果たしてどんな〝意図〟が込められているのだろう。ちなみに彼の母国語は英語だ。なぜ日本人が、彼の母国語を添削しなければならないのか。

こんな人物でも2カ月後には、専門家パネルの対外折衝担当の「調整役」ポストに就く予定なのだ。安保理にかかわる国連の組織では、イギリスとフランスの出身者が重要なポストを占める。いわば既得権益だ。能力とは一切関係ない。こうした連中がしばしば問題を引き起こすので、国連で両国の評判は概して悪い。彼らが不要な問題を引き起こさぬよう、こちらがカバーしないといけなかった。多大なる時間の浪費は、捜査に支障を来《きた》す。特定の安保理常任理事国が外交的メンツばかりを重んじるため、制裁の実効で問題が生じていた。

こんな政治任用者の代わりに、ごく普通に調査してくれる大学院生があと2名、私の補佐でいてくれたなら、北朝鮮の非合法ネットワークをもっと叩けたはずだ。実に歯がゆい。ちなみに、国連では日本人は重要ポストをあまり取れない。つくづく日本の対外的な脆弱さを痛感させられた。

この頃から、私はオフィスで連日、徹夜作業が続くようになる。休日返上で、徐々に身体のあちこちが軋《きし》み始めるようになったのも同じ頃だ。

決断を迫られたメキシコ

2014年7月28日、ついに国連安保理北朝鮮制裁委員会がOMMの制裁対象指定を発表した。この日をもって、OMMの貨物船や海外代表所は、すべて制裁対象となる。安保理決議に基づいて、OMMの貨物船やオフィス、銀行口座など一切は凍結されねばならない。OMM関係者は渡航禁止だ。つまりOMMは、北朝鮮国外でのあらゆる活動を禁じられたのだ。

OMMの海外拠点について、専門家パネルはすでにある程度まで把握していた。しかし、これだけでは不充分だ。問題なのは、「彼らが7月28日以降もOMMのために業務を継続するか」、である。そうでなければ、いくら過去が真っ黒でも、必ずしも制裁違反とはならない。OMMと関係する国々に捜査してもらう必要がある。我々は関係国に次々と働きかけていった。

中でもとりわけ、急を要する国があった。

メキシコである。

7月28日の時点でメキシコのトゥスパン港には、OMM貨物船の「ムドゥボン号」が停泊中だった。7月14日にメキシコ領海内で座礁して動けなくなり、メキシコ当局が港まで曳航《えいこう》したのである。使用していた海図が古くて、岩礁の正確な位置を把握していなかったのだ。

この事故の直前、ムドゥボン号はキューバに寄港していたが、その際、自動船舶識別装置のスイッチを切って居場所がわからないようにするなど、不審な行動をとっていた。ちょうど1年前のチョンチョンガン号事件と同様、非合法貨物をキューバまで輸送していた可能性が疑われた。このため専門家パネルのみならず、アメリカ政府までもが、ムドゥボン号を監視していたのだ。座礁は、その矢先の事故だったわけである。同船は船舶保険に入っておらず、メキシコ政府に曳航に要した費用や罰金を支払うことができなかった。支払うまで、メキシコ政府はこの貨物船を港に留め置いて動けないようにしていたのである。

アメリカ政府はメキシコに対し、釈放《リリース》しないよう働きかけている。安保理決議によれば、制裁対象企業の「いかなる資産」も、国連加盟国は凍結しなければならない。貨物船であっても凍結の対象になるはずだ。

ただし、この時点で安保理は「いかなる資産」に何が含まれるのか、明確には定義していなかった。また北朝鮮制裁で、貨物船が資産凍結された前例はない。メキシコ政府がムドゥボン号を資産として凍結すれば、初めての事例となる。他の国連加盟国に対する重要な前例ともなるはずだった。

そのためには、ムドゥボン号が間違いなく、現時点においてもOMMの貨物船であることを立証しなければならない。以前、ムドゥボン号が複数の国で海上保安当局に保安検査された際には、たしかにOMMが運航責任者であったことが確認されている。だが、これは制裁対象に指定される前の話である。現時点では、北朝鮮の「ムドゥボン船舶会社」が所有・運航責任者として国際海事機関（IMO）に登録されている。つまり、この会社がOMMのフロント企業であることを証明しなければならないのだ。

駐メキシコ北朝鮮大使館は、メキシコ政府に罰金をすぐにでも支払ってこの貨物船を一刻も早く北朝鮮に戻そうとしている。アメリカの圧力を受けたメキシコ政府は、罰金額の未確定を理由に、貨物船を何とか留め置こうとしていたが、それも時間の問題だ。北朝鮮が罰金さえ支払えば、メキシコ政府は即刻、釈放せざるを得ない。

このとき専門家パネルは、ムドゥボン船舶会社とOMMが事実上一体であることを示す情報を、関係国の海上保安当局やそれぞれの取引相手などから入手していた。しかし、メキシコ政府は両者の関係についてより詳細な情報が証拠として必要だと言う。メキシコ政府と何度か協議した結果、8月26日には同国政府から正式に要請がきた。

「メキシコに国連専門家パネルのメンバーを招待したい」

結果、我々がムドゥボン号に乗り込み、OMMとの関係を示す証拠を収集することになったのである。メキシコ政府は、事実上、専門家パネルに捜査を委《ゆだ》ねたのだ。チョンチョンガン号に続き、大掛かりな捜査となるだろう。しかも、抜き打ちで行う必要があった。

決行は9月17日。前日にメキシコに入って関係省庁と緊密に協議した後、港のあるトゥスパンに向かう。北朝鮮側には事前通告せず、ムドゥボン号を急襲する作戦だ。絶対に感づかれてはならない。作戦は、メキシコ政府以外、国連側では私とOMM捜査を担当する欧州出身の同僚2名しか知らないはずだった。

共同通信のスクープ

9月7日。作戦決行の10日前のことである。夕方近くに遅い昼食をとってオフィスに戻り、メールをチェックすると、同僚がメールを回覧していたのに気づいた。そのメールを開けて中身を読むと、共同通信が配信したばかりの記事が貼り付けてある。

「北朝鮮船をメキシコで調査　国連パネルが専門家派遣」

仰天した。書き手は、ニューヨーク支局の「ジョディ・ゴドイ」という記者。聞いたこともない名前だ。

「国連外交筋によると、北朝鮮制裁委員会の専門家パネルが近くメンバーをメキシコに派遣して、係留中の北朝鮮貨物船を捜査するという。……北朝鮮貨物船ムドゥボン号による最近のキューバ寄港やOMMとの関係が捜査の目的と思われる。……国連安保理決議に基づく資産凍結措置が、貨物船を含む有形財産にも適用されうるのか、不明である」

我々の目的が、正確に記述されていた。

(なんだ、これは。まずいじゃないか)

翌日、欧州出身の同僚2名が国連メキシコ政府代表部と面談した。私はこの会合について知らされていなかった。

「メキシコ政府はひどく衝撃を受けている。これで北朝鮮に計画がバレてしまった。船長たちは証拠の隠滅を図るだろう。今回の情報は、僕らしか知らないはずだ。国連事務局にもまだ知らせていない」

例の、英文添削をしてやった同僚が説明する。

「メキシコ政府代表部の公使は、共同通信の記者と面談した際、情報源は専門家パネル内部との感触を得ている」

だが、自分たちは情報源ではない……。

(またか……勘弁してくれよ……)

日本のメディアがスクープするたびに、私が情報源と疑われるのは、本当に心外だった。どうやらメキシコ側も、「日本人専門家が情報源」と信じているようだ。

窓の外はすっきりした晴天。真っ青な空を川面に映すイーストリバーを眺めながら、大きなため息がもれる。いつものことながら、なかなか捜査に専念することができない。

その後、私は専門家パネルとメキシコ政府との協議からはずされてしまった。捜査の責任者である自分が、直接、メキシコ政府と話し合うことができないなんて。こちらが調べ上げた情報は、同僚経由でのみメキシコ側に伝えられる。なんとも理不尽な状況だった。

だが、自分が〝犯人〟でないことを証明するのは難しい。しっかりと捜査を続け、真摯な態度で証明するしかなかった。

疑惑の貨物船に乗り込む

9月17日午前9時、メキシコのトゥスパンは快晴である。集合場所は、ホテルのすぐ横を流れるトゥスパン川の川辺の船乗り場。メキシコ政府当局者およそ10名、専門家パネルチームは私を含め4名。

「あれがムドゥボン号だ」

メキシコ外務省の局長が指さしている。その先には、大きな貨物船が停泊していた。

我々は、メキシコ政府の捜査にオブザーバーとして立ち会う、という建前になっている。乗船するに当たって、メキシコ外務省は北朝鮮側と困難な事前折衝を強いられた。共同通信の記事のせいだ。あんな記事を見た後で、北朝鮮側が喜んで捜査に協力するわけがない。先方の出方次第では、専門家パネルのメキシコ訪問自体がキャンセルになる可能性すらあったのだ。それでもメキシコ側が根気強く交渉してくれたおかげで、船内のいくつかの場所に限って立ち入りが許された。だが、許されたのは1日だけである。共同通信には、お門違いではあるがつくづく腹が立った。

ゴムボートに乗って川の対岸を目指す。隣には、「英文添削」の同僚が無言で座っている。相変わらず態度が悪い。

対岸に上がると、そこには数台の車が待っていた。走りだしてほどなく、旧式の大型貨物船の様子がはっきり見えてきた。船上から数名の乗組員がこちらを見下ろしている。停まった車のフロントガラス越しに、２名の北朝鮮人が立っているのが見えた。どうやら責任者らしい。

彼らに歩み寄る。一人は硬い表情で、一人は柔和な表情だ。硬い表情は政治局員で、もう一人は船長だった。彼らに会釈する。メキシコ政府の役人が彼らと短く話してから、我々一行は乗船タラップへ進んだ。バランスを取りながらタラップを上ると、船員たちが物珍し気にこちらを見ている。上り切って、ついにムドゥボン号の甲板を踏んだ。

様子を見守る船員たちに会釈をしながら甲板を進むと、彼らは笑顔で会釈を返してくる。意外にも警戒心は感じられない。

内部に入って、薄暗い廊下を進んでいく。燃料節約のために電気を消しているのだろう。まずは会議室に案内される。我々に続いて、ムドゥボン号の船員が全員入室してきた。船長の紹介を受けて、まずメキシコ外務省の局長がスペイン語で、船長と船員に話しかける。捜査への協力に対して、謝意を伝えているようだ。今回は強制捜査ではない。彼らの協力と同意が必須だった。

続いて、船長が船員全員に向かって何か話し始めた。朝鮮語なので、内容はさっぱり分からない。身振り手振りを交えながら、熱く語りかけてから、我々の方を振り向きつつ、船員たちに諭すように話している。船員たちの視線が一斉にこちらに向く。何を話しているのだろう。敵対的な雰囲気はまったく感じられなかった。

船長の話が終わると、いよいよ捜査の始まりだ。メキシコ側から、夕方までには終了してほしいと要望があった。北朝鮮側と合意した条件だという。短時間で効率よくすべての証拠を集めなければならない。

北朝鮮側はまず、船倉に誘導しようとしたが、それを丁重に断り、船長室と通信室に入らせてほしいと伝えた。相手は意外そうな反応を示しながらも、案内してくれた。専門家パネルチームは計4名。二手に分かれて調べ始めた。

その2カ所には大量の書類や通信記録がある。北朝鮮側の許可を得ながら、バインダーを一つずつ開いて、慎重に中身を精査していった。必要と思われる書類を、片っ端から撮影していく。膨大な量を想定して、カメラのバッテリーはフル充電し、そのうえで予備も用意してある。

船長の机の上に通信記録らしき書類があった。ぜひ押さえておきたい書類だ。さりげなく北朝鮮側に話しかけた。

「ここらへんも撮影させてくださいね。いちおう全部写しとけって、うるさく言われてるもんで……」

にこやかに、さりげなくお願いして、相手が反論する前に次々とシャッターを切っていく。この船に対する運航指示のようだ。カメラのフレームに浮かぶ書類に目を凝らすと、見慣れたメールアドレスがあった。OMM関係者のものである。

(これは重要そうだな。あとで精査しよう)

手を止めることなく、淡々と撮影を進めた。

部屋中の書類の束をくまなく調べていく。すると、肝心の「運航指示」という表題のバインダーから、書類がごっそりとなくなっていた。どういうことか北朝鮮側に確認すると、「不要になったのですべて処分した」という。いや、そんなはずはない。これは間違いなく、重要書類のはず。大使館にでも移したのだろうか。改めて〝スクープ〟への強い怒りが湧き上がる。

北朝鮮側があからさまに撮影を拒否した書類の束もあった。明らかに特別な対応だった。何か重要な情報が隠されていそうだ。補佐として同行していた国連事務局のアーヤン政務官が近寄ってきた。彼女は韓国人である。船長たちの話の内容はすべて把握していたが、言葉など一切わからない外国人のふりをしていた。こっそり英語でアーヤンに聞いてみる。

「これって何か重要な書類みたいなんだけど、なんて書いてあるの？」

彼女が1ページずつめくって、中身を調べ始めた。

「うーん……チュチェ思想教育の成績表みたいね。船員に定期的にテストしてるみたい」

そんなことを航海中に定期的にやるのか。これが、北朝鮮側が最も強く撮影を拒んだ書類であった――。

3時間の船内捜査を終えてホテルに戻る途中、海運分野担当の同僚が話しかけてきた。

「船長の腕の痣《あざ》、気づいたか？」

「ああ、そういえば、何カ所かあったね。それがどうかしたの？」

「あれは栄養失調の証拠だよ」

ムドゥボン号の廊下にあったキムチの段ボール箱や、痩せた船員たちの姿を思い出す。アーヤンがそれに続けた。

「あの人たち、私たちのことを麻薬捜査官と勘違いしていたみたい。あの船長、一番初めに船員たちに何か話しかけていたでしょう。『この国連の方々の調査が終われば、自分たちはようやく母国に戻れるんだ。みんな、あともう少しの辛抱だ。だからこの方々の調査に全面的に協力してほしい』って部下に呼びかけていたのよ」

なんと、北朝鮮大使館は我々の素性を、ムドゥボン号の乗員に伝えていなかったようだ。なぜかはわからないが、秘密主義の体質が裏目に出たとしか思えない。それにしても、彼らにとって我々は「希望の光」だったわけか。なんとも皮肉な話である。

その夜、ホテルでの夕食を終えた後、川辺まで散歩してみた。川の向こうには、ムドゥボン号の姿がぼんやりと確認できる。明かりはほとんど見えない。あの温和で痩せた船員たちは今、クーラーも電気もつけない節電中の部屋で休もうとしているのだろう。

三つの顔を持つ男

今回のメキシコ訪問で収集した情報は宝の山だった。

ムドゥボン号はキューバに寄港する前、パナマ運河を通過していたわけだが、その際、「ムドゥボン船舶会社」が、パナマの船舶代理店に代理業務を依頼していた。ムドゥボン号の所有・運航会社として、IMOに登録されている企業だが、パナマの船舶代理店と交わした契約文書には、OMMの名がムドゥボン号の運航会社として記されていた。つまり、「ムドゥボン船舶会社」＝「OMMのペーパーカンパニー」という構図が、法的に有効な契約文書で証明されているのだ。

ムドゥボン船舶会社は北朝鮮企業であるにもかかわらず、その代表者はタイ・バンコク市内のマリナーズ社の「スティーブン・リー」という人物だった。タイ企業が北朝鮮企業の業務を代行していたわけだ。

また、メキシコ当局によれば、我々の訪問に先立つこと数日前に、ムドゥボン船舶会社の代表者がムドゥボン号を訪ねていたという。彼は北朝鮮人で、名は「リ・ピョング」。我々専門家パネルは、この北朝鮮人とバンコク企業をムドゥボン号の一件が起きる前からすでに把握していた。

世界には国際的な海運協議会が存在する。ここに各国の船社《せんしゃ》、船舶代理店、船舶関連の保険会社、船級《せんきゅう》協会や海事法律事務所などがメンバーとして参加している。そこにOMMも堂々と加盟していた。これについて捜査を進めるうちに、協議会に関わるOMM関係者の情報を入手することができたのだった。OMMの連絡窓口として10名の北朝鮮人が登録されていた。その中にリ・ピョングがOMMの駐バンコク代表者として含まれていたのである。

彼らのメールアドレスにある「.th」はタイのドメイン名だ。また彼らの携帯電話番号は「66」で始まり、それはタイの国番号である。どうやらタイ国内にOMMの拠点があるようだが、登記はされていないようだ。そこへ、ある協力者から貴重な情報がもたらされた。

「リ・ピョングは、バンコク市内のマリナーズ社の社員でもある」

マリナーズ社といえば、ムドゥボン船舶会社の代表者スティーブン・リーが籍を置く企業だ。

さらに、メキシコ政府との折衝でムドゥボン船舶会社の代理人を務めていた同国内の法律事務所に同僚が連絡をとった。所属の弁護士に確認すると、「リ・ピョング」は、「スティーブン・リー」というニックネームを使っていたことが判明したのだ。

（なるほど。ようやくすべてがつながったぞ）

つまり、北朝鮮人「リ・ピョング」は、三つの顔を持っているということだ。一つ目はOMMの連絡窓口としての顔。二つ目はOMMのフロント企業「ムドゥボン船舶会社」の代表者の顔。そして三つ目が、バンコクのマリナーズ社に籍を置く「スティーブン・リー」としての顔。これらの顔を使い分けながら、彼は北朝鮮のために世界を股にかけて海運事業を行っていたのである。

「スティーブン・リー」とメールでやり取りしていたパナマの船舶代理店は、「北朝鮮の人間だったのか」と驚いていた。

メキシコで収集した情報を分析した結果、「リ・ピョング」こそがムドゥボン号の運航を管理していた責任者だったこともわかった。彼はOMMネットワークの中でも、東南アジア地域における重要人物の一人であるに違いない。

9月25日、我々は、「ムドゥボン船舶会社＝OMM企業」であると証明するすべての証拠書類を揃えて、公式書簡としてメキシコ政府に送付した。もはや疑いの余地なく、メキシコ政府はこの貨物船を「凍結」しなければならない。これが我々の、メキシコ政府に対する明確なメッセージだった。

メキシコの苦悩

同時期、メキシコ政府は大きな問題に直面していた。いかに彼らが専門家パネルの結論に賛同しようとも、そもそもメキシコ国内には、貨物船を資産凍結するための国内法が存在しないのだ。つまり、そうしたくともできないのである。この点を巡って、メキシコ政府内では大論争が起き、深刻なジレンマに陥ることになる。

北朝鮮側は、英国の悪名高い法律事務所を立てて、メキシコ政府に対する訴訟の意思を伝えていた。この事務所は、かつてロシア政府を代弁して、英国政府を相手に勝訴したことがあった。そうした状況下で、米国と日本、韓国の外務省はメキシコ政府に対して、「ムドゥボン号を解放してはならない」と外交圧力をかけていた。

貨物船を差し押さえる国内法はない。だが、貨物船を解放すれば制裁違反になってしまう。とはいえ、そのまま留め置けば、北朝鮮に訴訟を起こされかねず、敗訴の可能性さえあった。メキシコにとってはまさに悪夢である。

メキシコ政府の苦悩は翌2015年まで持ち越される。

専門家パネルも、メキシコ政府に対して何度も念押しした。2015年2月、我々が安保理に提出した年次報告書でも、「ムドゥボン号はOMMの管理下の貨物船」であって、資産凍結されねばならないと明記した。ここにも、メキシコ政府が国内の司法手続きに使用できるよう、多数の証拠文書もまとめて掲載しておいたのだ。

3月31日、メキシコ政府は最後の手段に打って出る。ムドゥボン号の処置について、国連安保理に公式書簡で指示を仰いできたのである。安保理の意思決定には、国際法上の法的拘束力がある。もはやそうするしか方法がないとの結論に至ったのだ。

だが、アメリカはメキシコのこの動きには強く反対する。別の厄介な問題を引き起こすからだ。安保理としての公式見解をまとめ上げるには、中国とロシアの賛成が必要になる。そして中ロ両国は、アメリカにはなかなか賛同しない。その後に開かれた、安保理北朝鮮制裁委員会の非公式会合では、欧米と中ロが互いに同じ主張を繰り返す局面が延々と続いた。

欧米は、「専門家パネルが報告したように、ムドゥボン号は明らかにOMM管理下の貨物船だ」と主張する。これに対し中ロは、「我々はまだ納得していない、もっと調査に時間が必要だ」と切り返す。困り果てたのは、北朝鮮制裁委員会の議長国スペインである。双方に建設的に話しあってもらうため、非公式会合の、さらに非公式な会合を開催することにした。その際、スペイン政府は我々専門家パネルにも参加を要請してきたのだ。
これは重要な会合になる。いよいよ我々の出番だ。決着をつけるべき時が来た。

中国・ロシアを説き伏せる

非公式な「非公式会合」は穏やかな雰囲気で始まった。だが、各国の代表者たちは、やはり同じ主張を繰り返すだけだった。

「ムドゥボン号がＯＭＭの貨物船であることは、もはやどう見ても明らかだ。いつまでもこんな議論を続けているわけにはいかない。メキシコ政府は我々の回答を待っている」

「いや、我々は納得していない。もっと検討が必要だと考えている」

もはや外交官同士の意地の張り合いになっていた。これではいけない。欧米側の話し方も丁寧ではない。「自明の理」とする割には、具体的な証拠も法的根拠も提示していない。中ロ側も、果たして何に納得できないのか、どこに問題があるのか、具体的に説明していない。もっとも、私の経験に照らしてみると、中ロの外交官は、本省から言われたことをそのままこの場で話しているだけなのだ。つまり、本国の役人たちが納得していない、ということだ。いま必要なのは、この場にいる中ロの外交官が、そのまま本省に伝達できるような、簡潔かつ具体的な説明だった。そして、それは疑いの余地のない説明でなければならない。

たしかに年次報告書では、あらゆる証拠文書を盛り込んだ。だが、読む側の立場に立てば、文書の数が多すぎて、内容を理解しきれていないのかもしれない。３００ページをゆうに超える報告書の半分近くをＯＭＭ関連の記述が占めていた。

一通り安保理メンバー国の外交官が話し終えると、スペインの議長が専門家パネルに発言を求めた。

「パネルから何かコメントはありますか？」

専門家パネルで調整役を務める「英文添削」が発言した。

「我々が報告書ですでに示したように、この船はＯＭＭの貨物船であることは明白です」

何も具体的に説明できていない。欧米と同じ主張を繰り返すだけだ。何ら説得力のない話が続いた後、「そして、さらに問題なのは、この貨物船が保険書類を偽造していたことです」と、制裁とは別次元の話を始めるではないか。同僚が皆、「ノー、ノー」と首を振り始めた。すぐに彼にメモを差し入れる。

〈詳細については私から説明します。こちらに引き継いでください〉

彼の意味不明な発言がさらに1、2分続いた後、私が話を引き取った。

「ムドゥボン号とＯＭＭの関係について、私たちの報告書では、必要なすべての証拠文書を添付資料に含めております。量が多いので、今一度、整理いたします」

なぜこの貨物船は、ＯＭＭの管理下にあると判断されるのか。証拠文書とともに、その論拠について順を追って丁寧に説明していく。対応する添付資料の通し番号についても説明する。中国とロシアの外交官がメモを取り続けていた。

そのうえで、さらにとっておきの「隠し玉」も披露することにした。

「我々がムドゥボン号の船長室から収集した通信記録について説明いたします」

私が船長の机上で見つけた、貴重な通信記録である。これらは、安保理への年次報告書の作成までには翻訳作業が間に合わず、報告書には盛り込めなかった文書だ。今こそ、出番である。

「これらの記録を読むと、OMMのバンコク駐在代表者リ・ピョングがムドゥボン号の船長に対して日々、詳細にわたる指示を出していたことがわかります。いくつか具体例をご紹介いたしましょう。『船荷証券と積荷書類の間に相違が生じないよう、注意して書類を作成せよ。作成した書類は必ず再度チェックすること』『次の寄港地がばれないよう、あらゆる配慮を尽くすように』『契約書類の中身については、船舶代理店をはじめ、外部の人間に決して知らせてはならない』『次の航海に向けて、用心深く準備するように』……。他にもいろいろあります。このような次第で、安保理決議にある『管理（control）』という用語をいかに解釈しようとも、我々は、ムドゥボン号は疑問の余地なくOMMが『管理』する貨物船と結論づけた次第です。今ご説明した追加的情報のオリジナル文書が必要でしたら、すぐに委員会に提出いたします。何かご質問などございましたら、承ります」

説明を終えると、中ロの外交官はまだメモを書き続けていた。ペンを置くとゆっくりと顔を上げて、大きく息を吸い込んでいる。これ以上、反対のしようがない、と諦めた感じの顔つきだ。心なしか表情が和らいでいる。さっそく超大国の代表が発言を求めた。

「パネルには謝意を表する。ムドゥボン号を資産として凍結するよう、できるだけ早めにメキシコ政府に回答しよう」

中ロの外交官は二人とも同じように応じる。

「今の有益な情報をすぐに本省に伝達する。できるだけ早く我々の結論を皆さんに伝えたいと考える」

スペインの議長が満足そうに締めくくった。

「では、できるだけ早めに委員会としての立場を固めてメキシコに回答しましょう。また連絡します」

非公式な非公式会合が終わった。後ろを向くと、パネルの同僚たちも満足そうだ。欧米の外交官も嬉しそうだった。ようやく中ロにも納得してもらえた。丁寧なアプローチは、常に重要だ。中ロは北朝鮮に対する制裁強化に慎重な姿勢を崩してはいないが、以前のような「何が何でも北朝鮮をかばい続ける」という姿勢はさすがに薄れつつあった。特に金正恩が、中国と太いパイプを持つ義理の叔父の張成沢《チャンソンテク》・国防委員会副委員長を処刑した２０１３年12月以降、中国の北朝鮮に対する姿勢には微妙な変化が感じられた。専門家パネルとの協議にすら応じなかった国連中国政府代表部が、少なくとも協議には応じるようになり、しかも、我々が提供する情報に基づいて何らかの制裁措置を国内で講じた形跡も見られるようになっていた。

しかし、中ロ両国の外交官と話していると、安保理決議や我々専門家パネルが提供した情報について、彼らがどこまで理解できているのか、疑問に感じる場面も何度か見受けられた。一人の外交官だけで国連の複数の委員会に関わるあらゆる実務を担当しているので、通常の説明では理解が至らないのだろう。そこで、制裁違反事件について正確に理解できるよう、明確な証拠文書の提供と明快な説明を行うよう心掛けた。このたびのムドゥボン号に対する資産凍結措置についても、これで近く正式に決着するだろう。

私はオフィスに戻ると、窓越しにイーストリバーを眺めた。これで、ムドゥボン号の行く末は決まったも同然である。達成感を味わいながら、複雑な思いも混じる。

（あの船長と船員たちは今頃どうしているだろう）

船長は間違いなく、ムドゥボン号に留まっているはずだ。いつかこの貨物船で母国に戻れることを期待して。だが、もはやその夢がかなうことはない。ついさきほど、我々が彼の夢を打ち砕いたのだ。

非公式・非公式会合から数週間後、２０１５年5月6日付の公式書簡で、安保理北朝鮮制裁委員会はメキシコ政府に対して、ムドゥボン号を資産として凍結するよう伝達した。これをもってメキシコ政府は、国連による北朝鮮制裁史上初めて、貨物船を差し押さえたのである。これは、貨物船に対する制裁措置として非常に重要な前例となった。北朝鮮はメキシコに対し猛烈に抗議していたが、結局は諦めざるを得なかった。

この事例にみられるように、国連決議の完全履行には実に多くの困難がつきまとう。ほぼすべての国連加盟国で国内法が未整備であるため、安保理が定める制裁義務に加盟国が追いつけないのだ。制裁の履行には、各国政府の並々ならぬ尽力が欠かせないが、ほとんどの国ではそのための動機も意志も欠けている。

実際、安保理北朝鮮制裁委員会がメキシコに資産凍結を命じた日の2カ月前には、別の国連加盟国で事件が発生していた。その国の領海内にＯＭＭの貨物船が立ち入ったにもかかわらず、政府はそれを野放しにしたのだ。

その国とは、日本である。メキシコ政府に「ムドゥボン号を解放するな」と働きかけていた当人が、実は貨物船の「資産凍結」に失敗していたのだった。

14　抜け穴だらけの制裁強化

蒸発するOMM

ムドゥボン号事件を手掛けながら、専門家パネルは「OMM（オーシャン・マリタイム・マネジメント社）」の非合法活動を追跡し続けていた。２０１４年7月28日、国連によって制裁対象に指定された後のOMMの変身は驚くほどすばやく、大胆だった。

7月28日の時点で、OMMが自社で直接管理する貨物船は、外国船籍を除いて少なくとも14隻あった。その後、OMMはこれらすべての貨物船について、船名を次々と変更し、それぞれの所有・運航会社たるフロント企業もすべて一新したのである。２０１４年10月、パナマ政府が摘発したチョンチョンガン（清川江）号は「トンフンサン号」と名称が変わり、所有・運航会社は清川江船舶会社から「トンフンサン船舶会社」に変わった。

他の貨物船に関しては、OMMに代わる新たな運航会社として、ヘジン船舶管理会社、ヨンジン船舶管理会社、ピョンジン船舶管理会社という、新設されたばかりの北朝鮮企業3社が分担して引き継ぐことになった。「ポトンガン号」は「オーラン号」へと名を変え、フロント企業の所有会社も「ポトンガン船舶会社」から「オーラン船舶会社」へ、そして運航会社はOMMからヨンジン船舶管理会社へと変更された。

1隻ずつ、名称と国際海事機関（IMO）への登録内容を変更していく。こうして公式記録から、これらの貨物船とOMMの関係を示す情報をすべて消去していくのである。文字どおり、OMMは貨物船を「洗浄」したのだ。

制裁から半年も経たない12月10日までの間に、OMMはIMOのデータベースから消えてなくなった。OMMは登記上、「蒸発」したのである。

OMMによる「貨物船洗浄」は、安保理決議にいささか複雑な法的問題を生じさせた。「洗浄」された貨物船でも、まだOMMの資産、つまり資産凍結の対象と見なしうるのか、という問題である。

専門家パネルの立場は、もちろん「イエス」だ。

このような制裁逃れを阻止するために、2013年3月採択の安保理決議2094号第11項では、制裁対象企業の資産の移転が禁じられている。また第19項では、制裁対象船舶の名称変更とIMOなどへの登録変更を制裁逃れの一つのパターンと認定している。OMMの貨物船の名称変更および届け出内容の変更は、疑いの余地なくOMMによる制裁逃れである。

さらに同決議第11項では、「(制裁)措置の回避に貢献し得る……財産又は資産」を凍結することを、加盟国に義務づけている。従って、OMMの制裁逃れを幇助《ほうじょ》する北朝鮮企業が管理・所有するすべての船舶も資産凍結の対象なのだ。

だが、このような見方は必ずしも中国とロシアには共有されていないことが、ほどなく明らかとなる。

制裁逃れを黙認する中国

ＯＭＭの貨物船は、近隣諸国の港に寄港するときのみ、海上安全規則に従って自動船舶識別装置の信号を発信している。これをもとに、オンライン上の船舶データベースで貨物船の動きをリアルタイムで追跡することが可能だ。毎朝、オフィスに来ると、まずはＯＭＭ船舶の動向を確認するのが、私の日課となった。

２０１４年7月28日時点で海外に寄港していたＯＭＭの貨物船は「ムドゥボン号」だけだった。もし他のＯＭＭの貨物船がどこかに寄港すれば、資産凍結されなければならない。

目を皿のようにしてデータベース上のＯＭＭ船の動きを追っていると、ほどなく最初の貨物船が見つかった。8月1日、中国・上海港沖に「リョンガンボン号」が停泊中だった。なぜか上海港沖のおよそ40キロあたりで何度も周回している。

（至急、同僚から中国政府に伝えてもらおう）

翌2日には、中国・秦皇島港に別のＯＭＭ貨物船「オウンチョンニョン号」があっさりと入港してしまった。ＯＭＭが制裁対象になったことを、中国政府は認識していないのだろうか。

（こちらも中国政府に早急に連絡してもらおう）

ところが、その後も次々とＯＭＭの貨物船が中国の港へ入っていくではないか。だが、中国政府が資産凍結した貨物船は皆無だった。あたかもＯＭＭが制裁対象に指定されたことなどなかったかのようである。同僚もさすがに頭を抱えていた。

同年の8月前半だけでも、船舶データベースには以下のＯＭＭ貨物船の動きが記録されている。

・「オウンチョンニョン号」／8月2日～4日の間、秦皇島港に停泊し、その後、8日まで沖合を航行した後、中国の領海から離れる。

・「チョンジン2号」／8月5日～7日の間、天津港の沖合を航行した後、中国の領海から離れる。

・「チョンチョンガン号」／8月9日～12日の間、唐山港に入港した後、中国の領海から離れる。

・「チョルリョン号」／不可解な動きを繰り返した後、8月10日には上海港に向けて航行再開。11日に上海沖にて停泊した後、12日には航行を再開し、14日に靖江港入り。その後、中国の領海から離れる。

当初は中国政府内でも、「この貨物船を入港させてよいのか」と議論があったという。だが、あっさりと入港が許可されてしまったわけだ。

官僚機構は「前例」を踏襲する。いったん許可すると、もはや覆せなくなる。２０１４年の末までに、ＯＭＭ貨物船の14隻のうち少なくとも11隻は、中国の港やその領海への出入りが何度も記録されている。

さらに、全貨物船のうちの2隻は、中国企業にスクラップとして1隻あたり1億円前後で売却された。資産の移転であるから、これも安保理決議違反である。

なぜ中国政府は、これらの貨物船を資産凍結しなければならないのか――。この「自明の理」を丁寧に説明するため、43ページにおよぶ公式書簡を作成し、同年11月に国連中国政府代表部に送付した。

中国政府から正式な回答が返ってきたのは、翌2015年1月2日のことである。そこにはこうあった。

「中国政府は、安保理決議の該当条項に関する自国の解釈に基づいて、また朝鮮半島の平和と安定に関わる全般的な状況を維持するという原則に基づいて、安保理のターゲット制裁を履行するために関連措置を講じてきました」

（どういう「解釈」をすればこういう結果になるのか……）

後に伝え聞いたところでは、中国政府の担当者は、資産凍結の必要性について説明した公式書簡の内容を理解するのに苦戦していたという。船舶に関する基本的な知識が欠けているようだった。

ロシアにも、OMMの貨物船は寄港していた。2014年10月に、貨物船「ポトンガン号」（後に「オーラン号」に改名）がナホトカ港に寄港していたことが判明した。この際、ロシアの海上保安当局が船舶保安検査を実施し、運航会社がたしかに「OMM」であるとして、海上保安当局の多国間の枠組みである「アジア太平洋地域におけるポートステートコントロール（外国船検査）の協力体制に関する合意（東京MOU）」事務局に報告していた。だが、ロシア政府から国連安保理への報告は何もない。これは、私が東京MOUの船舶検査記録データベースを調べていて、初めてわかったことである。ロシアの海上保安当局自らが「ＯＭＭが運航責任者」と認めたのに、ロシア政府はこの船を資産凍結しなかった。明白な国連決議違反だった。

国連ロシア政府代表部に公式の照会をしたが、ロシア政府は沈黙を守るのみだった。

ＯＭＭ貨物船の「洗浄」つまり名称と登録内容の変更は年末までに一通り完了した。

だが中ロは、この行為を制裁逃れとはみなさず、これら貨物船の寄港を許し、決して差し押さえようとはしなかった。彼らの立場は以下の２点に集約される。

・運航・所有会社が変わった時点で、もはやＯＭＭの資産であるとは必ずしもみなすことができなくなり、従って原則として資産凍結の対象から外されるべきである。

・これらの貨物船とＯＭＭとの関係を立証するには、専門家パネルがムドゥボン号から収集したような証拠能力の高い情報が必要である。それがない以上、自分たちに貨物船を捜査する義務はない。

つまり、「貨物船とＯＭＭの関係を立証したいのなら、自分たちの力だけで情報を集めなさい。それがなければ、資産凍結どころか捜査すること自体お断り」というわけだ。

アメリカ政府も中国やロシアに対して、ＯＭＭ船を資産として凍結するよう働きかけていたようではある。しかし、当時、安保理内では、イランの核開発問題やシリアの内戦問題の方が圧倒的に重要な優先課題とされていた。アメリカには、北朝鮮問題を巡って、中ロ両国と本格的に対峙できるような余力は残されていなかったのだ。

私がＯＭＭの貨物船を特定し、追尾しても、彼らは中国とロシアに何の障害もなく寄港している。制裁違反が継続される模様をリアルタイムで、国連オフィスのモニター越しに見つめるしか術がなかった。他に協力してくれる国は、ない。

これまでのところ資産凍結できたＯＭＭ船舶は存在しない。この時点では、メキシコ政府はまだかろうじてムドゥボン号を引き留めていたが、これでは何のための制裁対象指定なのだろうか。せめて中ロ以外の国に寄港してくれれば、資産凍結に向けた新たなアクションを起こせるのに――。

そのチャンスは、ほどなくやってきた。

境港沖に現れた「お尋ね者」

２０１５年3月10日、私は日本に一時帰国していた。健康診断を兼ねた休暇である。久しぶりにぐっすりと睡眠をとり、午後に起床。いつもの習慣で、その日一番にＯＭＭ船舶の動向をオンライン上でチェックする。そのころまでにＯＭＭとの関係が疑われる貨物船は、外国籍の貨物船を含めると、50隻ほどに膨れ上がっていた。

1隻ずつ動きを調べていたところ、意外な情報に出くわした。珍しくＯＭＭ貨物船「ヒチョン号」の航行記録が現れている。この船は、前年（２０１４年）9月に「ファンガンサン2号」から改名した後、ほとんどと言っていいほど自動船舶識別装置を切って雲隠れしていたのだ。

今、コンピューターの画面上に示されているヒチョン号の停泊地点は「ＳＡＫＡＩ ＭＩＮＡ

TO」。鳥取県境港の沖合、美保湾内の海岸からわずか5キロほどの場所だったのだ。お尋ね者の逃亡船がある日突然、日本に出現するなんてありえない。おそらくデータに不具合が起きているのだろう。

念のため、知人に電話をかけてみた。

「今、ヒチョン号が境港のすぐ近くに停泊していることになってるけど、何かの間違いだよね？」

知人は一息置いた後、静かに口を開いた。

「いや、実はそれが正しいんだな……」

思わず身体が火照《ほて》るのを感じた。ついに日本政府がOMM船を捉えたのだ。

北朝鮮船舶は、自国の西海岸と東海岸の間を行き来する際、韓国当局に捕まらないよう、朝鮮半島から少し距離をとって日本寄りの航路をとることが多い。日本海が荒れた場合、これらの船舶は日本の領海側に流されがちとなる。さらに大荒れになった場合は、北朝鮮船舶が日本政府に日本の領海内での停泊を許可するよう求めてくるのである。人道的見地から、日本政府はこれら船舶を受け入れることが慣行となっていた。今回のヒチョン号も、日本政府に緊急避難を求めてきたのだった。

だが、たとえ人道的理由に基づく措置であっても、安保理決議では自国の領域（territories）にある制裁対象団体のあらゆる資産の凍結が義務づけられていることに変わりはない。つまり、日本政府はこの貨物船を資産凍結する義務があるはずだ。

貨物船の船長室、通信室は宝の山に違いない。それらの情報を入手できれば、他の「元OMM

貨物船」が今もなおＯＭＭと関係を有していることが立証できるだろう。中ロ両政府の言い訳を一刀両断にできるはずである。ＯＭＭが世界各地に送り込んでいる工作員のグローバルネットワークさえ浮き彫りにできるだろう。今度こそ、ＯＭＭのネットワークを壊滅させるチャンスだった。

ところが、その後、不可解な事実が明らかとなる。

日本政府はヒチョン号をまだ資産凍結していないのだ。それどころか、政府内ではいまだにＯＭＭ船への対応について、関係する省庁間で意見が対立しているらしい。

海上保安庁はこの貨物船の貨物検査をすでに終えていて、「懸念貨物」は見つからなかった。検査をして問題がなければ、それ以上、船を拘束する法的根拠はない、とする。それに対して内閣官房が、「まだその船を放すな」と要請しているようだった。

（「法的根拠がない」とはどういう意味だろう?）

まさか日本政府までもがヒチョン号をＯＭＭ船と認定できるかどうか、悩んでいるというのか。

（これはいけない）

政府には何としてでもこの貨物船を資産凍結してもらわねばならない。

大急ぎで、日本政府宛の公式書簡を起案した。ヒチョン号とＯＭＭの関係についての情報をとりまとめ、国連加盟国の資産凍結義務を明記する。ニューヨーク時間で3月11日の早朝、専門家パネルの同僚の合意を取りつけ、「至急」扱いで国連事務局から国連日本政府代表部へ公式書簡を送付してもらった。我々は日本政府に対して明確なメッセージを送った。

その貨物船を絶対に放してはいけない。

専門家パネルの公式書簡を受けて、内閣官房は海上保安庁に対し2度目の貨物検査を実施するよう要請したという。しかし、今の最重要課題は貨物船の資産凍結だ。なぜ日本政府は、検査ばかり繰り返しているのか。複数の政府関係者の話で、その理由がわかってきた。

「日本には、船舶を資産凍結するための法律がないんですよ」

頭の中が真っ白になった。

この時点で、メキシコ政府はまだムドゥボン号の処遇を巡って苦悶の真っ最中にあった。船舶の資産凍結のための国内法がないからだ。それに対して日本政府は、昨年夏から「ムドゥボン号を放すな」と何度も働きかけていたのである。

なんと、その日本自身が、関連する国内法を整備していなかったのだ。

タイミングも最悪だった。もし日本政府がヒチョン号を手放せば、メキシコ政府もムドゥボン号を解放してしまうかもしれない。そうなれば中国とロシアは大喜びだろう。

専門家パネルの同僚がアメリカ政府に要請して、ホワイトハウスから日本政府の官邸に直接、働きかけてもらったのだが——。

3月13日、船舶データベースには、美保湾内を出て日本の領海から離れていくヒチョン号の航跡がリアルタイムで示されていた。やがて貨物船が島根県の隠岐諸島を過ぎると、自動船舶識別装置の信号がふっつり切れた。ヒチョン号が再び雲隠れした瞬間だった。

私は、画面上の航跡をしばらく見続けていた。

中ロが日本を断固支持する理由

１カ月後、日本政府から以下の回答が返ってきた。

・今回、日本政府は、ヒチョン号に対して、人道的見地から例外的に日本の領海での停泊を許可した。これは国際的な慣行として認められている措置である。
・国連海洋法条約においては、すべての国の船舶に対して、領海における「無害通航権」が認められている。「沿岸国の平和、秩序又は安全を害しない限り」、外国船舶の日本領海通過は無害として認められている。ヒチョン号がＯＭＭ貨物船であるという事実だけでは、その通航が「無害ではない」とは必ずしも判断しえない。ヒチョン号には無害通航権を認めざるを得なかった。
・日本政府は、ヒチョン号に対して２回も貨物検査を行ったが、これは極めて異例の措置である。

条約を持ち出しての説明は一見、合理的に見えるが、やはり違和感が残る。

「そもそも日本政府はあのＯＭＭ船を資産凍結するべきではなかった」と読める。しかし、「国内に船舶を差し押さえるための法律がなかった」ことこそ問題にすべきではないのか。

安保理で、日本の説明に真っ先に反応したのは、中国とロシアである。とりわけロシア政府は、日本政府の決定に対する強い支持を北朝鮮制裁委員会の会合で表明するようになった。

「日本政府は正しい。人道的理由でＯＭＭ船が入港した場合は、資産凍結は行うべきではない。現在、メキシコ政府はムドゥボン号を引き留めているが、そもそもこの貨物船は事故を起こしたため、メキシコ政府が人道的見地から港まで曳航したわけであるから、資産凍結すべきではない」

専門家パネル内でも、ロシア人の同僚が日本政府の決定に強い賛意を表した。中国人の同僚もそれに続いた。ムドゥボン号とヒチョン号は、背景も内容も異なっているのに、そんなことはお構いなしだった。牽強付会《けんきょうふかい》だろうと何だろうと、自分たちに都合がよければそれでいいのである。

中ロ以外の同僚と私にとっては、日本政府の説明は素直に納得できるものではない。

「やらない理由」を探す日本

政府は、ヒチョン号に2度も貨物検査をしたと強調するが、安保理決議に則れば、そんなことはどうでもいい。より本質的な問題は、国連が指定した制裁対象企業の船舶に対する日本政府の姿勢である。

まず、日本が主張するように、人道的見地により湾内に停泊中の船は、資産凍結の対象外と見なしうるのか——。

私見では、「ノー」だ。国連による制裁では、資産凍結の例外措置は安保理決議1718号(2006年)第9項に明確に規定されている。ここで例外として認められているのは、「基礎的な経費として必要であると決定されたもの又は法的役務の提供に関連して生じる妥当な専門手数料」や「臨時経費」「司法、行政又は仲裁上の担保」などだけである。いずれも「委員会による承認」や「委員会への通告」が必要とされている。

日本政府が、安保理決議を独自に解釈して、〝人道的見地に基づく場合には資産凍結の対象外となる〟などとするのは明らかに行き過ぎではないか。もし日本政府がそう思うならば、安保理に正式に通告するべきであろう。

「領海」における「無害通航権」を巡る説明にも納得できない。

「領海」とは、海岸線などの「基線」から12海里（約22・2キロ）までの水域を指す。国連海洋法条約では、すべての国の船舶に対して、「沿岸国の平和、秩序又は安全を害しない限り」領海における「無害通航権」が認められている。

「無害通航権」とは、国連海洋法条約第19条によれば、「武力による威嚇又は武力の行使」や、「軍事機器」や沿岸国の「法令に違反する物品」の「積込み又は積卸し」など、沿岸国の安全保障に明確な害を及ぼす行為がなければ通航を認められる権利だ。ヒチョン号は武器などの非合法貨物を積載していなかったので、その航行は有害とは見なしえない、との日本の説明には一定の合理性がある。

　だが、日本政府が持ち出した国連海洋法条約は、第18条で、「通航」について以下のとおり明確な定義を与えている。

「通航とは、次のことのために領海を航行することをいう。
（a）内水に入ることなく又は内水の外にある停泊地若しくは港湾施設に立ち寄ることなく領海を通過すること。
（b）内水に向かって若しくは内水から航行すること又は（a）の停泊地若しくは港湾施設に立ち寄ること」

ヒチョン号が停泊していた美保湾は、日本の「内水」だ。内水とは、領海の内側にある水域で、国連海洋法条約では、領海の基線の陸地側にあるすべての海域を指す。そこには入江、湾、港などが含まれる。内水では、日本は完全な管轄権を有しているはずであり、原則として、外国船舶の無害通航権を認める必要はないのだ。

こう考えてみると、日本政府は、内水に停泊中のOMM船に対して、国際法上の義務を超えて、自国の政策判断として、無害通航権を積極的に認めていたことになるのではないか。

そもそも、人道的見地からOMM船の緊急避難要請を受け入れるにしても、領海や内水ではなく、港に着岸させるという判断もできたはずだ。そうすれば、陸上と同じ法体系が適用されるため、「無害通航」にまつわる国際的な海洋法を巡る複雑な議論も不要となる。

日本政府は、国内法がないメキシコに対して、「貨物船を放すな」と何度も要請していた。メキシコ政府は苦戦しながらも最終的にはやり遂げたのだ。

それに対して、日本はどうだ。やろうと思えば、他にもできることがあったはずではないか。

日本政府の担当者とヒチョン号の扱いについて話しあう機会を得たので、率直に聞いてみた。

「OMM船を港に着岸させてでも、資産凍結にもっていくという判断もできたのではないですか」

担当者が答える。

「政府はすでに北朝鮮船舶の全面寄港禁止措置という、極めて厳しい単独制裁を科しているんですよ。OMM船に着岸を認めることはありません」

だから日本では、船舶を差し押さえる法律は不要なのだという。

だが、日本で北朝鮮船舶の入港禁止を定めた「特定船舶の入港の禁止に関する特別措置法」第6条では、以下のとおり例外的に北朝鮮船舶の寄港を認めている。

「遭難又は人道上の配慮をする必要があることその他のやむを得ない特別の事情がある場合は、この限りでない」

着岸させようと思えばできるはずなのだが、そうするつもりはまったくないようだ。制裁の実効性という観点からすれば、杓子定規に「北朝鮮船舶の全面寄港禁止」を続けるよりも、むしろ「ＯＭＭ船を日本に寄港させたうえで資産凍結する」方が圧倒的に効果的だ。北朝鮮の外貨収入に打撃を与える方策としても、貨物船の凍結はインパクトがある。しかも貨物船からは、北朝鮮の非合法海運ネットワークの情報が山のように得られる可能性が高いのだ。私は改めて尋ねた。

「全面寄港禁止措置に例外を適用して、ＯＭＭ船を寄港させたうえで資産凍結したほうが効果的ではないですか？」

すると、相手は強い不快感を表して、口を開いた。

「日本の全面寄港禁止という強力な独自制裁について、専門家パネルから文句を言われる筋合いはありません。……これだけパネルの捜査に協力しているのに、そんなことを言われるぐらいなら、今後は、『パネルへの対応も見直そう』という声が出てきかねませんよ」

結局は細かい法律論ばかりで、より強い制裁措置を積極的に取らない言い訳にしかなっていない。しかも、専門家パネルに協力しない可能性すら示唆するのだった。既視感を覚えた。

（中国やロシアと似ているな）

先日聞いたばかりの、日本政府関係者の言葉を思い出した。

「安倍首相は『北朝鮮制裁強化！』と言ってるのに、関係省庁の役人と話していると、面倒な制裁履行にはまったく消極的だね。どこの国の役人と話しているのか、と首をかしげたくなるよ」

ロシアは港を大開放

２０１５年の６月に入ると、日本政府が取り逃がしたヒチョン号が再び姿を現したことが確認できた。今度はロシアだった。

東京ＭＯＵのデータベースをチェックしていたときのこと。ヒチョン号は、４月７日から８日にかけてと5月21日に、ロシアのポシェット港で船舶保安検査を受けていたことが同国の海上保安当局から報告されていたのだ。

（堂々とロシアに出入りしていたのか）

ヒチョン号は資産凍結されなければならない。さっそくロシア政府に公式照会したところ、ポトンガン号の寄港については沈黙を守っていたロシア政府からすぐに返信があった。

「ロシア連邦は専門家パネルに対して、ヒチョン号がＯＭＭに所有または運航されていることを示す詳細な証拠の提出を要求する。ＯＭＭの制裁対象指定後に船舶の名称と登録が変更されたというだけでは、この貨物船とＯＭＭとの関係を立証するための充分な証拠とは言えない、と私たちは考えている」

いつものロジックで開き直っている。そこに込められたメッセージは明らかだ。

（この貨物船は、日本政府も資産凍結しなかったじゃないか）

もちろん日本政府は、ＯＭＭとヒチョン号は関係ないとしたわけではない。だが、ロシアからすれば、そんなことはどうでもいい。日本政府が資産凍結しなかった事実のみを、彼らは自己正当化のため最大限に利用したいに違いない。

安保理は国際政治のせめぎあいの場だ。日本政府の役人が考え抜いた細かな法律論など、まともに取り合われることなどない。都合のよい部分のみが切り取られるだけなのだ。

日本の弥縫《びほう》策が、ロシアの大胆な行動の裏づけにされたとしか思えなかった。

アメリカ政府もすでにロシア政府に対して資産凍結を働きかけていたようだが、ロシアはまったく受け付けない。

今日はすでに7月2日の木曜日。アメリカの独立記念日の2日前だ。同僚の多くが休みを取っているが、私は専門家パネルの一員としての義務を果たそうと思った。

なぜロシア政府は、この貨物船を資産凍結しなければならないのか――。安保理決議に基づく法的根拠をあらためて整理したうえで、公式書簡を作成した。深夜、休暇中の事務局のアーヤン政務官に無理を言って、国連ロシア政府代表部に送付してもらった。この頃、頼りにしていた政務官のメラニーは産休に入っていた。

その後もヒチョン号の動きは止まらなかった。7月8日にはロシアのワニノ港に、28日から29日にはポシェット港に、そして11月18日にはナホトカ港に寄港した。その都度、専門家パネルとアメリカ政府がロシア政府に働きかけるが、ロシアは一切聞く耳を持たない。

おそらくヒチョン号は2014年7月末にOMMが制裁対象に指定されて以降も頻繁にロシアの港を訪れていたのではないかとすら思えてきた。今年の3月に日本政府が出航を許したあと、ロシア政府はこの船の寄港を東京MOU事務局に報告するようになったのではないか。日本の処置のおかげで、ロシアも後ろめたさがなくなったのだろう。

さらに、別のOMM貨物船「カンゲ号」までも、ロシアの港を複数回にわたって訪問していた。OMM船がロシアに寄港するたびに、専門家パネルからロシアに公式に照会し、資産凍結すべき理由をこと細かに説明した。そのたびにロシア政府からは、「パネルはもっと証拠を提出せよ」と返ってくる。延々とこのやりとりが続くのだ。彼らを相手にしているうちに、果たして自分はいま何をしているのか、よくわからなくなってくる。「俺は納得しないぞ」と決め込むクレーマーに、「これでどうですか」と何度も根気よく働きかける店員。まさにそんな感じだった。

アメリカ政府もロシアには完全にお手上げである。日本がヒチョン号を資産凍結していたら、こんな展開にはなっていなかっただろう。

もっとも、ロシアの外交官もさすがに面倒になったのだろう。ほどなく返信すらしてこなくなった。最後に彼らが返事を寄越したのは、2016年1月13日のこと。専門家パネルが安保理への年次報告書を作成している最終局面で、提出2日前であった。

「パネルに対して……より実質的な証拠の提出を要請する」

返答の中身は、最後まで変わらなかった。

2015年7月12日、いつものとおり船舶データベースをチェックしていると、OMM貨物船「チョルリョン号」の停泊位置に目が留まった。以前の名前は、「リョンガンボン号」。そう、2014年8月に上海港沖を何度も周回する不可解な動きをし、中国の港に出入りしていた、あの貨物船だ。

今、その貨物船は、島根県の隠岐諸島に停泊しているようだ。西ノ島、中ノ島、そして知夫里《ちぶり》島《じま》に囲まれた狭い海域に停泊している。日本政府に確認したところ、海が荒れ、チョルリョン号が緊急避難を要請してきたため、これを受け入れたという。

海上保安庁による貨物検査を受けた後、天候が回復すると何事もなかったかのように日本の領海から離れ、北上した。ほどなく自動船舶識別装置の信号が途絶えて、再び行方不明になった。

官僚は前例を踏襲する。ＯＭＭ船による緊急避難要請の受諾は、日本政府にとって確立された慣行となってしまった。

ヒチョン号の件とチョルリョン号の件はいずれも、日本国内ではニュースにすらならなかった。

フィリピン政府のジレンマ

２０１６年1月6日の北朝鮮による核実験を受けて、国連安保理は3月2日に決議２２７０号を採択した。専門家パネルからの強い要請もあり、アメリカ政府はこの決議の第12項に、「船舶」も資産凍結の対象に含まれる旨、明記してくれた。これでようやく、全国連加盟国がＯＭＭ船を資産として凍結するための国内法を整備しなければならないことがはっきりした。

この決議で安保理は、31隻の貨物船をＯＭＭ船として制裁対象に指定した。その中には、ほんの2カ月前まで、ロシア政府がＯＭＭとの関係を頑として認めなかった「カンゲ号」と「ヒチョン号」が含まれていた。いかなる「より実質的な証拠」が、ロシアの決断を促したのか。本当にそんなものがあるのならば、ぜひとも彼らに確認してみたいところだ。

31隻のリストを見ると、その多くが、専門家パネルがＯＭＭ関連の貨物船として安保理に制裁対象に指定するよう勧告していたものだ。他にも、勧告には至らなかったものの、私の捜査の過程で、中国企業が所有者または運航者として関わっていたことが判明した貨物船が少なくとも10隻は含まれている。

中国企業の所有・運航する貨物船の制裁対象指定に中国政府が賛成するとは意外な展開だった。制裁指定を受けて慌てふためいたのが、フィリピン政府だった。ちょうど決議2270号が採択された頃（フィリピン時間で3月3日）、制裁対象に指定されたばかりのOMM貨物船のうちの一隻である「ジンテン号」がスービック湾に入港したのだ。新たな決議に従って、同船は「資産凍結」されなければならなかったが、フィリピン政府にも、そのための国内法がなかったのである。

ジンテン号の所有・運航者は、中国の海運会社だった。さっそくフィリピン政府に向かって、貨物船を解放しなければ訴訟を起こすと言いはじめている。

我々はアメリカ政府から「ジンテン号はOMMの貨物船」との情報を得て捜査していたものの、その関係については立証できなかった。従って専門家パネルはジンテン号については、安保理に制裁対象指定を勧告していない。専門家パネルの見解が、安保理の制裁対象指定を主導するアメリカ政府の見解と必ずしも一致するわけではないのだ。

しかし、この中国企業の代表者は、私個人が制裁の決定を下したものとばかり誤解していたのだ。

ある日、オフィスに出勤すると、留守電が何件も入っていた。聞いてみると、ジンテン号の代表者からである。

「なぜ私たちの貨物船を制裁対象にしたんだ！　ＯＭＭとは関係ないって、さんざん説明したじゃないか！」

つたない英語ながらも、切迫した様子で怒りのメッセージが録音されている。メールボックスにも、彼から何通も怒りと抗議のメールが入っている。彼がこれまでに接触したことのある、ただ一人の国連安保理関係者は私なのだから、無理もない。

他にも制裁対象となった別の貨物船を所有する中国人からも怒りのメールが私宛てに送られてきていた。

国連事務局とも相談したうえで、私から彼らに対して、国連における制裁指定解除の申請手続きについて説明することにした。

「国連事務局に『削除（delisting）』のための窓口が設けられているので、そちらに連絡してください。その際、自国政府の国連代表部の連絡先をコピーしておくのが一般的です。あなた方の場合は中国政府の国連代表部になりますので、その連絡先も付記しておきます」

だが、なかでもジンテン号を所有する企業の代表者は必死に助けを求めてくる。残念ながら、私には権限もなければ情報もない。それでも彼は食い下がってくるのだった。あまりの必死さに負け、改めて丁寧に電子メールで説明することにした。

「私たちが安保理の決断に関与していないことを、ぜひともご理解ください。……あくまで個人的見解ですが、あなたの貨物船が制裁指定されたことには私も驚いています」

これで、私に向けられた矛先は、国連安保理加盟国に向けられるはずだった。

強がる中国の落とし穴

それから2日ほどして、専門家パネルの同僚からメールが送られてきた。リンク先に香港メディアの記事が貼りつけてあった。

クリックすると、中国語の記事が現れる。驚いたことに、先日、私がジンテン号の代表者に送ったメールの内容が、そのまま報道されているではないか。私のメールのプリントアウトが撮影されて、そのまま載っていた。

「国連専門家パネルの古川氏も、わが社の貨物船の制裁指定に『驚いている』と言っています」

代表者は記者に、そう説明していた。私情を交えたのがまずかった。あくまでも淡々と事務手続きだけ通知すべきだった。

すぐに中国人の同僚が、私の個人オフィスにやってきた。彼は、私にとって3人目の中国人の同僚だ。化学兵器の専門家で、パネルに入って1年ほどである。

「カツの名前がメディアに出てるね」

私は答えた。

「参ったね。だけど実際、私には彼らとOMMとの関係がわからないんだよ。それにしても、中国政府はよく制裁指定に賛成したね。中国企業の貨物船なのに」

そう言うと、同僚が少し不思議そうな顔をする。

「政府の仲間の要請を受けて僕なりに調べてみたけど、これらの貨物船は中国とは関係ないよ。ツバルとかカンボジアの船だよ」

いまさら何を言っているのか。これまでにも何回か彼には説明したのだが、もう一度、説明しておこう。

「それは『便宜置籍船』だからだよ（注：実際の船主の所在地とは別の国に船籍を置く船舶を指す）。実際に貨物船を所有・運航しているのは中国企業なんだよ。前にも説明したとおり、ちゃんとIMO（国際海事機関）のデータベースに登録されてるよ」

どうやら、私に対する不審は解けないようだ。

「IMOデータベースって、何だい？」

一瞬、私たちの間に沈黙が流れた。

まさか……。これまで彼は「IMOデータベース」が何なのか、わかってなかったのか？ 中国企業の貨物船が制裁対象に含まれていたことを理解できていなかったのか？ 彼が着任して以来、OMMの貨物船について、IMOデータベースなどをもとに資料を作成して、丁寧に説明してきたつもりだった。「わからないことがあれば、何でも聞いてくれ」と何度も念を押したのに。「便宜置籍船」「所有会社」「運航会社」――いずれも理解できていなかったのか？

そんな人物に、中国政府は重要な問い合わせをしていたのか。

ほんの4カ月ほど前の2015年11月初旬に、中国政府の代表者たちと会見した際、奇妙なやり取りがあったことを思い出した。

2015年に入ってからも、OMM船の中国寄港は続いていたので、警告の意味もかねて中国政府に複数の公式書簡を送った。個々の貨物船とOMMとの関係について、IMOや東京MOUの船舶データベースを用いながら、改めて詳細な文書にまとめあげたものだ。

補足説明のため、中国政府の担当者らと会合を持つことにした。

個々の船舶について、概要を説明し終えたのだが、先方は不審そうな表情のままだ。

「何かご不明な点がございましたら、何でもお聞きください」

するど、一人が口を開いた。

「東京MOUとは何ですか?」

(え……?)

船舶関連の照会に関わる公式データベースについて、先方の担当者はいまだに理解できていなかったのだ。

中国政府に対しては、それまでに2年近く、何度もIMOや東京MOUの船舶データベースをもとに照会し続けていた。しかし、先方の回答はいつも要領を得ないものだった。それは中国の担当者が、制裁措置に関する基本的な情報を理解できていなかったからなのか。そういえば以前、専門家パネルの書簡の内容を理解するのに苦労していた、と聞いた。そういえば一昨年(2014年)の8月に、OMM船が堰《せき》を切ったように次々と中国に寄港していった……。

しかたない。できるだけ丁寧に説明をしてあげる。

「ご不明な点があればいつでもご連絡ください」

先方の目を見つめながら、つけ加えた。こちらは別に中国の揚げ足を取りたいわけではない。彼らがちゃんと国連の制裁を履行できるよう、支援したいだけだ。

私に対する質問は、ついに一度もなかった。伝え聞いたところによると、彼らは我々の公式書簡の内容をよく理解できないままだったそうである。

その後、超大国の外交官と面会した際のこと。私が国連を離れる直前で、最後の面会だった。挨拶が一通り終わったところで、先方が本題に入る。

「今回の一件で、中国政府の担当者がかなり難しい立場に立たされている。誰が中国企業に、国連中国政府代表部の連絡先を伝えたのか知りたいんだけど……」

なるほど。中国側では、自分たちが事前に把握できなかった事実よりも、むしろ事後的に「知らされた」事実の方が問題になっているのか。そして今、その〝犯人探し〟が行われているのだった。

「それは、私ですよ。ただ、あくまでも国連事務局と相談したうえで、国連の標準的な手続きについて通知しただけですけど」

先方が、いささか困惑の体で続ける。

「中国は、今になっていくつかの貨物船について制裁指定の解除を要請してきているんだ」

ようやく中国政府は気づいたわけだ。

「中国は詳細を理解しないまま、制裁指定に賛成してたんですね」

「彼らには、あまり検討のための時間的余裕を与えなかったからね」

私はかねてからの疑問をぶつけてみた。

「そもそもなぜ、あの貨物船『ジンテン号』は制裁指定されたんですか。私はかなり調べましたけど、OMMとのはっきりとしたつながりは確認できませんでした。乗組員の中に数名、元OMM船員はいましたが」

「まさにそれだよ。OMMは貨物船の船員を供給していたんだ」

なるほど。ＯＭＭは自らの船の運航が難しくなると、自社の船員を外国船に派遣するビジネスを拡張させているのか。そのための新たなフロント企業も構えているというわけだ。

「中国の運航会社は、そのことを把握してたんですか？」

「どうなんだろうね。その点については知らないな」

いずれにしろ、ジンテン号を運航するあの中国企業には、さらなる捜査が必要になるだろう。

傍観者

伝え聞くところによると、中国はアメリカに、あからさまな要求を突きつけてきたのだそうだ。中国企業の貨物船４隻を制裁対象から外せ、さもないと専門家パネル委員の任期更新には同意しない、と。彼らの念頭にあったのは、私なのかもしれない。

その後、米中での折衝が続き、最終的に中国企業の貨物船のうちジンテン号を含む３隻について、北朝鮮人の船長と船員を解雇し、中国人と交代させるとの条件で制裁対象指定を解除することになった。乗組員を一新したジンテン号は、ようやくフィリピンから離れることが許された。そしてフィリピン政府も、国内法がないまま資産凍結措置を科さねばならないという難題から解放されることになった。

中国政府の担当者は数カ月後、人事異動で担当を外れた。

事態が解決されるまで、アメリカはフィリピンに対して、ジンテン号の「資産凍結」を強く求めていた。アメリカに続いて、フィリピン政府に「ジンテン号を放すな」と働きかけていた国は他にもある。韓国と日本だ。日本政府にとって、みすみす見逃したヒチョン号の件もチョルリョン号の件も、まるでなかったかのようである。

日本では安倍首相や菅官房長官、岸田外務大臣が一様に、「国連安保理決議の完全履行を！」と訴え続けている。

しかし、国内での船舶の「資産凍結」については、議論すらされていない。

15　浮かび上がった日本人

「外国船偽装船団」を摘発せよ

２０１４年７月に国連によって制裁の対象とされてから、「オーシャン・マリタイム・マネジネント社（ＯＭＭ）」は確実に追い詰められている。

２０１５年３月の時点でＯＭＭ直属の貨物船団（北朝鮮船籍）15隻のうち「ミョンサン１号」「リョンリム号」「テリョンガン号」の３隻が廃船となった。「ムドゥボン号」もメキシコ政府に「資産凍結」され、もはや稼働していない。

残る北朝鮮船籍船団の活動範囲は、自国の東西を往来することと中国、ロシアに限定された。アメリカが監視を強めているので、それ以外を航行すれば、確実に取り締まられるからだ。

ＯＭＭは北朝鮮海運業の大黒柱である。同社の苦境は、そのまま北朝鮮の苦境となるのだ。しかし、ＯＭＭは外国船籍の船団も有している。

例えば、「香港ミラエ社」が所有・運航するカンボジア船籍の「グレート・ホープ号」がそうだ。一見、北朝鮮とは何も関係なさそうな大型貨物船である。だが、香港ミラエ社はOMMのフロント企業であり、OMMの船員を雇用している。国連専門家パネルは、実質的にグレート・ホープ号はOMMの貨物船だと判断した。いわば「外国船偽装船」といっても過言ではない。

今後、OMMのネットワークを壊滅に追い込むには、外国船偽装船団の摘発が鍵となる。これら外国船籍船（便宜置籍船）の所有・運航を担うのは、OMMが海外に派遣した担当者と、外国人の協力者たちだ。

OMMのグローバルネットワークの中で特に注目すべきは、ロシアのウラジオストク、中国の大連・香港・深圳、エジプトのポートサイード、ギリシャのアテネ、タイのバンコク、シンガポール、ペルーのリマなどに設けられた拠点である。これらの拠点では、現地人協力者の確保に加えて、OMM本社から北朝鮮人の代表者が派遣されていることが多い。外交官の身分を有していたり、地元の中小企業に雇われていたりするため、よほど事情に通じていなければOMMの人間とはわからない。

主要な海外拠点はほぼ特定できた。あとは、国連加盟国政府に個別に法執行の厳格化を図ってもらうしかない。その舞台はニューヨーク、各国の代表が集まる国連だ。以下は、我々専門家パネルの活動に対する各国の反応である。

タイ政府のサボタージュ

2015年4月のある日、私は国連の「外交官ラウンジ」にいた。大きなガラス窓越しにイーストリバーが見える。雲ひとつない青空だ。

テーブルの向こう側にはタイ政府の当局者が座っている。

「あなたたちが、あの企業を制裁対象に勧告したのは知ってるわ」

彼女はコーヒーカップを口に運んだ。

「あの企業」とは、バンコクにある「マリナーズ社」のことだ。ＯＭＭのフロント企業「ムドゥボン船舶会社」の代表者である北朝鮮人「リ・ピョング」が拠点としていたタイ企業である。

専門家パネルの公式照会に対して、リ・ピョングは一度だけ、回答してきたことがある。この年の1月初めのことだった。

「私はＯＭＭの在外代表者ではありませんが、通常、北朝鮮の商用船舶やタイに寄港する外国船舶の手伝いをしています」「ＯＭＭが制裁されていたことは知りませんでした」

同じころ、マリナーズ社も歩調を合わせるように、我々の公式照会に回答してきたのだ。

「わが社の株式はすべてタイ人が所有しております。ＯＭＭはわが社の経営に何ら関与しておりません」「私たちは、あなた方から連絡を受けるまで、ＯＭＭが制裁対象になっていたことを知りませんでした。しかも、私たちが手伝っていたのは、ムドゥボン船舶会社であって、ＯＭＭではありませんでした」

専門家パネルが彼らに公式の照会をしたのは2014年8月のこと。マリナーズ社はずっと沈黙していたため、12月にもう一度、公式書簡を送付した。マリナーズ社はＯＭＭの制裁違反を幇助している――年次報告書でこう指摘する旨、事前通告したところ、ようやく事態の深刻さに気づいたようだった。

だが、同社の回答はまったく誠実ではない。リ・ピョングをはじめ、北朝鮮人要員について何一つ情報を提供してこなかった。

マリナーズ社がOMMの代理店を務めていたことは、他社との契約書類や連絡文書など、様々な証拠によってすでに裏づけられている。我々の理解では、マリナーズ社はOMM要員の「巣窟」だ。

2014年の前半からタイ政府に対して、マリナーズ社に所属するOMM要員4名について、事情聴取と情報提供を何度も要請してきたが、なしのつぶてだった。同年秋ごろに4名が北朝鮮へ出国した直後になって、ようやく彼らの旅券番号などの情報を送ってきたのである。タイ政府の「サボタージュ」により、OMM要員への聴取は阻まれ、しかもマリナーズ社の内部情報さえも得られないままだった。

知りたい点は他にもあった。リ・ピョングが2013年12月にタイ政府当局にビザを申請した際、自らの所属先を「ペトレル社」と記していたのだ。船舶データベースを見る限り、これは英領バージン諸島に登記されている企業で、貨物船「ペトレル1号」の所有者として国際海事機関(IMO)に登録されている。ペトレル1号は、北朝鮮に寄港歴がある船である。我々の調査をもとに、すでにアメリカ政府がOMM船としてマークし、タイ政府にかなりの圧力をかけていたらしい。この企業の情報もタイ側にあるはずだ。

タイ政府の当局者が続ける。

「私たち、本当に頭が痛いの。せめて安保理がマリナーズ社を制裁対象に指定してくれたら、私たちも断固とした措置がとれたのに。今の中途半端な状況、すごく難しいのよ。あなた方からの捜査協力要請は、首相府まで上げているんだけど、回答が返ってこない」

専門家パネルは、安保理北朝鮮制裁委員会に対して、マリナーズ社の制裁対象指定を勧告した。だが、その事実は公表されていない。委員会はマリナーズ社の制裁指定は見送る方針のようだった。マリナーズ社にはもう北朝鮮の要員はいないとのことだが――。

「とにかく、マリナーズ社の通信記録、各種取引情報、従業員の渡航歴など、タイ政府からの情報をお待ちしております」

私がこう告げると、彼女はため息をつきながら答えた。

「わかったわ。とにかくこちらもプッシュするから。また連絡するわ」

結局は、それっきりだった。

アメリカ政府は、マリナーズ社がＯＭＭ関連の活動をすでにやめたと判断している。タイのＯＭＭ拠点は機能停止に陥ったという。だが、私のこれまでの経験からすれば、北朝鮮と長い付き合いのある協力者が、そうやすやすと縁を切るはずがなかった。継続的な監視は必須である。

「限りなく誠実」なギリシャ企業の疑惑

これまでの捜査で、ＯＭＭの本社や海外の代表所、貨物船の船長らは、アテネ市内の企業「ネットワーク社」と頻繁に連絡を取っていたことが判明した。

さらに、このギリシャ企業のオンライン情報を見つけることもできた。

・乾貨物《かんかもつ》船の仲介業者

・世界的な北朝鮮人乗組員の代理店
・拠点：ギリシャ・ピレウス港、北朝鮮・海州《ヘジュ》港

「乾貨物《ドライカーゴ》」とは、液体類などを除く通常貨物を指す。どうやら北朝鮮と手広くビジネスを展開しているらしい。ヨーロッパにおける事実上のOMM代表所なのではないか。さっそく公式書簡でOMMとの関係について照会すると、かなり詳細な回答が返ってきた。

・OMMとは1998年以来、取引をしてきた。
・船舶の仲介業者として、主に大手の国際貿易グループのために、OMMの貨物船を手配していた。その中には「チョンチョンガン号」も含まれていた。
・主にOMMのエジプト代表所とやり取りをしていたが、数年前に閉鎖されてから、OMMとの取引は大幅に減り、今はもうない。
・オンライン上の広告は自ら出したものではなく、なぜそんな広告があるのかわからない。2003年頃、OMMから北朝鮮人乗組員をギリシャの船舶業界に売り込むように依頼されたがうまくいかずに終わった。

数回のやり取りを経た結果、OMM貨物船団や、数年前までエジプトにあったOMM代表所の情報など、貴重な情報を得ることができた。提供された情報は、他のソースから入手した情報と矛盾せず、しかも、エジプト国内にいたOMM代表者の情報も含まれている。誠実さを感じさせ

るうえに、情報自体も確度が高そうだ。

問題はこの企業が今もＯＭＭとつながっているかどうかだった。

過去の情報を出し渋るエジプト

２０１５年1月中旬、ニューヨーク。我々はエジプト政府の代表者と会合中だった。

専門家パネルの捜査の結果、エジプトでＯＭＭは、港町ポートサイドにある「サンライト社」を拠点にしていたことがわかっている。少なくとも２０１１年頃までは「ＯＭＭエジプト」の代表者がサンライト社に駐在していた。その後、ＯＭＭは撤退したようだ。

だが、サンライト社の態度が妙にひっかかる。我々が公式照会を通じてＯＭＭ要員の記録など、情報提供を求めたところ、「エジプト政府を通じて要請してほしい」と返してきていた。そこで要請どおりにエジプト政府に照会し、回答を受け取るためにこうして、政府の代表者と面会しているのだ。

手渡されたばかりのエジプト政府からの回答文書には、以下のことが記されていた。

・サンライト社とＯＭＭは2年以上前に取引をやめている。
・「ＯＭＭエジプト」という北朝鮮企業の記録は存在しておらず、またエジプト国内にはＯＭＭの代表所は存在しなかった。
・サンライト社は、港湾当局に対して多額の負債を抱えていたため、２０１４年6月10日に営業ライセンスは取り消された。

回答とともに、エジプトの外交官は我々にこう要請した。

「というわけで、専門家パネルはOMMとエジプトとの関係について、報告書に書いてはなりません」

頭の中で警報が鳴り響いている。何か不都合なことがあるときの、相手の決まり文句だ。

エジプト政府の情報は、我々が得た情報と矛盾している。OMMエジプトがかつて存在していた証拠はすでに手元にあった。サンライト社の中にオフィスを構えていたが、当然、正規の企業ではない。なぜエジプト政府は、この程度の情報を出し渋るのだろう。

サンライト社から3カ月前に受け取った回答とも矛盾している。

「私たちは、エジプト政府当局が発行した、最新の公式ライセンスを有しております」

しかも、その許可証の写しまでもらっていた。

エジプト政府の態度は、腑に落ちないことばかりだった。

ブラジルに現れた亡霊

2015年11月、我々はブラジル政府の担当者とニューヨークで会談した。

相手はあごをなでながら、真剣な表情をしている。

「徹底して調べたのですが、OMMブラジルの存在は確認できませんでした」

目の前には、首都ブラジリアの本省から送られてきた、47ページにも及ぶ捜査報告書がある。

専門家パネルは、2010年から2012年にかけて、OMMが駐ブラジル北朝鮮大使館に拠点を設けていたことを把握している。我々が突きとめたＯＭＭブラジルには計３名の北朝鮮人がいた。そのうち2名は北朝鮮大使館に外交官として赴任していた人物だった。

筆頭格は「チュ・ヨングン」といい、１９５６年7月24日生まれ。１９９９年から２００７年の間、彼はペルー国内の企業「オーシャン・グループ社」に勤務しながら、ＯＭＭの南米地域における活動全般を差配していた。それ以前にもＯＭＭは、北朝鮮人の代表者を外交官として駐ペルー北朝鮮大使館に派遣しており、現地企業と大使館の2カ所を拠点としていたのである。ＯＭＭは２０１０年になると、南米の拠点をブラジルへと移した。残る2名は、「チョン・サンギョ」と「テ・ヨンロク」。両名とも北朝鮮外交官だった。彼らは、大使館を拠点にＯＭＭ貨物船のパナマ運河通行や南米各地での寄港の手配を行っていたのである。２０１２年には3名とも北朝鮮に帰り、その後、ブラジルには戻ってきていない。

２０１３年10月、チュ・ヨングンは「清川江号船舶会社」の代表団の一員としてパナマを訪問している。それは同年7月、武器密輸容疑でパナマに留め置かれたままの「チョンチョンガン（清川江）号」と乗組員の釈放を巡る交渉が目的だ。彼の新しい肩書は、ＯＭＭの「販売・購入担当責任者」であった。

ＯＭＭはもはや、ブラジル国内に代表者を置いていないはずだった。それなのに……専門家パネルが２０１４年9月、チョンチョンガン号の捜査で入手した文書の中に、同船が積み荷の砂糖を購入する際に提出した書類があったのだ。２０１３年6月と7月に書かれた書類には、チョンチョンガン号の「所有者」として「ＯＭＭブラジル」の名前が記載されていた。

我々の目を逃れたＯＭＭ要員がブラジル国内に潜伏している可能性がある。

シンガポールの不審な協力者

２０１４年6月10日、シンガポール当局は専門家パネルの情報をもとに、ＯＭＭのシンガポールの拠点「チンポ・シッピング・カンパニー（チンポ社）」の責任者を、チョンチョンガン号事件における資金提供の罪で訴追した。チンポ社は、チョンチョンガン号がパナマ運河を通行する際、その代理業務を行った地元船舶代理店に手数料を海外送金していたのである。それゆえ、ＯＭＭの事実上のシンガポール代表所と目されたのだ。

裁判により、チンポ社とＯＭＭの長年にわたる緊密な関係が明らかとなった。

チンポ社と北朝鮮との関係は30年以上にわたっていた。１９９９年以降、チンポ社のオフィスが北朝鮮大使館の連絡先と同一だった。

このオフィスにはもう一つのシンガポール企業「トンへ・シッピング社（トンへ社）」があった。チンポ社とともに北朝鮮関連ビジネスを展開していたＯＭＭのフロント企業である。事実上、チンポ社とトンへ社は一体化していたようだ。

チンポ社がＯＭＭの駐在員を受け入れ始めたのは１９８４年のことだった。駐在員は仕事など何もしていなかったが、それでも同社は月々３５００から５０００シンガポールドル（約38万～54万円＝当時）の給与を支払い続けていた。

検察によると、チンポ社とトンへ社は、ＯＭＭの貨物船を用いてビジネスを行うことで、ＯＭＭから収入を得ていた。従業員の言によれば、チンポ社は「ＯＭＭのために何でもする代理店」であり、ＯＭＭこそが事実上の「雇用主」だったとのことだ。

ＯＭＭから受け取った資金は、「運営」「船舶購入」「賃金」など、目的別に帳簿管理されていた。剰余金は、他国に駐在するＯＭＭの代表者などに送金していたという。２００９年４月から２０１３年７月の間に６０５回もの海外送金が行われていて、送金総額は４０００万米ドル（約36億円＝当時）以上に上る。チンポ社がＯＭＭのグローバルな展開に、いかに重要な役割を果たしていたかがわかる。ＯＭＭはチンポ社を、主に決済業務や外貨為替送金などの拠点の一つとして活用していたのだ。

２０１３年７月のチョンチョンガン号事件当時、ＯＭＭのシンガポールでの代表者は３名いた。チンポ社にいた「キム・ユウイル」は、２００９年にシンガポールに外交官として赴任しようとしてビザ申請を却下され、チンポ社の従業員として潜りこんでいた。彼は２０１４年２月までシンガポールに滞在し、平壌に戻った。その後の所在は不明である。

「キム・ヒジェ」と「チェ・チョルホ」は、いずれも駐シンガポール北朝鮮大使館に三等書記官として赴任しながら、ＯＭＭをはじめ、北朝鮮船舶がらみのビジネスを行っていた。外交官による商業行為を禁止したウィーン条約に明らかに違反している。チョンチョンガン号事件の後、２名ともシンガポールを離れて帰国した。２０１４年１月には、チェはＯＭＭの副社長に就任したことが分かっている。

ＯＭＭがシンガポールに派遣していた代表者たちは、いずれも大物ばかりだった。そのことが、彼らにとってのシンガポールの重要性を如実に示している。

チンポ社とトンヘ社の機能停止は、ＯＭＭの活動に、金融面でかなりの打撃を与えているはずだ。もはや大規模な資金洗浄はできないだろう。

それでも、懸念すべき対象はまだ残っている。

一連の捜査を通じて、ＯＭＭはかつて、別のシンガポール企業「セナト社」にも要員を駐在させていたことが分かっている。

セナト社は、「Senat Shipping Limited」と「Senat Shipping Agency Pte. Ltd.」という系列企業も有していた。専門家パネルは、セナト・グループが２０１３年7月頃までＯＭＭの貨物船にかかわる決済業務などに関与していたことをつかんでいる。我々の公式照会に、セナト社の代表者は、「それ以降、ＯＭＭとの取引はない」と主張していた。

だが、専門家パネルよりも先に米財務省が手を打った。「ＯＭＭによる制裁回避を支援した」との理由で、２０１５年7月23日、セナト社に単独で金融制裁を科したのである。アメリカ政府も我々の情報をもとに追跡捜査を行っていたのだ。もっとも、いつものことながら、アメリカからのフィードバックはない。

無罪を主張する代表者は、それを証明するべく、専門家パネルの捜査に協力していた。

私は代表者に対し、代表者の弁護士を通して、公式照会を何度かしていた。セナト社は毎回、詳細な説明を、膨大な証拠資料とともに送ってくる。一見、真摯な態度に思えるが、数百ページに及ぶ資料を注意深く分析してみると、他から入手した資料と矛盾した点が見えてくるのだ。改めて説明を求めると、微妙に訂正したり、別の資料を提出してきたりした。

辛抱強く照会し続けるなかで、一つだけ、意外なことがわかった。

セナト社はＯＭＭ以外にも様々な北朝鮮企業と取引していて、書類を見ると、北朝鮮人船員が多数、外国の貨物船で雇用されているではないか。代表者は、「ＯＭＭの船員ではない」と言い張る。いずれも北朝鮮とは無関係に見えるような貨物船ばかりだった。それでも、運航している乗組員は北朝鮮の人間ばかりだ。

こういうケースは他にもあるのだろうか。

２０１５年９月、私はニューヨーク地区連邦検事局を訪れた。

「これがセナト社の取引相手なんだが、そちらに何か情報はあるか？」

検事は、複数のシンガポール企業の名前を挙げてみせた。船舶関連以外にも、天然資源取引にかかわると覚しき企業が含まれている。いずれも聞いたことのない企業ばかりだ。セナト社のネットワークは、我々の予想を超えて広がっているようだ。

セナト社の本社はシンガポールの商業と観光の中心地にある。マリーナベイ地区の中心部、サンテックタワーという高層オフィスビルの最上階だ。私が国連を離れた２カ月後の２０１６年６月に訪問した際も、アメリカ政府の単独制裁にもかかわらず、同じ場所に本社を構えていた。他のフロント企業を立ち上げて、事業基盤を再編成したのかもしれない。

中国ネットワークの最重要拠点

「香港ミラエ社は、『ＯＭＭ香港』として知られてます。ミスター・エミヤは、ビジネスでは朝鮮名を使ってましたよ」

情報提供者はこう証言する。新橋の駅前ビルに事務所を構え、香港ミラエ社の登記簿にも代表としてその名が載っていた、例の日本人である。かつて日本国内で「共和国船舶の総代理店業務を担当」していた企業の代表者だ。

捜査の結果、中国国内には3社のOMM関連企業の存在が判明した。

・朝鮮未来海運公司深圳代表所（深圳ミラエ社）
・香港ミラエ社
・遠洋海運管理有限公司（OMM大連代表所）

香港ミラエ社と深圳ミラエ社は事実上、同一の企業であることがすでにわかっている。ともに、平壌にある「朝鮮未来海運公司」を本社としている。ミラエ・グループは、OMM傘下の海外代表所と連携して、OMM船の運航を支援していた。

情報によると、中国国内では深圳ミラエ社が最重要拠点のようだった。ここに北朝鮮人が集結しているという。「ミスター・リー」という本名不詳の北朝鮮人が仕切っているらしい。中国の企業登記簿を見ると「リ・スンイル」という人物が、深圳ミラエ社の「首席代表」とあった。捜査を進める過程で、深圳ミラエ社は「香港ミラエ社深圳支部」と自称し、活動していたことはわかったが、その実体は杳《よう》として知れない。

一方、香港ミラエ社は、複数のOMM貨物船のパナマ運河通行を手配していた会社である。自らも大型貨物船「グレート・ホープ号」を所有・運航している。外国船に偽装した船で、OMM貨物船団の中でも、おそらく最大級だろう。

香港ミラエ社は、専門家パネルが２０１４年7月と9月の2度にわたって送った公式書簡に対して、9月末にようやく以下のとおり返信してきた。

・香港ミラエ社は、「グレート・ホープ号」でＯＭＭ船員を雇っている。ＯＭＭとの関係はそれだけである。ＯＭＭの海外代表所については知らない。
・ＯＭＭとの関係を２０１４年末までに断つ予定である。
・深圳ミラエ社と香港ミラエ社は、別々の会社であって、関連企業ではない。

明らかに偽証である。

香港ミラエ社はマレーシアにも代理人を配していた。それが、北朝鮮人の「パク・インス」である。専門家パネルの捜査で、パクは、マレーシア国内の貿易会社の社員として、ＯＭＭの貨物船の寄港手配を行っていたことがわかった。

その後、専門家パネルは数度にわたって公式に照会したが、香港ミラエ社からの返信は、これ以降なくなった。

14もの香港企業を切り回す日本人

香港ミラエ社の代表・衛宮準人は、日本国内で北朝鮮船舶関連の業務を長年にわたり行ってきていたようだ。

現時点で衛宮は「株式会社近洋海運」の代表取締役を務めているが、２００３年3月にはオーシャン社の取締役として登録されていた。両社は私が内偵した新橋のビルの同じ部屋に入居していた。

近洋海運とオーシャン社の登記簿を見ると、これまでに都合15名の人物が取締役に就任していた。両社の取締役を経験している人物が多い。

香港の企業登記データベースを調べると、衛宮は少なくとも14の香港企業の所有・経営に関わってきた。一人でこれだけのフロント企業を回してきたとは、驚きである。

この企業集団を通じて、衛宮は少なくとも8隻の北朝鮮関連船舶を所有していた。船舶の中には、アフリカや中東各地を頻繁に往来していた貨物船もある。「グローリー・モーニング号」は、シリア、エジプト、タイ、中国、マレーシアなど、北朝鮮の非合法ネットワークが存在する国に寄港していた。「マ・シク・リョン号」も、ブラジル、アンゴラ、ナイジェリアなどを訪れている。さらに、爆発物などの危険物を積み下ろしする専用バースに寄港していた貨物船も存在した。これら船舶の寄港先から当時の「乗組員リスト」を取り寄せると、いずれも北朝鮮人が雇われていたとわかった。

衛宮は香港を起点に、北朝鮮のためにかなり大がかりな海運事業を展開していたとみられる。衛宮の香港企業の設立・経営には、日本や中国などに居住する北朝鮮関係者が関わっていた。そして、彼の海運ネットワークは、国連が定めた制裁への違反が疑われる複数の海運会社ともつながっている。

例えば、「グランテックス・シッピング社」。香港での登記によると、当初、グランテックス社の所有・経営には、衛宮以外に、ソウル在住の韓国人と在日韓国人も関わっていた。この在日韓

衛宮準人が香港で登記した企業(2014年7月時点)

1	Allied Ocean Shipping Limited
2	East Grand Shipping Limited (Hong Kong)
3	First Trend Shipping Limited (aka. First Shipping Limited)
4	Glory Shipping (H.K.) Limited (aka. Glory Shipping Ltd.)
5	Gold Zone Shipping Limited
6	Grandtex Shipping Company Limited
7	Join Shine Limited (Hong Kong)
8	Mirae Shipping (H.K.) Co., Limited (Hong Kong)
9	New Champ Shipping
10	Profit Country Limited (Hong Kong)
11	Rich Step Shipping
12	Sunrise International (HK) Trade Company Limited ※Star Keen Trading Limitedから改名
13	Sunrise (HK) International Corp Limited ※深圳に「深圳市東方日昇科技有限公司 (Shenzhen East Sunrise Technology Ltd.)」という関連会社あり
14	V.O. Shipping Limited ※衛宮準人の息子が所有者・責任者として登記されている

上記企業が所有・運航する北朝鮮関連船舶(2014年7月時点)

1	Fertility 5号
2	Fertility 9号(運航者:East Grand Shipping Co., Ltd.)
3	Glory Morning号(運航者:Hua Heng Shipping Limited/フアヘン社)
4	Glory Ocean号(同上)
5	Great Hope号(同上)
6	Ma Sik Ryong号(同上)
7	Ocean Dawning号 (運航者:Shenghao Marine (Hong Kong) Co., Ltd./シェンハオ社)
8	Ocean Galaxy号(同上)

国人は、1999年5月に経営破綻した「朝銀東京信用組合（朝銀東京）」の前理事長で、業務上横領罪容疑で逮捕され、2002年に有罪判決を受けた人物である。

グランテックス社は、北朝鮮籍の貨物船「サイ・ナル3号」の所有者として登録されている。北朝鮮船籍で、専門家パネルがかねてから動向を監視していた貨物船だ。

また同社は、香港企業「シー・スター・シップ社」を自社の連絡先としていた。貨物船「ヴィクトリー3号」の運航者だ。この船の以前の名は「ライト号」。2011年に北朝鮮からミャンマーへ大量破壊兵器関連物資を運ぼうとした疑いで米海軍艦艇に追尾され、航海途中でミャンマー行きを断念した貨物船である。シー・スター・シップ社の香港の企業登記簿には、同社の株主兼経営者として、「范民田」「呂鉄和」「董長青」の3名の中国人の氏名が記載されている。密輸への関与が濃厚な企業とグランテックス社は密接な関係にあったのだ。

グランテックス社の、国際海事機関（IMO）への船舶企業登録手続きを代行したのは、中国の「アオヤン・インターナショナル」という企業である。

同社は、貨物船「グランド・カロ号」の「グループ受益権所有者」、すなわち実質的な船舶の所有者としてIMOに登録されている。グランド・カロ号はアメリカ政府がOMM船としてマークしている船舶で、北朝鮮に何度も寄港歴があるため、専門家パネルもずっとマークしていた。2016年3月に採択された安保理決議2270号でOMM貨物船として制裁対象に指定された31隻のうちの1隻である。

このように、衛宮のネットワークを分析すると、北朝鮮の他の非合法活動ネットワークとの密接な関係が見えてくる。

彼が所有する貨物船には、主に次の3社の中国企業がかかわっている。「アオヤン・インターナショナル社」「シェンハオ・マリーン社」「ファヘン・シッピング社」――いずれも北朝鮮の海運業との関係が深く、複数の企業を通じて貨物船を運航または所有していた。

アオヤン社のネットワーク

「アオヤン社」のネットワークには、少なくとも19の関連企業と16隻の貨物船が確認できた。いずれも北朝鮮との関係が深い。

例えば、貨物船「リアン・メン9号」。アオヤン社は、この船の「グループ受益権所有者」として登録されているのは「大連青松船務代理有限公司」。２０１１年の8月に、中国から北朝鮮へ大型特殊車両ＷＳ５１２００を4台輸送した「ハーモニー・ウィッシュ号」の運航会社だ。この特殊車両は、北朝鮮で弾道ミサイルの移動式発射台に転用されたと見られる。やはり疑惑企業は思わぬところでつながっていたのだ。

アオヤン社の関係企業を調べていると、奇妙なことに気づかされた。貨物船「グランド・カロ号」の所有者として、香港企業「ユアンヤオ・シッピング社」がＩＭＯに登録されている。２０１４年9月に香港で登記されたばかりの企業で、登記簿を見ると、「創設要員」と「責任者」として、一人の日本人の名前が記されていた。連絡先は大連市内の住所だった。

またしても日本人である。だが、この人物の正体は、結局つかめなかった。

シェンハオ社のネットワーク

衛宮の香港企業2社が所有する貨物船「オーシャン・ドーニング号」と「オーシャン・ギャラクシー号」の運航事業者は、香港企業「シェンハオ社」である。こちらも、北朝鮮との緊密なつながりから、かねてより警戒していた船舶会社だ。

シェンハオ社のネットワークには、10社の関連企業と8隻の貨物船が確認できた。うち少なくとも5隻は、OMMとの関係が疑われている。例えば、「エバー・ブライト88号」と「オリオンスター号」である。アメリカ政府が、OMM船としてマークしている船だった。

また、シェンハオ社は「ブルー・ノーベル号」を2014年4月、英領バージン諸島で登記されている「ペトレル社」という企業に無償で譲渡している。「ペトレル社」は、OMMのバンコクにあるフロント企業の代表者「リ・ピョング」が、ビザ申請の際に自らの所属先としてタイ政府に申告していた企業だ。

「キン・シャン1号」の運航管理責任者は、「シー・スター・シップ社」。貨物船「ヴィクトリー3号」の運航者である。先にも記したように「ヴィクトリー3号」の前の船名は、大量破壊兵器関連物資輸送の〝容疑者〟、「ライト号」だ。衛宮のグランテックス社と同様、シェンハオ社もこの企業とつながっている。

登記簿には、シェンハオ社の所有者・責任者として、3人の中国人の名が記されている。

・王潤寶（Wang Run Bao）
・張敬（Zhang Jing）

アオヤン社の関連企業・取引先企業（2015年12月時点）

1	Affinity International Company Limited
2	Aoyang Marine Company Limited
3	Aqua Light Shipping Ltd.
4	Company Kit Secretarial Services Limited
5	Dalian Haoheng Shipping Co., Ltd.
6	Dalian Jinteng Shipping Co., Ltd.（大連金騰航運有限公司）
7	East Bright International Shipping
8	East Grand Shipping Co., Ltd.
9	E&S Shipping（Dalian）Co., Ltd.
10	Karo Holding Ltd.
11	Liberty Shipping Company Limited
12	Nice Field International Limited
13	Power Victory（HK）Ltd.
14	Wealthy International Ltd.
15	Wenling Chang An Shpg Co., Ltd.
16	Union Link International（HK）Limited
17	Unison Shipping Co., Ltd.
18	Yuanyao Shipping Ltd.
19	江蘇澳洋紡織実業有限公司

アオヤン社関連の船舶（2015年12月時点）

1	Ao Yang Fen Jin
2	Aoyang 16
3	Dolphin 26
4	Fortress 7
5	Grand Hope
6	Grand Karo
7	Jin Bai Hai 3
8	Karo Bright
9	Lian Meng 9
10	Ming Da Hai 2
11	Mi Rim 2
12	New Fun Shun
13	Ocean Hope
14	Xiang Jin
15	Zhong Lian 3
16	Zhi Hui

・張橋（Zhang Qiao）

3名の中でも、張橋の動きが目を引く。最近、いくつかのOMM船舶が外国船への偽装をあきらめて、船籍を北朝鮮へと変更している。その際、張の会社が仲介して北朝鮮へ売却する形態をとっていたのだ。

ファヘン社のネットワーク

衛宮にとって最も重要なパートナーは、香港企業「ファヘン社」に違いない。ファヘン社は、衛宮の貨物船のほとんどについて、運航責任者を務めていた。

香港での登記に、その責任者は中国人の「李安山」とある。李が設立した企業は、香港、パナマ、英領バージン諸島などに少なくとも7社は確認できた。この企業群は、12隻の貨物船の運航にかかわっている。いずれも北朝鮮に頻繁に寄港しており、北朝鮮人乗組員を雇う船ばかりだった。一人でこれだけのネットワークを管理する李は、OMMにとって貴重な戦力に違いない。

また、リ・ピョングの所属先とされる、英領バージン諸島の「ペトレル社」も、李安山の企業であることがわかった。同社の登記簿に彼の名前が書いてある。収集した情報によると、李は衛宮の下でOMMの海運に関する実務をこなしていたという。海運ビジネスの様々なノウハウを習得したことだろう。李の取引相手には他にも、シンガポールの「セナト社」など、多くのOMM関連企業が含まれている。

ファヘン社はパナマにも支社がある。韓国人と在日韓国人が経営者となっていた海運会社グラ

シェンハオ社の関連企業·取引先企業（2015年12月時点）

1	Baili Shipping and Trading Limited
2	Bene Star Shipping & Trading Ltd.
3	Cameron Trade（Hong Kong）Co., Ltd.
4	Haofeng Shipping and Trading Limited（浩豊船舶貿易有限公司）
5	Kunjari International Shipping
6	Shenghao Marine（Hong Kong）Co., Ltd.
7	Shenghao Shipping Limited
8	Shenghao Shipping and Trading Co., Ltd.
9	Si Wan Fung Holding
10	World Union International Consultants Limited

シェンハオ社関連の船舶（2015年12月時点）

1	Blue Nouvelle
2	Chong Song Chon
3	Ever Bright 88
4	Kun Ja Ri
5	Ocean Galaxy
6	Ocean Dawning
7	Orion Star
8	Qin Shan 1

ンテックス社が、自社の連絡先としていた香港企業シー・スター・シップ社の代表者である3名の中国人（范民田、呂鉄和、董長青）が、そのままファヘン社のパナマ支社の代表者として登録されている。

一見すると複雑な企業ネットワークに見えるが、整理してみれば、意外と単純な構図である。香港ミラエ社、アオヤン社、シェンハオ社、ファヘン社、シー・スター・シップ社。制裁違反の濃厚な容疑がかかる企業集団を仕切っているのは、ときには重複する限られた人間なのだった。

ネットワークの起点は日本

我々が把握できたOMMネットワークの概要は以下のとおり。

・北朝鮮国内の関係企業　52社
・北朝鮮人スタッフ　119名（船員を除く）
・海外の関係企業　187社
・外国人協力者　40名

もちろん、これですべてというわけではなかろう。だが、彼らを監視し続ければ、OMMが制裁を逃れる手口がわかるはずだ。

関係する企業の数は多い。だが、ネットワークの結節点《ノード》を司るのは、ひと握りの集団でしかない。そして、このネットワークの起点は、日本にあるのだ。

フアヘン社の関連企業・取引先企業（2015年12月時点）

1	CM Chartering Ltd.
2	Everfaith Trade Ltd.
3	Gold Hope Marine Co., Ltd.
4	Green Prosperous Shipping Co.
5	Liaoning Foreign Trade Foodstuffs Shipping Co., Ltd.
6	Petrel Shipping
7	Rayluck Marine Co., Ltd.

フアヘン社関連の船舶（2015年12月時点）

1	Blue Nouvelle（後にChonbong, Greenlightと改名）
2	Chon Un 68
3	Dawnlight
4	Glory Morning
5	Glory Ocean
6	Benevolence 2（後にSortidaと改名）
7	Great Hope
8	Ma Sik Ryong
9	Petrel 1（後にThae Phyong Sanと改名）
10	Shun Xing
11	South Hill 2
12	South Hill 5

シー・スター・シップ社の関連企業と船舶（2015年12月時点）

1	Dalian Sea Glory Shipping Co., Ltd.
2	V-Star Ships Limited
3	Sea Star Shipping Trading Co., Ltd.
4	Luck Sea号（貨物船）

長年にわたり、日本は北朝鮮の海運業にとって重要な活動拠点だった。OMMも、日本国内の北朝鮮関連企業を通じて船舶を動かしていた。しかし、2006年の国連による初の北朝鮮制裁決議以降、日本の度重なる制裁強化につれ、OMM関係者は拠点を中国へ移していった。それが香港と深圳のミラエ社であり、大連の代表所である。

彼らは中国人のビジネスパートナーを確保したうえで、「フロント企業1社＝貨物船1隻」という組織戦略を確立した。そのために、フロント企業ネットワークを香港、英領バージン諸島などへと拡張していったのである。やがて海運業に手慣れてきた中国人パートナーは、自らも手広くフロント企業を立ち上げ、世界を股にかけて、合法・非合法を問わず、北朝鮮関連の貨物船に関わるビジネスを手掛けるようになったのだ。

一方、OMM直轄の北朝鮮船団は壊滅の一途を辿っている。生き残るためには、外国船偽装船団によりいっそう依存せざるを得ない。

偽装船には、船舶検査を実施したうえで、OMMとの関係を示す証拠が出てきたら取り締まるよう、専門家パネルから関係諸国に伝達した。

崩壊の痕跡

2015年7月、いつものように国際海事機関（IMO）のデータベースを確認していたところ、香港ミラエ社の「グレート・ホープ号」の情報が更新されていた。なんと、「廃船（2015年4月18日付）」とあるではないか。

表向き、香港ミラエ社の所有とされているが、実際はOMMが所有する最大の貨物船だ。彼らは大きな外貨収入源を失ったことになる。制裁のインパクトが確実に見て取れる。

ただし、なぜ廃船になったのか、その経緯は不明だった。

同じ月、海運分野担当の同僚からメールが送られてきた。リンクを開くと、南アフリカの企業「海事船舶販売社」のホームページにつながる。船の競売の広告だ。

「司法売却」

そこには2隻の貨物船の名前があった。

「グローリー・モーニング号」

「マ・シク・リョン号」

衛宮が所有する貨物船が南アフリカで競売にかけられている。やはり制裁が何らかの形で影響を及ぼしていることは間違いないが、果たして何が起きているのか。

9月16日、再び送られてきたメールのリンクを開くと、今度はバングラデシュ最高裁判所のホームページにつながった。船の差し押さえに関する海事裁判の告示だ。そこにも2隻の貨物船の名前がある。

「オーシャン・ギャラクシー号」

「オーシャン・ドーニング号」

この2隻も衛宮が香港企業を通じて所有する貨物船だ。

これで衛宮は、今年になって所有する8隻のうち5隻を失うことになる。しかも、衛宮の香港企業の登記情報を確認したところ、今年になってから情報が更新されていなかった。

衛宮は事実上、廃業に向かっているのではないか。

南アフリカとバングラデシュに何度も照会をしてみたが、返事は一向に来ない。

ただ、思い当たることはある。アメリカ政府は我々の捜査情報をもとに、世界各地で動いている。相次ぐ出来事の裏には、彼らの働きがあるとしか思えなかった。


ＯＭＭの大連代表所と深圳ミラエ社でも動きがあった。

ＯＭＭの大連代表所については、すでに中国政府からわずかながらも情報が提供されていた。チョンチョンガン号事件の後、２０１４年１月に専門家パネルが中国政府にＯＭＭの大連代表所について照会したところ、翌年２月、珍しく情報がもたらされたのである。

このとき中国政府は大連代表所の存在を認め、住所と代表者「ジン・チャング」の名前を伝えてきてくれた。大連代表所とＯＭＭ本社との間のやり取りに関する情報は特に見つかっていない、とのことだったが、専門家パネルからの照会に対して、意味ある回答を返すことがほとんどなかった中国政府が、我々が知らなかった情報を初めて伝えてきたのだ。北朝鮮に対する中国政府の姿勢の微妙な変化が感じられた。

これ以降、ＯＭＭの大連代表所に関する動向は、公開情報では見当たらなくなった。

２０１５年11月のある日、オンライン上に、深圳市の「行政処罰案件情報公示表」を見つけた。同年１月付で、深圳ミラエ社に行政処罰を科していたことが報告されている。処罰理由は、「２０１２－２０１３年度の年次報告書が未提出のため」とある。

中国の企業登記データベースには、深圳ミラエ社に対する処分内容が記載されていた。

「もはや経営活動に従事してはならない」

前年7月にOMMが国連によって制裁の対象に指定されたことを受けて、中国当局も処罰を下していたようだ。たまには中国政府を誉めたいものだが、詳細について問い合わせても、返事は来なかった。

破綻への軌跡

衛宮の貨物船について、香港の登記簿を改めて調べてみると、購入時の借入や抵当権の設定などに以下の企業が登場していた。

・ニューマックス社（英領バージン諸島登記）
・シェンハオ社（香港登記）
・ビファースト社（英領バージン諸島登記）
・K&Hシッピング社（香港登記）

例えば、「ニューマックス社」は、2012年4月に衛宮の「リッチ・ステップ社」と「ニュー・チャンプ社」の2社に対して、貨物船「オーシャン・ドーニング号」の購入資金として、500万米ドル（約5億1000万円＝当時）を貸し付けている。

ニューマックス社は、衛宮が所有する他の香港企業や、衛宮が所有する貨物船2隻の運航事業者である「シェンハオ社」にも貸し付けを行っていることが判明した。所有船の廃船に関連して、2015年4月から5月にかけ、ニューマックス社が彼の企業6社から社債を発行されている。

このニューマックス社についても調べてみたが、有益な情報は得られなかった。

「ビファースト社」と「K&Hシッピング社（K&H社）」も、衛宮の貨物船団に船舶を提供していたことがわかった。2社が購入した貨物船を、衛宮が用船契約のもとに管理し、ビファースト社とK&H社に支払い義務を負っているようだ。

ビファースト社とK&H社の登記情報によると、2社の代表者は、同一人物だ。日本在住の韓国籍保有者で、かつて「オーシャン社」の取締役を務めていた人物だった。衛宮の古いパートナーである。衛宮が廃業に向かっているならば、この人物に対する支払いは滞るはずだ。

果たして、この読みは当たった。

2015年11月、オンライン上で中国の海事法院の裁判記録を見つけた。

2014年8月1日と8日、中国の武漢海事法院に対して、「ビファースト社」が2隻の貨物船の差し押さえを申し立てていた。貨物船の所有者がビファースト社に支払うべき金を支払わなくなったためであり、2隻はその担保とされていた。続いて、9月17日にも、ビファースト社は青島海事法院に対して、もう一隻の貨物船の差し押さえを申し立てている。

差し押さえられることになった3隻の貨物船は、カンボジア船籍の貨物船「グレート・ホープ号」に、キリバス船籍の「ロング・リバー号」および「ベネヴォレンス2号」。ビファースト社によれば、いずれも香港ミラエ社の貨物船だという。しかし、国際海事機関（IMO）への登録では2隻のキリバス船籍船は、香港企業のファアヘン社が所有者とされていた。つまり、ファアヘン社は香港ミラエ社のフロント企業の役割を果たしていたわけだ。

一連の差し押さえ問題が起こったのは、２０１４年7月にＯＭＭが国連によって制裁対象に指定されてほどないころだ。香港ミラエ社が専門家パネルの捜査線上に浮上してきたのは、２０１3年7月のチョンチョンガン号事件の直後だった。つまり、捜査が始まって1年ほどで、香港ミラエ社はビファースト社に対して返済ができなくなってしまったことになる。

それにしても急すぎる。もしかしたら、アメリカの金融規制に引っかかったのかもしれない。専門家パネルの捜査よりもはるかに速いスピードで、アメリカが裏で動いていたとしか考えられなかった。

様々な関係者に当たった結果、この差し押さえ問題の意外な全容が見えてきた。

貨物船を差し押さえた後、ビファースト社は反撃を受けていたのである。

ビファースト社が香港ミラエ社の貨物船3隻を中国で差し押さえてから、今度は突然、北朝鮮の港湾監督当局が、北朝鮮に寄港中のビファースト社の貨物船5隻を差し押さえたのだ。言いがかりとしか思えない「脱税」が、その理由だった。

ＯＭＭ傘下の香港ミラエ社とビファースト社との間の差し押さえ合戦は、一時的に膠着状態に陥った。そこへ意外な人物が登場する。ある日、交渉の席に現れたのは、ＯＭＭの代表者だった。北朝鮮の陸海運省高官のキム・ユウイル。ＯＭＭのフロント企業「チンポ社」に２０１４年2月まで勤めながら、ＯＭＭのシンガポールにおける代表を務めていた人物だ。彼は本国で行政組織の高官にまで昇進していたのである。

その後の交渉は、ＯＭＭ側の圧倒的な優勢で進んでいったようだ。

同年（２０１４年）12月、紛争解決のための合意が成立した際には、ビファースト社は、香港ミラエ社に対する債権をすべて放棄させられた。そのうえ、北朝鮮に差し押さえられていた貨物船のうち1隻を事実上取り上げられてしまったのだ。そうして、ようやく残りの貨物船を相互に解放することで決着を見たのである。

長年、香港ミラエ社と組んで仕事をしてきたビファースト社ですら、ＯＭＭの強引な手法の被害者に転じてしまったわけだ。損失はばかにならなかったろう。

ＯＭＭは中国で差し押さえられた、自社の最大級の貨物船「グレート・ホープ号」を大切にしていたはずだ。にもかかわらず、衛宮はこれを融資の担保に差し出していたようである。衛宮とＯＭＭの関係に大きなヒビが入ったとの情報もあった。

本来、グレート・ホープ号は、衛宮が代表を務める香港ミラエ社に返還されるのが筋だが、結局そうはならずに、香港企業のファヘン社に譲渡された。安保理決議に従えば、ＯＭＭのあらゆる資産は凍結されなければならない。ＯＭＭが実効支配する貨物船（資産）を中国から北朝鮮へ移し、ファヘン社が引き取った行為は、制裁違反行為である。移動を指示した北朝鮮高官のキム・ユウイル、実務を担った衛宮とファヘン社の李安山は、全員が違反に加担したということだ。

衛宮は活動をやめたようだが、李は相変わらず活発に動いている。我々専門家パネルは制裁違反の確定について、日本を含む安保理メンバー国に報告した。

衛宮には、制裁違反の汚名のみが残ることになった。

直撃

２０１５年3月13日、衛宮と「株式会社オーシャン社」の代表取締役を探して、私は横浜市にいた。東急東横線のとある駅を出る。道に迷いながら、目当ての住所を探すことおよそ10分。しゃれた一戸建ての住宅が見つかった。

家の前には車が2台停めてある。２階のベランダには、洗濯物が揺れていた。右側の短い階段を上ると表札がある。「衛宮」。見ると、２階の小窓が少しだけ開いていた。

玄関の門柱にあるドアホンを押す。中で鳴り響くのがわかる。応答はない。もう一度、押してみる。しばらく待っても、やはり応答はなかった。

振り返ると、はす向かいに黒いカバンを肩から下げた男性の姿がある。目が合うと、そそくさと立ち去っていった。専門家パネルが年次報告書に彼の名前を載せたことで、報道関係者がここに押しかけていたようだ。今、他のＯＭＭ関係者は、すべての責任を彼になすりつけている。

「私は衛宮さんと仕事をしていただけで、まさか彼がＯＭＭと関係があるなんてまったく知りませんでした」

彼が専門家パネルの捜査に協力しなければ、我々は彼を追い詰めざるをえない。国連の立場を超えて、一人の同じ日本人として彼とぜひ話がしたかったのだ。これから何が起こるか。それを防ぐために、彼ができることは何か。一度でいいから話を聞いてもらいたい。だが、その思いは叶わなかった。

その足で移動する。京浜急行本線のある駅で下車する。しばらく歩いていくと、左手に運動場が見えてきた。さらに進むと、横長の白い２階建ての建物が見えた。目当ての住所はここだ。１

階と2階の左半分は、賃貸にしているようだ。右側が大家の自宅らしい。

株式会社オーシャン社の代表者は、まだここにいるのだろうか。

「近洋海運」とともに、新橋駅前のビルから撤退した後、オーシャン社は行方不明となっていた。この日に先立って、私はオフィスの移転先とされる住所を訪問していた。京浜急行本線の駅から徒歩8分ほどのところに、目指す建物があった。8世帯の小さな2階建ての賃貸アパート。その1階の角の部屋のはずだが、表札はない。人気もない。郵便受けにはチラシがたまっている。果たして、事務所として機能しているようにはとても思えなかった——。

そこで今日は、同じ駅の反対側にあるはずの彼の自宅を訪ねてみたわけだ。しかし、ここもやはり表札はなかった。

（大家に聞いてみるか）

玄関に回ってベルを鳴らしてみる。応答はなかった。再度鳴らしてみるが、やはり応答はない。不在のようだ。

（諦めるしかないか）

夕暮れのなか、駅に向かって道を戻り始めた。100メートルほど進んだところで、何気なしに振り返ってみる。そのとき、大家宅の2階の窓のカーテンがスッと閉じるのが見えた。

変身

その年（2015年）の12月24日、クリスマスイブの午前6時。ようやく、香港企業「シー・スター・シップ社」の3名に宛てて公式書簡を送ることができた。この香港企業は、2011年に北朝鮮からミャンマーへ大量破壊兵器関連物資を密輸しようとした貨物船の運航会社の、連絡先となっていた企業である。

連日の徹夜作業も、さすがにここまでくると殺人的である。左側頭部の頭痛がひどい。首から左腕にかけての神経痛も生半《なまなか》ではなくなってきた。あまりに痛みがひどくて、なかなか眠れない。寝不足のためさらに痛みが悪化していく、という悪循環だった。

彼らから返信が来るとしても、年明けになるだろう。

（少し休みたい）

北朝鮮のミサイル開発に加担したと見られる台湾の「ロイヤル社」の、捜査情報の整理にとりかかったときである。いきなり電話が鳴り響いた。頭痛をこらえながら受話器を取る。

「はい、こちらは古川です」

「ハロー、ミスター・フルカワ！　ハン・ミンタンです！」

相手は中国人だ。興奮して英語を話しているが、よくわからない。

「……シー・スター・シップ……!!」

かろうじて単語を拾えた。公式書簡を送った相手、シー・スター・シップ社の代表・范民田だ。辛抱強く言葉を拾うと、彼は「誤解がある」と話しているようだ。あまりに彼の英語がわからないので、「中国語で結構ですから、メールか手紙でご返事いただけますか？」と伝える。

その言葉を、彼は理解できたようだった。電話を切って2時間後、中国語で箇条書きのメールが送られてきた。

・シー・スター・シップ社は２０１４年に所有者が変わりました。私と董長青はもう関わっていません。
・私たち３名、范民田、董長青、呂鉄和は２０１４年にすでに別れました。それぞれ、新しい仕事を始めています。
・ファヘン社に対して、私たちは船舶の登録と検査のコンサルティングの手伝いをしているだけです。
・（ミャンマー向けに大量破壊兵器関連貨物を運んでいたとされる）「ヴィクトリー３号」については、私たちは国際安全管理コードに基づくサービスを提供していただけです。この貨物船のビジネスには関わっていません。

最後には「ご不明な点があれば、いつでも連絡してください。メリークリスマス！」と書いてある。読み終えてため息がでた。彼らは「国際安全管理コード」を理解せずに、この言葉を使用している。一方的な説明だけで、何も証拠や記録は示していない。しかも、こちらが証拠文書を提示して詳細な質問をしているのに、それにはほとんど答えていない。

あまりのいい加減さに、まともに対応する気分も萎えてきた。

（まてよ——）

彼らは「新しい仕事」を始めたといっている。すでに新しいフロント企業群を立ち上げたということか。彼らが関わる企業と貨物船を、継続的に監視する必要がありそうだ。関係国の政府に警告しておかなければならない。

決　着

２０１６年1月1日午前4時半。気がつくと、いつの間にか国連のオフィスの中で新年を迎えていた。さきほど「フアヘン社」の責任者「李安山」へ３通目の公式書簡を送ったばかりである。私にとっては2週間後の1月15日に安保理に提出する年次報告書が最後の報告書となる。専門家パネル委員の任期は最長で5年。私の場合、専門家パネルの次の任期が２０１６年4月に始まっても、任期途中の10月までしか所属できない。捜査の結果判明した事実を今回の報告書にできる限り記しておかねばならない。しかし、報告書提出の締切まで時間が残されていなかった。

専門家パネルが収集したあらゆる情報は、李が国連制裁の違反者であることを示している。

２０１５年12月、私が2通目の公式書簡で李を問い詰めると、彼は返信で次のように反論してきたのだ。

・衛宮準人とは２０１１年6月から２０１５年6月の間、いっしょに仕事をしたが、彼がＯＭＭと関係を有していたことは知らなかった。それ以降、衛宮とは連絡が取れなくなった。
・ＯＭＭバンコクのリ・ピョングが、自らの所属先を私のペトレル社としていたことについて、私はそもそも彼を知らないし、そのようなことを誰にも許可したことはない。
・私たちはＯＭＭとは何の関係もない。ＯＭＭの制裁回避を手伝ったことなどない。

衛宮にすべての責任を負わせて、自分は何も知らなかったの一点張りである。

衛宮にも何度か公式書簡を送ったが、返信はない。彼が沈黙を守るなか、李の証言を覆すのは容易ではなかった。

約1年前の2015年1月、私は李に対して初めて公式に照会した。そのとき李は、「香港ミラエ社とは何の関係もない」とシラを切っていた。ところが2通目の公式書簡で、李と香港ミラエ社との関係を示す証拠書類を突きつけると説明が一変したのだ。

さらに、李が運航管理をしていた衛宮の貨物船には、OMM船員が紛れ込んでいた。この点について追及すると、李はこう言い訳した。

「自分は衛宮さんの船舶に対して、『国際安全管理コード』に基づくサービスを供与していただけで、船員については衛宮さんの責任です。私たちは知りません」

専門家パネルが入手した証拠文書には、李のファアヘン社こそが船員の雇用や訓練の責任を負っていたと明記されている。そもそも、「国際安全管理コード」によれば、運航者、つまりファアヘン社がこの責任を負うことになっている。

李安山とOMMバンコクのリ・ピョングにも、間違いなく接点がある。我々が収集した情報には、OMMバンコクのリ・ピョングが管理し、2015年にメキシコ政府に資産凍結された「ムドゥボン号」に関する連絡先一覧が含まれていた。そこにあるメールアドレスこそ、李が1年前に私との通信の際に使用していたものだったのだ。

このことを問うと李は、「あなたとやりとりしたのは自分ではなかった」と言い張り、衛宮との通信記録の提出要求には、「もうない」と返す。結局、李は何一つ、自らの言い分を証明するための資料を提出しなかった。いや、提出できなかった、と言うべきか。

3通目の公式書簡を送ってから5日後の1月6日、李から返事がきた。これまでと何ら変わらぬ言い訳を繰り返しているに過ぎない。そして、最後にこう付け加えてあった。

「私たちはスパイ機関ではありません。船舶の規則と慣行に従って、小さなビジネスをしているだけです」

ある意味、悲鳴のようにも受け取れる言葉だった。

李とやり取りしていて気づいたことがある。質問すると、ちゃんと返答がある。膨大な資料も添えてくる。しかし、国際的な規則や法律についてまるで理解できていない。「国際安全管理」の仕事をしているはずなのに、その「規則」についてはよく理解できていない。

必死でその場しのぎの説明をするが、矛盾ばかり。人をだます能力はない。この点は、台湾の「ロイヤル社」などとはまるで違う。要は、金になることなら何でもする。法律やルールなどよくわかっていなくてもお構いなし。中国には彼のような人間が、どれほどいるのだろう。

「アオヤン社」および「シェンハオ社」の張橋にも公式照会しているが、何も返信はなかった。本人たちが否定しない以上、専門家パネルとしては、入手した情報をもとに、彼らとOMMとの関係について安保理に報告するだけである。

我々が安保理に報告した2カ月後の2016年3月2日、安保理は決議2270号を採択した。国連による制裁対象に指定された31隻のOMM貨物船の中には以下の船舶が含まれていた。

2．チョンボン（グリーン・ライト）（ブルー・ノーベル）

4．ドーンライト

5. エバー・ブライト88
6. ゴールド・スター3（ベネヴォレンス2）
18. オリオンスター（リッチオーシャン）
28. タエピョンサン（ペトレル1）
30. グランド・カロ

いずれもファヘン社、アオヤン社、シェンハオ社が関係していた貨物船で、これらの船舶の国際的な運航は差し止められる。だが、彼らの貨物船は他にも多数存在する。

そして、香港ミラエ社は活動を停止したようだが、深圳ミラエ社とＯＭＭ大連にいた連中は、今頃どこで何をしているのだろう。けっして、これで終わりではないのだ。

ギリシャ人の「重要証言」

継続捜査の過程で、衛宮の「マ・シク・リョン号」の資料をついに手に入れた。２０１４年７月の情報だ。書類の束を読み進めると、目を引かれる文書があった。

「マ・シク・リョン号の詳細」というタイトルのもと、以下の情報が載っていた。

所有者：ファースト・トレンド・シッピング社
用船者：ネットワーク社
管理者：ファヘン・シッピング社

「ファースト・トレンド・シッピング・リミテッド」は衛宮の香港の会社だった。そして「用船者」は、一見シロに見えたあのギリシャの企業ではないか。少なくともこのときまで、衛宮やファヘン社とも取引をしていたのだ。

（今はＯＭＭとの取引はない、と言っていたはずだが）

この貨物船の乗組員は全員北朝鮮人である。ネットワーク社は、北朝鮮とかなり深い関係にあるのではないか。

さらにもう一つ別のソースからも情報が入ってきた。急いで確かめていく。

我々がＯＭＭとの関係を立証するために調査していた貨物船に、「サウス・ヒル5号」がある。運航者は香港のファヘン社だ。アメリカ政府は、すでにＯＭＭの貨物船と断定している。２０１６年３月に安保理がＯＭＭ貨物船として制裁対象に指定した31隻のうちの1隻だ。

２０１５年4月以降、この貨物船の所有者として、「エバーフェイス社」という企業が国際海事機関（ＩＭＯ）に登録されている。ファヘン社を連絡先としているが、香港にこの企業の登記はない。正体不明の会社だった。

この企業に関する情報が今、ようやく目の前にある。

「エバーフェイス社の委任状」と題する書類に、「代理人」として2名の名が記載されている。

一人は中国人。もう一人はギリシャ人で、ネットワーク社の代表者だった。改めて当人に公式照会したところ、以前と同様、詳細な説明内容の回答があった。

まず、「サウス・ヒル5号」についてはこう書いてある。

・自分は船舶売買のブローカーとして、貨物船の売買が確定した後、買主側の代理人としてかかわっただけ。
・新しい所有者は「エバーフェイス社」ということになっているが、これは表向きの話。「本当の買主」は別の企業で、エバーフェイス社はそのフロント企業。だが、自分は実体を知る立場にはない。
・当初、「本当の買主」は、香港ミラエ社を公式の「所有者」として指定していたが、後にエバーフェイス社に切り替えた経緯があった。

「本当の買主」はOMMのはずである。2014年12月の差し押さえ合戦決着を機に、香港ミラエ社を切り捨てて、フアヘン社の関係企業「エバーフェイス社」に切り替えたのだろう。

このギリシャ人代表者は、「船舶売買では、本当の売り手と買い手が表に出てこないのはよくあること」と言う。さらに、「自分は知る立場にない」とも言っている。海運業界の事情は知らないが、常識的には通用しない話だろう。

衛宮所有の「マ・シク・リョン号」については、こう述べている。

・自分は用船のブローカーであって、用船者ではない。専門家パネルが入手した書類の情報は正しくない。
・自分が仕事をしていた相手は、大連にある「マグノリア・シッピング社（マグノリア社）」の北朝鮮人「ソ・クワンチョル」。「マ・シク・リョン号」については、マグノリア社の仕事として請け負ってきた。
・マグノリア社は決してＯＭＭとは関係していない。
・「マ・シク・リョン号」の公式の所有者と運航者は、ミスター・エミヤの「ファースト・トレンド社」と、「ファアヘン社」だが、２社の取引相手はＯＭＭではなく、マグノリア社のはず。自分から2社に連絡を取ったことはない。

大連のマグノリア社は、初めて聞く名前だ。

このギリシャ人は、想像よりもはるかに深く北朝鮮の海運業界とつながっているようだ。にもかかわらず、ＯＭＭと香港ミラエ社、ファアヘン社との関係については知らなかったと言う。とても信じがたい話だ。

彼の書簡にはさらにこうあった。

・香港ミラエ社とは、２０１5年3月に「グレート・ホープ号」の廃船に向けた手続きを手伝ったことがあるだけで、衛宮との面識はない。
改めてそう断ったうえで、衛宮と「マ・シク・リョン号」との関係について、意外な情報を記していた。

・マグノリア社のソ・クワンチョルによると、「マ・シク・リョン号」の所有者は衛宮ではない。「本当の所有者」は、マグノリア社の顧客のはずだが、自分は知らない。

・衛宮は貨物船に出資していたのであって、貨物船の抵当権者のはず。聞いた話では、衛宮こそ、2015年5月に南アフリカで貨物船差し押さえをけしかけた人物だ。彼への返済が滞ったので、貨物船の差し押さえを申し立てたと聞く。

なんと、衛宮は貨物船を差し押さえられて競売にかけられたのではなく、差し押さえた張本人だというのだ。そして、こうも言う。

「もし衛宮が貨物船を所有していたというならば、実際に自分が一緒に仕事をしていたマグノリア社は、いったい何をしていたっていうんだい？」

頭が混乱してきた。衛宮は出資者側だったのか。この話が本当だとすると、香港ミラエ社を除く衛宮の他の香港企業も、ＯＭＭ以外の「本当の貨物船所有者」のためのフロント企業だった可能性がある。

マグノリア社のＩＭＯへの登録を見ると「北朝鮮企業」とあった。平壌の住所が記載されている。世界中の類似の名の海運会社を検索すると、香港、リベリア、シンガポール、パナマ、フィリピン、イラン、キプロス、ギリシャなど、多数出てくる。しかし、大連にはない。中国では正規に登記されていない企業なのかもしれない。

（マグノリア社か——）

誰が「マ・シク・リョン号」の「本当の所有者」なのか。

２０１６年1月末、私にとっての最後の年次報告書を安保理に提出した後になってようやく、「チンポ社」に関するシンガポールでの裁判資料が手に入った。１０００ページほどの証拠文書に充分、時間をかけて目を通していく。なじみのある企業名が多数、出ている。

当時、ＯＭＭの実質的なシンガポール代表所である同社に勤めていた「キム・ユウイル」の証言記録がある。彼は、「ＯＭＭウラジオストク代表者」は「ハン・ヨンキュ」と証言しているではないか。我々の追及に対して、ロシア政府が存在を否定していた人物だ。やはり彼らは嘘をついていた。チョンチョンガン号の船長がパナマ当局に話した、ハンのロシア国内の電話番号の使用者についても、ロシア政府は沈黙を保ったままである。

さらに読み進むと、聞きなれない名前が何度も出ているのに気づく。

「ペ・ナムウン」

初めて聞く名前だった。北朝鮮の海洋局の代表者だという。駐在先はパキスタンのカラチ。２０１２年に、彼個人の銀行口座から多額の送金を行っていた。送金目的は、貨物船「ラナム３号」のための取引だ。この貨物船は、２０１６年3月に採択された安保理決議２２７０号で「ＯＭＭ船舶」として制裁対象に指定されることになる。

同一人物が他のＯＭＭ船舶関連の取引の中にも頻繁に登場してくる。明らかに彼もＯＭＭ要員だ。しかし、パキスタンに関する情報はこれまでの捜査では見つからなかった。資料には、他にもベトナムやアラブ首長国連邦（ＵＡＥ）などの国で、ＯＭＭのパートナーと思われる企業名や個人名が、次々に出てきていた。

先日耳にした、情報機関からもたらされた情報を思い出した。ＯＭＭがタイで活動停止に追い込まれてから、拠点をベトナムに移したという。おそらく、目の前の資料に記載されているベトナム企業と関係があるのではないか。

その他にも、中国企業や北朝鮮の海運会社など、初めて見るＯＭＭの関連企業が並んでいる。

（なんてこった）

ふと、別の書類が目に留まる。

２０１２年１月のチンポ社の外国為替送金の記録だ。送金先は日本。振込先は法人名義の口座だった。この会社の代表者は、名前から判断するに、日本人のようだ。送金額は、１０００万円強である。

（誰だ、この人物は？）

さらに、もう数枚、別の書類が出てきた。２０１３年６月、チョンチョンガン号事件の前月に、シンガポールで活動するＯＭＭ要員「キム・ヒジェ」が、シンガポールの「トンヘ社」に送金を指示する通信記録だ。こちらも送金先は日本で、振込先の口座は個人名義だった。やはり日本人と思われるが、さきほどとは別人である。ＯＭＭがシンガポールから、日本国内の複数の口座に送金していたのだ。

いずれの人物も、これまでの捜査では浮上してきたことがない、初めて見る名前ばかりだ。

なんたることか。北朝鮮のシンジケートは、各方面でまだまだ〝健在〟ではないか。

それなのに今、私はオフィスを引き払うために片づけをしている最中だった。

パネル改革

２０１６年1月6日、北朝鮮が4回目の核実験を行った。これを受けて、安保理は新たな決議の採択に向け、協議を始めている。即刻、国連による制裁措置が強化拡充されるだろう。制裁の履行状況をモニタリングする体制の強化は、火急の課題だ。国連でその役割を担うのは専門家パネルしかない。

２０１４年以降、我々の年次報告書は、多くの国連加盟国の法執行活動に影響を与えてきた。我々は、制裁違反を犯した企業や個人を報告書の中で名指しする。それらが悪質な場合は、制裁対象指定を安保理に勧告する。この情報をふまえ、国連加盟国は独自の判断で制裁違反企業や個人に対して行政処分や処罰を科す。制裁違反を犯した企業や個人に対する単独制裁も、安保理決議に基づく加盟国の義務だからだ。

加盟国がより効果的に制裁を実施できるよう、専門家パネルはもっと効率的に働かねばならない。注意深く捜査を行い、明確に白黒をつけたうえで、安保理や国連加盟国に報告しなければならないのだ。

だが、このころすでにパネルの「専門家」の質が問題化していた。安保理には10以上の「専門家パネル」が存在する。ただし、いずれのパネルでもほんの数名の専門家が全体を引っ張っているというのが実情だ。

特に２０１５年以降、このような問題を受けて、私は国連事務局スタッフや一部の同僚とともに、我々の専門家パネルの改革を一歩ずつ進めていった。捜査活動における効率性を追求しながら、他方で、法的問題や政治的問題に巻き込まれるのを回避するために、「適正な手続き」を整備していった。

私がパネルに着任した頃は、中国、ロシア、アメリカなどに公式の照会をするのははばかられていたが、そのような自主規制は一切排除した。捜査の過程では、事件に関係したすべての国連加盟国、企業、個人に平等に照会するようにした。

当時は、証拠が不充分にもかかわらず、無理に「制裁違反者」との結論を導き出そうとする者もいたが、こうした姿勢もできるだけ排除した。あくまでも高い証拠能力を持つ情報を徹底的に集め、精査したうえで判断するように、専門家パネル内のコンセンサスを築き上げた。

また報告書で「制裁違反者」として名指しする相手に対しては、捜査結果に基づく我々の判断を事前に伝え、反論の機会を与えるようにした。

こうした努力もあって、２０１５年末までには、北朝鮮制裁委員会の専門家パネルは、「安保理の中のベストパネル」として、すべての安保理常任理事国から高い評価を受けるようになっていた。今や専門家パネルは年次報告書で、中国やロシアの企業が加担した事件についても率直に捜査結果を載せている。そのことに対しては、中ロですら、我々の活動を高く称賛するようになっていた。

それでも、ほんの一握りの人間がパネル全体をカバーしなければならない現実に変わりはない。専門家パネルに期待される役割が大きくなるにつれ、その限界は明らかだった。奸智《かんち》に長《た》けた相手を追いながら、誇張ではなく、もてる力の半分以上を内向きの諸事に使わざるを得なかったのである。

２０１６年1月15日、金曜日の深夜11時50分。パネルの同僚全員が会議室に集まっている。年次報告書の国連事務局への提出は、締切まで10分しかないのに、報告書はまだ完成していない。手直しする箇所が山積したままだ。

今、この部屋には、「プロ」と呼べる人間が３名しかいない。まともに仕事をする同僚があと一人でもいれば、北朝鮮の非合法ネットワークをあと二つは潰せていただろう。

前年（２０１５年）10月には、北朝鮮の武器密輸企業「青松連合」の中国ネットワークのカギを握るアンゴラへ出張して、政府当局者と協議を行うはずだった。ところが、出張の手配を担当する南米出身の国連事務局員による連絡不行き届きと、パネル内の調整役によるケアレスミスとが相まって、結局、出張をキャンセルせざるをえなくなっていた。重要な捜査活動が、実につまらぬことでお流れになるのだ。

結局、この日の夜、我々は報告書を提出できなかった。韓国人の同僚のヤンワンたちが編集作業を進めた後、私が引き継いで、週明け月曜日の午前3時過ぎまで徹夜で作業を続けた。

月曜日の寒くて暗い早朝、自宅へ戻る頃には、私の決意は固まっていた。

（私が去る前に、本当のプロを引き入れて、プロフェッショナル集団に再編しないと）

それから2月末までの1カ月半、私は国連事務局を説得して、北朝鮮制裁委員会専門家パネルの改革を強く働きかけた。

国連事務局は、金融制裁の実務の専門家や、北朝鮮の海運ネットワークの専門家など、３名のプロを雇うべく、人選まですませていた。残るは、問題児の解雇である。そのためには、安保理常任理事国の了承が必要だった。

しかし、ここで「待った！」をかけた国があった。イギリスである。イギリスとフランスは、専門家パネルの調整役など、安保理内の主要ポストを互いにすみ分けて独占している。だが、このところ不適格なイギリス人が目立つようになっていて、2年連続で調整役のポストからはずされていた。それゆえ国連事務局に対して怒りを募らせていた国連イギリス政府代表部の高官が、人事案に徹底的に反対したのである。国連事務局が、いかに優れたイギリス人を探してきても、イギリス政府が選んだ人材ではない以上、認めない。メッセージは明らかだった。

国連事務局は、でしゃばるな。

制裁の実効性というより、メンツの問題として受け止められていた。

2016年2月、私は国連事務局の高官と会見した。彼は、大きなため息をつきながら、声を絞り出すように話し始める。

「せっかく改善しようとしても、結局、こうなってしまうんだよな……」

私も無言にならざるを得ない。彼は、イギリス以外の安保理メンバー国の大使たちの支援を模索していたが、どこの国の大使もイギリスを説き伏せようとはしなかった。

彼から最後の質問を受ける。

「もう一度、聞く。今のままのメンバーになるけど、あと半年間、パネルに残るつもりはないか」

残念ながら、私はもう限界に達していた。

2016年4月5日、専門家パネルの今年度の任期終了と同時に、私は国連から退いた。他のメンバーは留任である。

私の知り合いに、国連でナンバー3のポストについた人物がいる。彼女はこう話していた。

「国連ではね、敵は意外なところからくるものよ。みんなロシアと中国ばかりが敵だと思っているけど、実は、こちらが『味方』と思っていた国が、一番の問題なのよね」

退任するこのときこそ、あの言葉の意味が、私にはよく理解できた。

人生でこれほど無力感にさいなまれたことは、ない。

日本から中国へ

2016年8月11日、カンボジア船籍の貨物船「ジェ・シュン号」が、スエズ運河に向けてエジプト領海内を航行している。貨物船は、北朝鮮の海州港を出発した後、マラッカ海峡を通過して、ここまで航行してきた。しかし貨物船は、航行中に自動船舶識別装置のスイッチをほとんど切っていたため、不審な行動が関係国から注視されていた。

貨物船が領海内に入ってから、エジプト当局は運河に入る手前で貨物船を止め、検査を行うことにした。当局が検査をはじめたところ、船倉から山のように積まれた鉱物が見つかる。ほどなくそれらは、北朝鮮からの輸出が禁止されている鉄鉱石の一種「褐鉄鉱」であることが明らかとなる。疑いようのない制裁違反である。

さらに、エジプト当局が鉄鉱石を積み下ろしていくと、その下には、大量の木箱が隠されていた。79個もの木箱の中に、大量のRPG－7（携帯式対戦車擲弾発射器）に使われるロケット弾などが隠されていたのだ。

結局、貨物船からは、約2300トンの褐鉄鉱と、計132トンの兵器が摘発された。報道によると、貨物の荷受人はエジプト企業とのことだが、エジプト政府は公表を拒んでいる。

この密輸に関わった企業は、なじみ深い連中ばかりであることも、後に判明する。

まず、ジェ・シュン号に「国際安全管理規則」の「適合証明書」を発行していたのは、范民田。香港企業「シー・スター・シップ社」の代表の一人だ。

次に、貨物船の運航会社は、マーシャル諸島の企業「K‐ブラザーズ・マリン社」。この企業の登記を手続きしていたのは香港企業「ビーン・スター・シッピング社」。これは、同じく香港企業「シェンハオ社」の張橋が香港に登記していた企業である。明らかに張はジェ・シュン号の運航に関わる主要人物だ。彼は貨物船の「緊急時連絡先」を務め、貨物船の船舶保険の手続きも行っていたのだ。

さらに、エジプト当局は、「貨物船の事実上の所有者はフアヘン社」と判断している。衛宮のパートナーだった李安山の企業だ。事実、事件発生のほんの4カ月前まで、国際海事機関（IMO）のデータベース上に、これまた香港企業の「フアヘン社」が貨物船の運航者として登録されていた。

范と張と李。まったく同じ顔ぶれである。もっとも、エジプト政府は、彼らのエジプト側カウンターパートについても情報を伏せている。OMMエジプトの残党がいるのではないか。

この事件は、日本人との共同ビジネスを通じてノウハウを培った中国人チームが、今や独り立ちして、北朝鮮の非合法活動をリードし始めた事実を物語っている。

日本から中国へ。役者とノウハウの移転が完了したのだ。

おわりに　見せかけの制裁の果てに

２０１７年1月12日、私は永田町の首相官邸にいた。これから、安倍政権の主要人物である政府高官と会うのだ。

面談をアレンジしてくれたのは、自民党の山本朋広・衆議院議員である。ワシントンＤＣで知り合ってから15年来の知己で、第三次安倍改造内閣と第四次安倍内閣で防衛副大臣と内閣府副大臣を兼任する彼が、制裁の〝水漏れ〟についての私の問題提起を知って、政権への橋渡しをしてくれたのだ。

全面ガラス張りの正面玄関から入って、赤絨毯の敷かれた階段を横目に、エレベーターで上階へ向かった。エレベーターを降り、長い廊下を進む。私の前を行く山本議員の手には「北朝鮮制裁強化に必要な措置に関する提言」と題したメモがある。私との連名で作成した、提言と説明の6ページからなるもので、貨物検査特別措置法の改正、北朝鮮特定船舶に対する資産凍結措置、科学技術制裁など、ただちに講じるべき措置を8項目にわたって簡潔にまとめてある。自分の手がやや汗ばんでいることに気づき、緊張を自覚した。

「少し遅れました。すみません」

政府高官が穏やかに挨拶して、応接室に入ってきた。私たちに与えられた時間は10分。少しも無駄にできない。名刺交換もそこそこに、山本議員が切り出す。

「本日は貴重なお時間を頂きまして大変ありがとうございます。我が国の安全保障に大きくかかわる北朝鮮制裁の国内での履行について、重大な問題点がございます。昨年春まで国連安保理制裁履行を監視していた専門家の古川さんから、問題点と対策についてご説明いただきます」

山本議員がメモを高官に手渡す。私はすぐさま話を引き継いだ。

「貴重な機会を頂きまして誠にありがとうございます。日本政府には国連安保理決議の履行について、いくつか重要な問題点が見受けられます。決議の完全履行に向けて、問題点と必要な国内措置につきまして、お手元のメモにまとめましたので、要点のみご説明申し上げます」

ここで高官がさえぎった。

「ちょっと、待って。何を言ってるの？　日本は安保理決議をすでに完全履行してるでしょう？　何が問題なの？」

口調は怒気をはらみ、その表情ははっきりと不快感をあらわしている。

「いいえ、残念ながら、完全な履行はできておりません。前例がいくつかございます」

貨物検査法の不備、船舶などの資産凍結面での問題、在日外国人「核・ミサイル」技術者の北朝鮮を渡航先とした再入国の禁止など、いずれも専門家パネル在任中から指摘し続けてきた問題点について、具体例を交えつつ、私は一気に説明した。

政府高官は、少し虚をつかれたようだった。これまでに報告を受けたことがない様子である。

傍らに控える秘書官に尋ねた。

「これは、どうなっているの」

「えー、渡航規制措置については……安保理決議の条文は曖昧でして……」

「そんなことはありません」

決議の条文は明確だ。該当する人物に対して、「自国の領域に入国し又は領域を通過することを防止するために必要な措置をとる」ことが国連加盟国には義務づけられている。

私の補足説明で、政府高官はようやく問題の存在を察したようだ。すでに面談の予定時間を超えていたが、高官の表情は明らかに違ってきていた。

「どうなっているのか、まず調べさせます。安保理決議は、ちゃんと完全に履行しなければなりませんから」

ひとまず当面の目的は果たせたようだ。

山本議員と私は礼を言って、官邸を後にした。だが、一抹の不安も残る。

「フォローアップの仕方が問題になるな」

山本議員の言葉に私はうなずいた。政府高官は多忙を極める。対処すべき政策課題は、北朝鮮への制裁だけではないのだ。しかも、彼が事情を聞き、命令を下す秘書官は、関係省庁からの出向者である。今後の展開を注視し続けなければ、話がうやむやになりかねない。

残念ながら、その後、安倍政権は、大阪市の学校法人森友学園による国の補助金不正受給事件や、政府の国家戦略特区制度を活用した学校法人による獣医学部新設計画をめぐる問題などへの対応に追われることとなった。山本議員が継続して働きかけてくれたが、官邸はそれどころではない様子だった――。

一度のアクションで変えられなければ、変わるまでアクションを続けるだけだ。

政府高官への面会から2カ月後の3月24日、私は自民党本部にいた。自民党の拉致問題対策本部長である山谷えり子・参議院議員の計らいで、対策本部の会合で国連による北朝鮮制裁について説明する機会を得たのである。

制裁逃れの実例を紹介しながら、日本の〝抜け穴〟について説明したところ、自民党議員も初耳のようだった。それまで関係省庁からは「日本政府はできることはすべてやっています」としか報告されていなかったようだ。

この会合にはすべての関係省庁の当局者が参席している。そのうちの一人に、山田賢司・衆議院議員が質問した。

「制裁違反目的の『いかなる品目』でも押収できるようにするための貨物検査法の改正について、どう考えていますか」

「えー、いろいろと検討しておりますが、難しいところがございまして……」

できない理由を挙げるばかりで、できるようにするために何をすべきかという発想はまったく感じられない。だが、語気を強めて尋ねる議員たちの反応から、問題意識が芽生えてきたという手ごたえは伝わった。

その翌月の4月12日、自民党拉致問題対策本部の「拉致問題解決アクションプラン検討チーム」が「北朝鮮による拉致被害者全員の帰国実現のための提言」を安倍首相に提出した。山田議員が中心となってとりまとめた、制裁強化のための提言である。3カ月前に政府高官へ手渡したメモの要素も盛り込まれた。自民党から安倍首相に対する直々の提言である。

それは、産経新聞が大きく報じた。

「対北朝鮮緊迫　制裁不履行　『不作為』国際的批判も　煩雑作業、運用追いつかず」

田北真樹子記者と石鍋圭記者の2名による調査報道の記事だ。日本政府は北朝鮮に対する制裁の旗振り役を務めてきたにもかかわらず、2016年3月と11月に採択された2本の決議（2270号と2321号）を履行するのに必要な法改正作業をまったく進めていない現状について厳しく指摘している。

記事中に気になる記述があった。税関を所管する財務省は取材に対し、法改正などしなくても「いままで押収できなかったものはない」と説明したという。財務省の現在の担当者は2012年にミャンマー向けの貨物を検査した結果、大半の貨物を押収できなかった事実を知らないのだろうか。

菅義偉官房長官は、この記事を読んで激怒したという。関係省庁の担当者を官邸に呼び出して、厳しく叱責したそうだ。

6月27日、安倍政権は貨物検査特別措置法の政令改正を閣議決定し、「いかなる貨物」であっても検査・押収の対象とすることを決めた。

だが、貨物検査の対象は、あくまでも北朝鮮を「仕出地《しだしち》」または「仕向地《しむけち》」とする貨物に限定されたままだ。つまり、これまで他国が押収してきたような、北朝鮮の密輸業者が中国国内を拠点に海外から製品を調達し中東やアフリカに輸送する「仲介貨物」は、これまで同様、日本では押収できないのである。しかも、北朝鮮の密輸貨物からは、そもそも北朝鮮が仕出地や仕向地であることを示す証拠など見つからないことも多い。

法律自体を変えないことには、安保理決議の完全履行には至らない。また、貨物検査法以外の法整備については、何も話が聞こえてこない。やがて日本政府当局者は、メディアに法律上の不備を指摘されると、次のように説明するようになった。

「日本だけが制裁を強化しても意味がない。中国こそが最大の問題なのだから」

断じて、そうではない。「日本だけが制裁を強化しても意味がない」からこそ、「日本は断固やる、そして、中国を含む他の国々にも完全に履行させる」ことが重要なのだ。

「両国は、国連安全保障理事会の制裁決議について、全面的で厳格な履行を続ける」

11月9日、中国の習近平国家主席はアメリカのトランプ大統領との共同記者会見でそう発言した。中国は相変わらず、「制裁決議を全面的に履行している」との発言を乱発し続けている。

2015年末、私が中国政府の当局者と面談した際、彼らから真剣なまなざしで質問を受けたことがある。

「私たちは、国連安保理決議の履行のために、いったい何をするべきだと思う?」

私は率直に答えた。

「まず何よりも、『キャッチオール規制』をしっかりと実行する必要がある。従来のように『禁輸品リスト』に該当する貨物だけを取り締まるのでは、まったくダメだ」

日本では、キャッチオール規制は２００２年から導入された。大量破壊兵器やミサイル、通常兵器の開発や生産に利用される製品、材料、技術について輸出規制を行う従来の「リスト規制」では不充分であるため、リストに該当しないものでもそのような用途の「可能性がある」場合に、貿易管理を担当する政府機関（日本は経済産業省）に輸出許可の申請を行う制度である。食料品や木材など一部の非既製品を除き、原則としてあらゆる製品、材料、技術が規制対象となるため、こう呼ばれている。２０１３年に採択された安保理決議２０９４号に基づいて、「いかなる貨物」をも検査・押収するために不可欠の制度のはずだ。

私の答えに対する中国政府当局者の反応は鈍かった。彼らは私の目を見つめ、少し戸惑ったような表情のまま、会話を終えたのである。今になって思えば、彼らは「キャッチオール規制」をどう履行するべきなのか、よくわかっていなかったのかもしれない。そもそも中国は長年にわたって先進諸国から「キャッチオール規制」を適用される立場にはあったものの、自らがこの規制を課したことはほとんどない。中国の税関当局が、そのような訓練を他国から供与されたという話も聞いたことがない。

なによりメンツを重んじる彼らが、自らの経験の欠如や理解不足を認めることは、今後もないだろう。海外の報道によれば、国連の制裁強化に伴って、中国の丹東やロシアのウラジオストクを拠点とする地元のマフィアが北朝鮮の密輸に加担し始めているらしい。果たして中国政府やロシア政府は、このような非合法組織の活動を取り締まれるのだろうか。

「北朝鮮を制裁で孤立化させるべきではない」

中国、ロシア、東南アジア、アフリカなどの国々が頻繁に使ってきたフレーズだ。これを口実に、数多くの国々が制裁の履行を怠ってきた。その結果、北朝鮮の挑発に歯止めが利かなくなり、かえって制裁が強化される事態を招いている。

これらの国々こそ、北朝鮮の孤立化を招いた〝張本人〟といえるだろう。彼らが自らの思惑や利益を優先した結果、国連による制裁の基本原則である「ターゲット制裁」は、あまり効果を発揮することができないでいる。ターゲット制裁は、制裁対象となる国の一般市民への影響を最小限に抑えつつ、大量破壊兵器関連のヒト・モノ・カネに絞って圧力をかけることを目的とする。1991年から2002年まで続いたイラクへの経済封鎖の失敗の教訓から導き出された概念で、「スマート制裁」とも呼ばれている。だが、現実に国際社会は、「スマート制裁」を履行できるほどスマートではなかったわけだ。

2016年以来、アメリカの主導のもと、国連による北朝鮮への制裁は「経済制裁」から「経済封鎖」へとシフトしつつある。もはや北朝鮮の一般市民への影響は避けられなくなるだろう。ただし、経済封鎖をもってしても、北朝鮮による「国家ぐるみの密輸」を阻止することは容易ではないはずだ。限定的な経済制裁措置すらまともに履行できない国連加盟国が、はるかに包括的な経済封鎖を果たしてどこまで実行できるだろうか。

ましてや北朝鮮は独裁国家である。1990年代後半からの金正日政権は、国民が飢餓に喘ごうとも、核とミサイルの開発計画を推し進めた。金正恩政権も、限られた資源を自らの政権維持や核・ミサイル技術強化のために集中的に投下するだろう。

ミサイルの開発を続ける北朝鮮が、核弾頭搭載ＩＣＢＭを完成させるまでに残された時間は少ないと考えられる。仮に北朝鮮がその能力をもちえたとしても、実戦配備のペースを可能な限り抑えていくことには、重要な意味がある。たとえ時間がかかろうとも、国連加盟国は着実に国内法を整備して、制裁履行のための実際的な能力を高めていかなければならない。

２０１７年９月21日、安倍総理大臣はニューヨークを訪問し、国連総会の一般討論演説で力説した。

「すべての加盟国による一連の安保理決議の、厳格かつ全面的な履行を確保する。必要なのは行動です」

まさしく、日本に求められるのは行動だ。国内法の整備を率先して行い、同様の問題に直面する国連加盟国を支援して、脅威の拡散を押しとどめるよう力を尽くすべきである。外交的圧力だけではダメなのだ。

歩みの遅さが問題の本質ではない。歩みを止めてしまうことのほうが、はるかに問題なのだ。

北朝鮮の「核とミサイル」開発をめぐる主な出来事

年	月	日	北朝鮮の動き	世界の動き
1985	12	12	核拡散防止条約（NPT）加盟	
1989	11	9		ベルリンの壁崩壊
	12	25		ルーマニア・チャウシェスク大統領処刑
1990	9	30		ソ韓国交樹立
	10	3		東西ドイツ統一
1991	9	17	韓国とともに国連同時加盟	
	9	27		ブッシュ米大統領、海軍の戦術核兵器撤去を宣言
	12	25		ソ連崩壊
1992	1	30	国際原子力機関（IAEA）と保障措置協定調印	
	2	19	朝鮮半島の非核化に関する南北共同宣言発効	
	8	24		中韓国交樹立
1993	2	25	IAEAの特別査察要求を拒否	
	3	12	核拡散防止条約（NPT）脱退表明	第1次核危機（1993～1994）
	5	29	ノドン発射（能登半島沖に着弾）	
	7	19	IAEAとの協議再開を米国に確約	
1994	3	3	IAEA査察開始。北朝鮮は寧辺のプルトニウム再処理施設への査察を拒否	
	5	14	実験用黒鉛減速炉から燃料棒の取り出しを開始	
	6	13	IAEAからの即時脱退を表明	
	6	15	カーター元米大統領が訪朝、北朝鮮から核開発凍結の確約を得る	
	7	8	金日成死去	
	10	21	米朝枠組み合意（プルトニウムを利用した核開発放棄を約束）	
1995	3	9		朝鮮半島エネルギー開発機構（KEDO）発足
1996	4	20	米朝ミサイル協議開催（～21日／於・ベルリン）	
1997	6	11	米朝ミサイル協議②（～13日／於・ニューヨーク）	
1998	2	25		金大中が韓国大統領に就任。「太陽政策」を打ち出す
	8	31	テポドン1発射（人工衛星「光明星1」を搭載した「白頭山1」ロケット、三陸東方沖の太平洋上に着弾）	

	10	1	米朝ミサイル協議③(～2日／於・ニューヨーク)	
1999	3	29	米朝ミサイル協議④(～30日／於・平壌)	
	9	7	米朝高官協議。長距離ミサイル発射実験停止で米国と合意(～12日／於・ベルリン)	
2000	6	13	南北首脳会談(金大中大統領・金正日国防委員長／於・平壌)	
	6	19		米国、対北朝鮮経済制裁の緩和を発表
	6	20	北朝鮮、ミサイルの飛翔実験凍結の継続を発表	
	7	10	米朝ミサイル協議⑤(～12日／於・クアラルンプール)	
	10	9	趙明禄国防委員会第1副委員長が金正日総書記の特使として訪米。関係改善に関する共同コミュニケを発表(～12日)	
	10	23	オルブライト米国務長官訪朝	
	11	1	米朝ミサイル協議⑥(～3日／於・クアラルンプール)	
2001	9	11		米同時多発テロ
	10	7		アフガニスタン戦争開戦
2002	1	29		ブッシュ米大統領、北朝鮮・イラク・イランを「悪の枢軸」と非難
	9	17	日朝首脳会談(小泉純一郎首相・金正日国防委員長／於・平壌)	
	10	16		米国務省、北朝鮮が「ウラン濃縮計画を有しているとの情報を得た」と発表(第2次核危機)
	11	14		KEDO、北朝鮮への重油供給停止を発表
	12	12	核施設の凍結解除を発表	
	12	31	IAEA査察官を追放	
2003	1	10	核拡散防止条約(NPT)脱退表明	
	2	27	米政府、北朝鮮の実験用黒鉛減速炉の再稼働を確認	
	3	20		イラク戦争開戦
	4	23	三カ国協議(米・中・朝／於・北京)、北朝鮮が核兵器保有を米国に非公式に通告	
	7	15	使用済み核燃料棒の再処理完了を米政府に通告	
	8	27	六カ国協議①(日・米・中・ロ・韓・朝／於・北京)	
	10	2	北朝鮮外務省、再処理終了との談話を発表	
	11	21		KEDO、軽水炉建設事業の停止を発表
2004	2	25	六カ国協議②(於・北京)	

年	月	日	北朝鮮の動き	世界の動き
	5	22	日朝首脳会談（小泉純一郎首相・金正日国防委員長／於・平壌）	
	6	23	六カ国協議③（於・北京）	
2005	2	10	核兵器製造を公式発表	
	7	26	六カ国協議④（第1次会合／於・北京）	
	9	13	六カ国協議④（第2次会合／於・北京）	
	9	15		米国、マカオの「バンコ・デルタ・アジア」（BDA）を北朝鮮の資金洗浄金融機関に指定
	9	19	六カ国「共同声明」。北朝鮮、エネルギー支援などと引き換えに、すべての核兵器及び既存の核計画の放棄に同意	
	9	28		マカオ当局、「バンコ・デルタ・アジア」の北朝鮮関連口座を凍結
	11	9	六カ国協議⑤（第1次会合／於・北京）	
	12	13		米国、世界の金融機関に北朝鮮と取引をしないよう呼びかけ
2006	6	1		KEDO、軽水炉建設事業の終了を発表
	7	5	スカッド、ノドン、テポドン2など発射（7発／テポドン2は失敗、他は日本海に着弾）	
	7	15		国連安保理、非難決議（1695号）核、弾道ミサイル、大量破壊兵器の計画に関連する物資と資金の移動凍結を加盟国に要求 日本、独自制裁（北朝鮮当局者の原則入国禁止、北朝鮮への渡航自粛、朝鮮総連議長などの再入国禁止、万景峰92号の入港禁止、航空チャーター便乗り入れ禁止）
	10	9	核実験①	
	10	14		国連安保理、制裁決議①（1718号）核・ミサイル関連物資などの禁輸、開発に関与した個人・組織の海外資産凍結・渡航禁止 日本の制裁（北朝鮮船舶の入港禁止、北朝鮮への奢侈品24品目の輸出禁止、北朝鮮籍者の原則入国禁止、北朝鮮からの輸入全面禁止）

年	月	日	事項	関連事項
	12	18	六カ国協議⑤(第2次会合／於・北京)	
2007	2	8	六カ国協議⑤(第3次会合／於・北京)	
	3	19	米朝、BDAへの金融制裁解除で同意 六カ国協議⑥(第1次会合／於・北京)	
	7	18	六カ国協議⑥(首席代表者会合／於・北京)	
	9	6		北朝鮮の協力のもとシリアが建造中の原子炉をイスラエル軍が空爆
	9	27	六カ国協議⑥(第2次会合／於・北京)「共同声明の実施のための第二段階の措置」	
	10	2	南北首脳会談(盧武鉉大統領・金正日国防委員長／於・平壌)	
	11	5	米国人専門家が寧辺の核「無力化」作業を開始	
2008	6	26	北朝鮮、核計画の申告を提出(プルトニウムを38・5キロ生産、31キロ抽出、うち2キロを核実験に、26キロを核兵器に使用と説明)	
	7	10	六カ国協議⑥(首席代表者会合／於・北京)「朝鮮半島非核化の検証のため、六カ国協議の枠組みの中に検証メカニズムを設置することに合意」	
	7	23	六カ国協議参加国非公式外相会合(於・シンガポール)	
	10	11		米国、非核化検証措置(サンプリング含む)について北朝鮮と合意に達したとして、北朝鮮に対するテロ支援国家の指定を解除すると発表
	11	12	北朝鮮、検証にはサンプリングは含まれないと主張	
	12	8	六カ国協議⑥(首席代表者会合／於・北京)非核化の検証方法について合意できず、次回会合日程未定のまま閉会	
2009	4	5	テポドン2発射(銀河2)	
	4	13		国連安保理、議長声明で非難 日本、追加制裁(北朝鮮への送金・現金持ち出しに関する事前申告)
	4	14	北朝鮮、六カ国協議からの離脱表明。さらなる使用済み核燃料棒の再処理計画を発表	
	4	16	IAEA査察官と米政府当局者を寧辺から追放	
	4	24		国連安保理、朝鮮鉱業開発貿易を含む北朝鮮企業3社を制裁対象に指定
	5	25	核実験②	
	6	12		国連安保理、制裁決議②(1874号)全武器の禁

年	月	日	北朝鮮の動き	世界の動き
				輸、北朝鮮への支援や援助の凍結、貨物検査要請 日本、追加制裁（北朝鮮への輸出全面禁止）
	6	13	ウラン濃縮作業着手と保有するプルトニウム全量の兵器化を表明	
	7	4	スカッドまたはノドンを発射（7発）	
	7	16		国連安保理、北朝鮮企業5社・個人5人を制裁対象に追加指定
	8	12		国連安保理の北朝鮮制裁委員会（1718委員会）に専門家パネル発足
	11	3	使用済み核燃料棒の再処理完了を発表	
2010	3	26	韓国海軍哨戒艇「天安」が北朝鮮製魚雷の攻撃を受けて黄海で沈没	
	7	4		日本が貨物検査特別措置法施行
	11	12	米国人専門家らが北朝鮮のウラン濃縮施設を訪問	
	11	23	韓国の延坪島を砲撃	
2011	10	20		リビア・カダフィ大佐殺害
	12	17	金正日死去、金正恩が後継者に	
2012	2	29	北朝鮮のウラン濃縮や長距離弾道ミサイル発射の一時停止を盛り込んだ米朝合意を発表	
	4	13	テポドン2改良型発射、失敗（銀河3）	
	4	16		国連安保理、議長声明で非難
	12	12	テポドン2改良型発射（銀河3）	
2013	1	22		国連安保理、制裁決議③（2087号）金融制裁による監視
	2	12	核実験③	
	3	7		国連安保理、制裁決議④（2094号）核・ミサイル開発に関する金融取引禁止、船舶貨物検査を義務化 日本、独自制裁（朝鮮総連副議長などの再入国禁止）
	3	15	KN02発射（2発）	
	3	29	多連装ロケット砲を発射した模様（1発）	
	5	18	短距離ミサイル発射（3発）	
	5	19	短距離ミサイル発射	

	5	20	短距離ミサイル発射（2発）	
	8		寧辺の核施設再稼働	
2014	2	21	多連装ロケット砲発射（4発）	
	2	27	スカッド発射（2～4発）	
	3	3	スカッド発射（2発）	
	3	4	多連装ロケット砲発射（7発）	
	3	26	ノドン発射（2発）	
	5	29	日朝、ストックホルム合意（日本人拉致被害者などの再調査を約束）	日本、一部の制裁を解除
	6	26	短距離ミサイルまたはロケット発射（3発）	
	6	29	スカッド発射（2発）	
	7	2	多連装ロケット砲発射（2発）	
	7	9	スカッド発射（2発）	
	7	13	スカッド発射（2発）	
	7	14	多連装ロケット砲発射（100発以上）	
	7	26	スカッド発射	
	7	30	多連装ロケット砲発射（4発）	
	8	14	短距離ミサイルまたはロケット砲発射（5発）	
2015	2	8	短距離ミサイルまたはロケット砲発射（5発）	
	3	2	スカッド発射（2発）	
	4	2	KN02発射（1発）	
	4	3	KN02発射（4発）	
	5	8	SLBM（潜水艦発射弾道ミサイル）発射実験に成功、と朝鮮中央通信が報道	
	7	14		核問題で欧米など6カ国とイランが最終合意
	11	28	SLBM発射、失敗の模様	
2016	1	6	核実験④（「初の水爆実験」と発表）	
	2	7	テポドン2改良型発射	
	3	2		国連安保理、制裁決議⑤（2270号）全貨物の検査、北朝鮮への航空燃料輸出制限、北朝鮮からの鉱物輸入制限

年	月	日	北朝鮮の動き	世界の動き
				日本、一部解除した制裁を復活
	3	3	多連装ロケット砲を発射した模様（6発）	
	3	9	核弾頭の小型化実現と主張	
	3	10	スカッド発射（2発）	
	3	18	ノドン発射（1発）	国連安保理、報道声明で非難
	3	21	多連装ロケット砲を発射した模様（5発）	
	3	29	多連装ロケット砲を発射した模様（1発）	
	4	1	短距離地対空ミサイル（KN06）を発射した模様（1発）	
			寧辺の原子力施設を再稼働	
	4	15	ムスダン発射、失敗	国連安保理、報道声明で非難
	4	23	SLBM北極星1型発射、約30キロ飛行後に爆発	（4月24日）国連安保理、報道声明で非難
	4	28	ムスダン発射（2発）、失敗	
	5	31	中距離弾道ミサイル発射、失敗（ムスダンと思われる）	（6月1日）国連安保理、報道声明で非難
	6	22	ムスダン発射（2発）、1発が高度1000キロ以上に達し、400キロ先に落下	（6月23日）国連安保理、報道声明で非難
	7	8		米国が高高度迎撃ミサイルシステム（THAAD）の韓国配備決定を発表
	7	9	SLBM北極星1型発射、数キロ飛行後に爆発	
	7	19	ノドンかスカッド発射（3発）	
	8	3	ノドン発射（2発）、1発が約1000キロ飛行し、日本のEEZ内に落下	
	8	24	SLBM北極星1型発射、約500キロ飛行し、日本の防空識別圏内に落下	（8月26日）国連安保理、報道声明で非難
	9	5	スカッドER発射（3発）、約1000キロ飛行し、日本のEEZ内に落下	（9月6日）国連安保理、報道声明で非難
	9	9	核実験⑤	国連安保理、報道声明で非難
	10	15	ムスダン発射、失敗	（10月17日）国連安保理、報道声明で非難
	10	20	ムスダン発射、失敗	国連安保理、報道声明で非難
	11	30		国連安保理、制裁決議⑥（2321号）石炭輸出上限

				制
2017	1	20		ドナルド・トランプが米国大統領に就任
	2	12	北極星2型発射	（2月13日）国連安保理、報道声明で非難
	2	13	金正恩の兄、金正男がクアラルンプール国際空港で殺害される	
	3	6	スカッドER発射（4発）	（3月7日）国連安保理、報道声明で非難
	3	22	ミサイルを発射、失敗と推定（ムスダンの可能性）	（3月23日）国連安保理、報道声明で非難
	4	5	弾道ミサイル発射	（4月6日）国連安保理、報道声明で非難
	4	14		米メディア、政府高官の話として新政権の北朝鮮政策を「最大の圧力と関与」と報道
	4	16	弾道ミサイル発射、失敗と推定（火星12型の可能性）	（4月20日）国連安保理、報道声明で非難
	4	29	弾道ミサイル発射、失敗（火星12型の可能性）	
	5	14	火星12型発射	（5月15日）国連安保理、報道声明で非難
	5	21	北極星2型発射	（5月22日）国連安保理、報道声明で非難
	5	29	スカッド改良型発射	（6月2日）国連安保理、制裁決議⑦（2356号）高麗銀行や朝鮮人民軍の「戦略ロケット軍」など4団体・14個人を資産凍結や渡航禁止の制裁対象に追加
	6	8	地対艦巡航ミサイル（複数発）発射	
	7	4	火星14型発射　※北朝鮮初のICBM	
	7	28	火星14型発射	
	8	5		国連安保理、制裁決議⑧（2371号）石炭、鉄・鉄鉱石、鉛、海産物の輸出全面禁止
	8	26	短距離ミサイルまたはロケットを複数発射	
	8	29	火星12型発射	
	9	3	核実験⑥（防衛省は爆発規模を160ktと推定＝広島型の約10倍）「核弾頭の威力判定のため」	
	9	11		国連安保理、制裁決議⑨（2375号）石油輸出上限制、繊維製品の輸入禁止、国連加盟国への北朝鮮籍の海外労働者に対する新規の労働許可の発給禁止
	9	15	火星12型発射（1発）	国連安保理、報道声明で非難
	11	29	火星15型発射（1発）	

古川勝久　Katsuhisa Furukawa

国連安保理 北朝鮮制裁委員会 専門家パネル元委員（2011.10 - 2016.4）
1966年シンガポール生まれ。90年慶應義塾大学経済学部卒業。日本鋼管株式会社勤務後、93年より平成維新の会事務局スタッフとして勤務。98年米国ハーバード大学ケネディ政治行政大学院（国際関係論・安全保障政策）にて修士号取得、98年より米国アメリカンエンタープライズ研究所アジア研究部勤務。1999年読売論壇新人賞優秀賞受賞。2000年より米国外交問題評議会アジア安全保障部研究員、01年よりモントレー国際問題研究所研究員を経て2004年から11年まで科学技術振興機構社会技術研究開発センター主任研究員。本書が初めての単著となる。

北朝鮮《きたちょうせん》 核《かく》の資金源《しきんげん》 「国連捜査《こくれんそうさ》」秘録《ひろく》

著　者　古川勝久《ふるかわかつひさ》

発　行　2017年12月20日
2　刷　2017年12月30日

発行者　佐藤隆信
発行所　株式会社新潮社　郵便番号162-8711
東京都新宿区矢来町71
電話：編集部　03-3266-5611
読者係　03-3266-5111
http://www.shinchosha.co.jp
印刷所　株式会社光邦
製本所　株式会社大進堂

ISBN978-4-10-351411-4　C0095
価格はカバーに表示してあります。